U0570169

柳恩銘　著

論語心讀

修订版

中華書局

图书在版编目(CIP)数据

论语心读/柳恩铭著. —修订版. —北京:中华书局,2015.8
ISBN 978-7-101-11170-5

Ⅰ.论… Ⅱ.柳… Ⅲ.①儒家②《论语》-研究 Ⅳ.B222.
25

中国版本图书馆 CIP 数据核字(2015)第 185288 号

书 名	论语心读(修订版)	
著 者	柳恩铭	
责任编辑	祝安顺 梁 皓	
出版发行	中华书局	
	(北京市丰台区太平桥西里 38 号 100073)	
	http://www.zhbc.com.cn	
	E-mail:zhbc@zhbc.com.cn	
印 刷	北京天来印务有限公司	
版 次	2015 年 8 月北京第 1 版	
	2015 年 8 月北京第 1 次印刷	
规 格	开本/880×1230 毫米 1/32	
	印张 15¾ 字数 350 千字	
印 数	1-30000 册	
国际书号	ISBN 978-7-101-11170-5	
定 价	38.00 元	

目 录

历时十年，研读《论语》。我读出了真实的孔子，真性的孔子，真心的孔子！我读出了真诚的《论语》，唯美的《论语》，永恒的《论语》！我以实证的态度、情感的热度，证明《论语》承载以人为本的哲学、以民为本的理念、自强不息的精神、积极入世的传统、厚德载物的担当、天下为公的理想、尚中贵和的思维、博爱泛众的胸怀、勤劳简朴的传统、家庭中心的伦理、家国一体的追求、天人合一的境界，是养护国人心灵的最宝贵的精神资源；证明《论语》承载的以生为本的思想、有教无类的情怀、因材施教的方法、全面发展的课程、尊重个性的取向、慎独正己的修身、反求诸己的态度、积善成德的路径、君子人格的激励等等，是中国当代教育应该传承、必须传承、必要发扬的永恒的教育智慧！

《论语心读》，一年四印。身为作者，感激中华书局的用心，感激朋友的倾心，感激读者的热心！我渴望《论语》成为中国人的"心读"，我渴望《论语心读》成为国人案头、床头、心头的常备书。而今当这个渴望开始向现实迈进的时候，我却诚惶诚恐，深感责任之大、使命之重、压力之巨，只能引导读者向前、向上、向善，唯有抱着"如履薄冰，如临深渊"的持重，继续修订《论语心读》，使之更精、更准、更美、更新！

印度哲学家克里希那穆提说："教育的目的在于改变自己。"我深以为然。教育不能改变世界结构，不能改变世界的贪婪、腐败、暴力，但是，教育却能改变自己，改变人心。杜甫有诗："安得广厦千万间，大庇天下寒士俱欢颜。"我在北京的新书发布会上谈到儒家"有教无类"的情怀时曾感叹："愿得学校千万间，让天下孩子读好书。"杜甫的宏愿终生没有实现，我的梦想也难变为现实。但是，愿天下更多人都读到《论语心读》的梦想却可以并正在实现！学生读了《论语心读》会有收获，有追求，有坚守，走向社会不会被污染，只会影响他人！教师读了《论语心读》，会消除职业倦怠，会从此不知疲倦，会有终身学习的生命状态！公民读了《论语心读》，会充满仁爱，会充满期待，会相信自己，会相信未来！

我之情感，我之思想，我之理想，我之信仰，我之梦想，全在《论语心读》。我之《论语心读》有别于古今中外之著者，在于唯美，在于真诚，在于激情，在于永恒！你读，你幸运！教师读，教育幸运！同胞读，民族幸运！

柳恩铭

2015 年 8 月

十年一剑天地心

我想重新解读《论语》，朋友皆不以为然。或以为注者繁若星辰，多一个也不能改变天空格局；或以为作品汗牛充栋，没有重注再解的空间。我重新解读《论语》的冲动源于对教育的思考，源于寻找教育迷失的本真，目的在于构建中国人的精神家园，在于培育养护中国人的心灵的沃土。

教育的本真是精神活动，而非物质，因为物质形态原本存在于宇宙。而现实的中国教育却迷失了本真，中小学几乎沦为知识和智力的堆积和训练场所，大学几乎沦为职业训练场，教育没有真正关注人的精神，关注人的情感，关注人的态度，关注人的价值观，关注人的整体发展，关注人的个性发展。有人说："西方人重视个性，我们重视共性。"这的确是中国教育的误区，但不是最大的误区，最大的误区是迷失了本真：学生心无信仰，心无价值，心无所依。为了考察西方教育养护学生心灵的做法，我从20世纪90年代开始，先后考察了117所国外中小学，西方学校教育普遍做法是：通过宗教活动，让学生学会包容、宽容、博爱；通过历史教育，让学生学会热爱国家和民族；通过社会实践，让学生学会关心，学会合作，学会尊重；通过通识教育，让学生认同民主、自由、法治等核心价值观。而中国教育至今没有解决灵魂养护问题，没有解决核心价值观的建构问题，没有解决人生观的建立问题，没有解决伦理规范的养成问题，没有解决社会责任感的形成问题等等。

为了探索宗教对教育的作用，对滋养守护中国人心灵的作用，我曾经多次只身前往道观和寺庙"修行"。2002年5月，我曾在某道教圣地住下，访问我能见到的所有上山朝圣的信众，愿接受上山目的调查的有1378人，其中129人来的目的是看风景，占9.36%；107人是随着大流，没有任何目的，占7.76%；1142人是来祈求升官、发财等，带着期望而来，占82.87%。愿意接受采访捐献"善款"的目的的人共计373人，其中303人为自己祈福，占81.23%，70人为亲属祈福，占18.77%。这就是中国本土道教在国人心中的真正地位和作用。

2002年8月，我独自前往某佛教圣地"修行"，为了体悟佛的精神，我计划吃全斋修行10日，每天三点半起来与众僧和信众一起做早课、念佛经，坚持了5天，实在看不下去了，因为极个别人做早课精神不集中，哈欠连天，缺乏对佛的虔诚与敬畏。5天里我共计采访前来礼佛的信众396人：其中来此求官、求财、求子、求学、求爱者共计304人，占76.76%；随团旅游没有特别目的的55人，占13.89%；33人虽明确有目的但笑而不答，占8.33%；8人为父母、长辈祈福，占2.02%。——佛教将异化为谋取私利的工具吗？我也曾经在某寺看到了佛教协会写上墙的善款与福报之间的"买卖关系"：50万多少福报，100万多少福报，500万多少福报，5000万多少福报……如果福报直接以善款多少为依据，穷人岂不是永无翻身之日？悲哉！

2002年的圣诞节，我曾经打车、步行，一个人"流连"于广州各大圣诞狂欢之地，访问过狂欢中的少男少女139人，仅有7人愿意对我说为何出来过圣诞节——也许他们内心深处十分鄙视我这位不知趣的大叔，竟然会问这样可笑的问题。西方宗教给中国人，尤其是青少年留下的除了圣诞的狂欢之外，还有什么呢？我真的不清楚，也感觉不到。

在数据和事实面前，我彻底失望，也选择彻底放弃。2003年元旦，我一头扎进传统文化的海洋，这一进去就是十年。除了继续研究东西方教育之外，工作之余，尤其是节假日我便集中精力研究传统文化，曾经研究过《论语》《孟子》《荀子》《诗经》《尚书》《道德经》《庄子》《孙子兵法》《鬼谷子》，最让我眷恋、最让我流连、最让我执着的是《论语》。想不到十年之中，我居然读了30个注解《论语》的版本。

我有这样的读书习惯：一是做记号，别人精彩而我认同的做上标记，一遍读完后再回味；二是做旁批眉批，随手、随心写下自己的意见和感想；三是读完之后再回头至少看三遍，并且写下对一本书的整体评价和思考。当我读完第一本《论语》（巴蜀书社《四书五经》），我萌发解读《论语》的冲动，就开始把我读《论语》的思想、思考、情感、体悟等一一写下，不求别人认同，但求真心所得——儒家所谓求仁得仁，我相信来自心灵的泉水最能感动人。

我读出了真实的儒家。我用自己的学养、智慧、才情，还原了真实的孔子和真实的儒家。儒家最本质的特征是人本、人道、人文，以人为本是儒家最本质、最核心、最真实的价值追求。以人为本用于社会管理就是以民为本，用于教育教学就是以生为本，孔门课堂师生人格平等，关系和谐融洽，气氛自由热烈，民主表达思想。在我眼里，孔子是仁者，是人本主义者，是人道主义者，是人文主义者，其开创的东方人文精神，不仅是中国人需要恢复的精神传统，也是全人类最宝贵的精神财富。海内外不少儒学研究者认为，儒家起源于巫术，起源于丧事，大谬不然。孔子开创了儒家学说，但是儒家思想的源头却在西周文化。儒家思想，尤其是民本思想是孔子在整理西周文化典籍过程中发现、发掘、提炼而逐步形成的。儒家主张向前看，而不是向后看。孔子开民办教育先河，开贫民教育先河，将教育从宫廷转移到民间，通过教育改变贫民的命运，这绝不是保守主义者所能为。孔子开素质教育先河，实现了有教无类，孔门弟子无论是富甲一方的子贡，还是率性而为的子路，抑或人不堪其忧却不改其乐的颜回，甚至"朽木不可雕也"的宰我，都能得到尊重和关爱。孔子敬畏生命，尊重个性，三千弟子七十二贤人，个个有个性，有特长，并非现代教育的标准化生产。

我读出了唯美的儒家。很多学者误以为《论语》精华与糟粕并存，但我却读出了一个唯美主义的儒家。本书中，没有消极，没有颓废，没有丑陋，没有糟粕，只有精华，只有乐观，只有美丽，只有期待——对学生有期待，对社会有期待，对国家有期待，对未来有期待。

我读出了永恒的儒家。"天将以夫子为木铎"，上天将以孔子为精神导师，引导中国人从蒙昧走向文明，从落后走向先进，从黑暗走向光明。至今，很多学者认为，孔子开创的儒学在奴隶社会向封建社会转型时期曾经发生过积极作用，但随着社会发展，儒家学说逐步成为社会发展的桎梏。其实，成为社会桎梏的是伪儒学，绝不是原生态的儒家思想。我从《论语》中，读出了自强不息、厚德载物、天下为公、尚中贵和、勤劳简朴、博爱泛众、天人合一等民族精神和儒家伦理，这是养护中国人心灵的最宝贵的精神源泉。我从《论语》中读出了儒家以人为本、以生为本的教育取向，读出了有教无类的教育情怀，读出了以教为政的教育追求，读出了终身学习的教育思想，读出了自由讨论的教育模式，读出了因材施教的教育方法，读出了全面发展的课程建构，读出了慎独正己的修身方法，读出了积善成德的德育路径，这些恰恰是当今教育缺失的最宝贵的传统，也是永恒的教育智慧。

《论语》是儒家最重要的著作，承载了儒家的核心价值观、人生观、世界观，承载了儒家的教育观、教学观、学生观，承载了中国人的情感、态度、信仰，是中国文化的源头、底色、基调。《论语》之于养护学生的灵魂，之于守护国人的精神家园，之于教育回归本真本质，之于恢复人本思想、人道主义、人文精神等，都具有十分重要和深远的意义，这一切促使我发宏愿重新解读《论语》，建构养护中国人心灵的精神家园。

或许有人质疑《论语》成书于两千多年以前，是否能成为当代人的《圣经》。我的回答是：能够。孔子处于人类文化的原点时期和轴心时代，人类几乎所有的人文大家都出自这个时代：孔子、老子、孟子、释迦牟尼、苏格拉底、柏拉图、亚里士多德等，他们是奠定人类思想基础的最伟大的思想家、哲学家、教育家。他们几乎同时对什么是人、什么是人性、人生的目的、人生的价值、人与人的关系、人与物的关系、人与自然的关系等最根本的问题进行了思考和回答，其思想和著作具有永恒的价值。同样是对人伦问题的思考，为什么现代学者的思考没有人超越孔子？假如学者越来越像商人，假如自称为思想家的人自己心无所信、心无所属、心无归依，他有能力有资格思考人类的根本问题吗？他思考的结论能相信吗？

本书的创作历时十年。我生性喜欢安静，即便到了最热闹的地方，内心也守着宁静。这十年中，白天高效思考、研究、解决教育问题，晚上则静下心来研究《论语》等儒家经典，双休日足不出户，读书、思考、写作，除了出差从不间断。几乎每天八点半之后，我都会静静地坐在书桌旁边，一边听着窗外内环路刷刷的车轮声，一边在电脑键盘上发出哒哒哒哒的敲打声。如果是双休日，往往从华灯初上，读书写作到万家灯火，再到万籁俱静。

2012年5月，本书第三稿完成，我已感受到了心力的极限，虽然自己觉得仍不满意，但是不知道下一步修改的方向和路径何在。在这迷茫的时候，我选择暂时放下，继续读书，一口气再读了奥维德、卢梭、康德、黑格尔、叔本华、尼采、弗洛伊德、海德格尔的哲学著作，因缘际会而燃烧起生命激情，从2013年8月9日开始，用了半年的时间，对本书做了第四、第五、第六次修改。这半年的修改，是对我生命潜能的挑战，是对情感张力的挑战，是对心力极限的挑战。这半年的修改，使本书不仅有思想，更有激情！如果一定要说本书与社会上流传的各种解读《论语》的版本有什么不同，我想最根本的是这是我用生命触摸、体认、体悟儒家文化的心泉，是生命激扬的弦歌，是一个以天下为己任的教育者长歌当哭的呐喊。读《论语心读》，能喝到心泉，能感到心跳，能感受生命的激情、生命的眷恋、生命的执着。我不想只是在书店里增加一本谁都可以翻一翻，甚至谁都可能买一本，但是却没法看完的《论语》。我渴望，只要你拿起《论语心读》，此生就不愿再放下。

陆九渊说，宇宙便是吾心，吾心即是宇宙。叔本华说，世界的本质是意志，事物是意志的现象或表现。我深以为然，教育改变人心。心中有爱，就会爱他人，爱社会，爱自然，爱生活，就会有爱的能量场，就能感染周围的人，形成爱的场域并改变社会的心理结构；心中有善，就会善待自己，也会善待别人，就会形成善的能量场，就会融合和改变周遭的场域。心中有爱，心中有善，心中有慈悲，心中有期待，自己在变，周遭在变，世界也在变。本书目的在于让教育找回精神情感活动的本真，目的在于找回丢失的价值、迷失的精神、缺失的信仰，目的在于建构一个心灵家园，营造一个精神家园，让心有所依，心有所属，心有所归。作为一个教育者，我无力直接改变世界，但是能改变自己，能改变人心，并因之而逐步改变社会。

张横渠有言："为天地立心，为生民立命，为往圣继绝学，为万世开太平！"我的确想为社会恢复或建构核心价值观，为国人建立精神支柱，为曾经被曲解、肢解的先秦原生态儒家思想接续生命，为后世人建构精神家园以期社会永远和谐和平，这是我的追求，我的责任，也是我的使命！西方人有一部《圣经》，《圣经》之后再无《圣经》；中国有一部《论语》，《论语》之后再无《论语》。《论语》不可复制，但可以解读。十年一剑天地心，我坚信《论语》对守护精神家园、维护文化根基、养护国人灵魂、恢复教育本真，具有其他任何经典都无法替代的作用。初读《论语》，觉得删减《论语》是我的使命，但是研读了23个解读的《论语》版本之后（我重注《论语》从读23个版本开始系统写作，如今已经研读30个版本），才坚信《论语》如《圣经》一样，应成为国人案头、床头、心头的经典。让《论语》成为中国人的《圣经》，是我用心研读《论语》的初衷，是我的梦想，也是我的信仰！

柳恩铭

2014年4月

1.1 快乐人生

子^①曰："学而时习之^②，不亦说^③乎？有朋^④自远方来，不亦乐乎？人不知而不愠^⑤，不亦君子^⑥乎？"

注 ①子：对有道德、有学养男子的尊称。《论语》是由孔门弟子编撰的孔子及其弟子言论的语录体文集，其中"子曰"的"子"均指孔子。②学：不仅是知识的学习，还包含了做人的学习。习：实践。③说（yuè）：同"悦"，愉快、高兴。④朋：同门。同在一位老师门下学习的叫朋，引申为志同道合的人。⑤愠（yùn）：恼怒，怨恨。⑥君子：有德者或有位者。此处指前者，即孔子理想中的高尚人格者。

译 孔子说："学了并不断去实践它，不也很快乐吗？有志同道合者从远方来切磋道德学问，不也很快乐吗？别人不了解自己也不恼怒怨恨，不也是君子吗？"

心 读

孔子认为，人生最重要的事情有三件：一是终身学习并不断实践。如是，则永不落伍，永葆青春。有人说，要给学生一杯水，自己要有一桶水，甚至要有一河水。我认为，教师必须拥有大海一样宽、一样深、一样厚的学养，学生才能自游、畅游、远游，才能"直挂云帆济沧海"。

二是与道义相期者交流。人是群居动物，必须交流，重要的是与什么人交流；儒家认为应与志同道合、道义相期者保持交流常态。生命中每一分钟都不可逆，什么人都交往，势必迷失自己，甚至迷失心智，生命状态是迷茫、困惑抑或无聊，人生的轨迹不是向前、向善、向成功，而是停滞、犹豫、平庸。有人说，跟谁混，很重要。沙子和水泥混是混凝土，精品；汽油和大米混却是废物，无用。言之有理。

三是修养德行。遇事不顺，"反求诸己"，提升境界，则"人皆可以为尧、舜"。渴望被认识、渴望被赏识、渴望被尊重是人的本性；被人误解，甚至被诽谤中伤而不怨天尤人者，朝着既定目标前进，往往成功！

活得很累，活不出生活的质量，活不出生命的意义，是因为在乎的人太多，在乎的事太多，在乎的物太多。快乐人生要做减法：做想做的事情，做重要的事情，做感兴趣的事情，做有益于民众的事情，这样的人生充实！终身学习且不断践行，与道义相期者交游交流，修养德行达到"人不知而不愠"的境界，这样的人生快乐而充实！

1.2 仁之根本

有子①曰："其为人也孝弟②，而好犯上者③，鲜④矣；不好犯上，而好作乱者，未之有也⑤。君子务本⑥，本立而道⑦生。孝弟也者，其为仁之本⑧与？"

 注 ①有子：孔子的学生，姓有，名若。《论语》中，记载孔子的学生一般都称其字号，只有曾参、有若、冉求、闵子骞四人有时称"子"。②弟（tì）：同"悌"。孝、悌是孔子和儒家特别提倡的两个基本道德规范："善事父母曰孝，善事兄长曰弟。"③犯：冒犯。上：指在上位的人。④鲜（xiǎn）：少。⑤未之有也："未有之也"的倒装。⑥务：专心、致力于。本：根本。⑦道：中国古代思想中的"道"含义丰富。此处"道"指仁道，即以仁为核心的整个道德思想体系及其在实际生活的体现，简而言之，就是治国做人的基本原则。⑧为仁之本：即以孝悌作为仁的根本。仁学即为人学，故孝悌是做人的根本。仁是孔子哲学思想的最高范畴，又是伦理道德准则。

译 有子说："孝敬父母，尊重兄长，却喜好犯上的人少见；不喜好犯上，却喜好造反的人从来没有。君子专心致力于根本，根本建立了，'道'就有了。孝敬父母，尊重兄长，这就是仁的根本啊。"

心　读

孝悌是仁的根本，这一点对理解孔子以仁为核心的伦理情怀、哲学思想、政治理念非常重要。孔子身处乱世，周游列国，颠沛流离，目睹民众疾苦，渴望社会稳定。作为政治家和哲学家，孔子开出了药方：从人的修养开始，从伦理修养开始，从人心修养开始，从孝悌开始，由孝敬父母到尊重长辈，由友善兄长到善待朋友，逐步实现"在家做孝子，在外主忠信，在朝做忠臣"的价值延伸。社会乱象，皆由心生。对长辈不孝，对长者不敬，对兄弟无情，对朋友无义，对社会则无担当。百年来，医中国人之心病，思想家开的药很多，但基本都是"吃错药"，没收效。回望传统，从两千五百多年前原儒元典中寻找智慧，虽然来得慢，但却行之有效。儒家伦理情怀的养成由亲及疏，由近及远，由此及彼，由人及物，由孝悌到爱人，由爱到"民胞物与"，伦理发展路径清晰可践行。有人担心提倡孝悌，迟滞法治民主，制约现代化进程，历史提供的证据正好相反：韩国、日本、新加坡传承儒家文化，"孝悌"没有迟滞其现代化，相反比我们顺，比我们快。理由：孝悌是东西方应共同确立的伦理价值取向。

1.3 巧言令色

子曰："巧言令色①，鲜矣仁。"

注 ①巧言令色：巧和令都是美好的意思。合起来的意思是，花言巧语、伪善的面貌讨人喜欢。

译 孔子说："花言巧语取悦于人，这种人缺少仁爱之心。"

心　读

"慎于言，敏于行"的价值取向，深刻影响着中国人的灵魂，成为华人的种族特征，成为中国文化的显著标志。几十年的人生阅历，使我坚信"慎于言，敏于行"是比"巧言令色"更好的生存方式，尤其近年来，读书越多，越觉浅薄，越愿倾听，越能包容！三十岁以后心中无恨，四十岁之后心中有爱，内心深处真实积淀了如山的仁厚和如海的慈爱！这种仁厚和慈爱，使我处于"为而不争"的生命状态，看淡了世俗，看清了未来，常常给世事和世人以沉默和微笑，常常给后生和同仁以慈爱和期待！

1.4 三省吾身

曾子①曰："吾日三省吾身②。为人谋而不忠③乎？与朋友交而不信④乎？传⑤不习乎？"

注 ①曾子：姓曾名参（shēn），字子舆，生于公元前505年，鲁国人，孔子得意门生，以孝闻名，据传他撰写了《孝经》。②省（xǐng）：检查、察看。三：言其多，这是古汉语数词的基本用法。③忠：对人应当尽心竭力。④信：真诚守信。⑤传（chuán）：老师的传授。

译 曾子说："我每天多次反省：为人办事是否竭力？与朋友交往是否真诚？自己讲授的内容是否亲自实践过？"

心 读

内心修炼是儒家的"内圣"功夫。西方人每周做礼拜反省一次，面对神反省；儒家提倡每天多次反省，面对良心反省。"反求诸己"，反思成为生活方式，成为学习方式，人生往往就会精彩。英雄人物如曾国藩数十年如一日，坚持写日记反省，由浪荡公子修炼成理学名家，修炼成洋务重臣和中兴名臣。又如蒋介石数十年如一日，坚持写日记反省，由青帮混混修炼成民国总统。凡夫俗子如我，年轻时候，面对失败，归因于外，强调客观，少有进步；三十以后，面对失败，反躬自问，反求诸己，多有所获。反思使心性渐趋于平和，反思也成就了相对深厚的教育学术积淀——这是我在浮躁社会宠辱不惊淡定前行的资本。假如我能在二十岁以前领悟这句话的精神，人生或许是另外一种境界。

1.5 历久弥新

子曰："道千乘之国①，敬事②而信，节用而爱人③，使民以时④。"

注 ①道：引导，引申为治理。千乘（shèng）之国：指拥有一千辆战车的国家，即诸侯国。乘，辆，四匹马拉的兵车为一乘。春秋时代，战乱频仍，国家的强弱以车辆的多少来衡量。孔子所处的春秋末年，千乘之国已不是大国。②敬事：慎重地对待自己所做的工作。③人：很多注解认为此处的"人"与"民"相对而言，指士大夫及以上的人。我以为此处的"人"仍指人民。④使民以时：依照时令差遣百姓。时指农时。

译 孔子说："治理拥有千辆兵车的国家，认真处理政事且取信于民，勤俭节约且以人为本，差遣百姓而不误农时。"

心 读

儒家认为治国必须做减法，抓关键和重点，有所为，有所不为。这是历久弥新的治国理念。

一是全心政务，取信于民。政务必须有心，必须用心，必须真心，一心为百姓。关键是建立政府的公信力，政府与人民不能够相互信任，社会就不稳定，治理就无效，政权就面临着信任危机。政府与民众的相互信任，来自于人与人的相互信任，这种诚信社会的建立依赖于教育，依赖于修养。

二是以人为本，政事从简。现代社会的穷奢极欲，铺张浪费，疯狂消费（全球经济发展动力都是民众的消费），资源日益枯竭，地球不堪重负。

三是根据节令来安排百姓的劳动。社会治理现代化基本功是有序管理，有序发展；公务员上级折腾下级，下级折腾百姓，戴着镣铐跳舞，怨声载道。

以儒家的政治智慧解决当今的问题：政府不与民争利，不铺张浪费，不劳民伤财，不穷奢极欲。政府够用就行，民众够用就行。如是，则盲目追求GDP的问题可以缓解，生态环保问题可以缓解，贫富悬殊问题亦可缓解，社会矛盾不至于过度对立。

1.6 高度契合

> 子曰："弟子入则孝①，出则弟②，谨③而信，泛④爱众，而亲仁⑤。行有余力⑥，则以学文⑦。"

注 ①弟子：学生，泛指后生，年轻人。入：回家、在家。②出则弟：外出了就要用对待师长的礼节来对待比自己年长的人。出，与"入"相对而言，指外出拜师学习。③谨：寡言少语。④泛：广泛。⑤仁：仁人，有仁德之人。⑥行有余力：做好本职工作后还有闲暇。⑦文：古代文献。主要有《诗》《书》《礼》《乐》《易》《春秋》等。

译 孔子说："学生在家孝敬长者，在外善待朋友，慎言诚信，博爱而亲近仁德之人。做好本职工作后仍有闲暇，就应该去学习。"

心 读

孔子教育的核心追求，一是德行修养——尊敬长者、善待朋友、慎言诚信、博爱众人、亲近仁德；二是社会实践——知行合一，道德认知变成行动，道德情感变成行为，道德理想变成实践；三是终身学习——知行合一不是终极，必须继续学习，以新的知识、新的文化涵养人生。

反思现代教育，德育首位始终不到位，道德理想流于空想，道德实践基本空白，道德规范没有自觉，学校道德教育基本属于概念灌输、理论说教，教育缺失了心灵的养护，缺乏儒家"知行合一"的道德实践，且缺乏终身学习的人生追求。

中国历次教育改革或者从课程上改革，或者从考试方式上变花样，不思考教育的本质，从来都没有从教育思想上改革。遗憾！伏羲教育（由吴鸿清于2006年创办于甘肃甘谷的伏羲班逐步发展而来的一种以人为本、教人伦、顺人性、终生受益的素质教育）作为一种新的教育形态，未必尽善尽美，但是其顺人性、重人伦、强实践、美人生的基本特征，与孔子的教育追求高度契合。可贵！

1.7 未学之学

　　子夏①曰："贤贤易色②；事父母，能竭其力；事君，能致③其身；与朋友交，言而有信。虽曰未学，吾必谓之学矣。"

注　①子夏：姓卜，名商，字子夏。孔子的学生，比孔子小44岁，生于公元前507年。孔子死后，他在魏国宣传孔子的思想主张。②贤贤易色：为尊重贤者而改变爱好美色之心。贤贤，第一个"贤"作动词用，意为尊重。贤贤即尊重贤者。易，改变。③致：尽力，就是"全心全意"。

译　子夏说："尊重贤德，不重外貌；侍奉父母，尽心尽力；侍奉君主，忠于职守；与朋友交往，讲求信誉。达到这样的境界，虽然没有系统学习过，但我还是认为他已经学过了。"

心　读

　　孔子及其弟子的教育实践把灵魂养护放在首位，落到实处：《诗经》涵盖爱情教育、伦理教育、爱国教育、诚信教育、生命教育等；《尚书》涵盖政治教育、法律教育、管理教育；《礼》是道德教育，也是社交教育；《乐》是美育；《易》是哲学教育，也是方法论教育；《春秋》是历史教育，也是价值教育，正所谓孔子成《春秋》，乱臣贼子惧。儒家经典，儒家六艺，全部指向人的思想教育、政治教育、价值教育、伦理教育、情感教育、德行教育，全部指向灵魂的养护，指向全人格成长，指向教育本真。儒家认为，德行是学习，甚至是最重要的学习。现代教育反其道而行之，过分重视"器"的追求，忽视了"道"的修行，缺失了"心"的养护，沦为一种培训，无论数据多么好看，都是一张纸，缺乏立体感，缺乏深度、厚度、力度。这是当代中国教育百病之源，也是社会乱象之源。

1.8 君子人格

> 子曰："君子不重则不威[①]，学则不固[②]。主忠信[③]，无友不如己者[④]，过则勿惮改[⑤]。"

注 ①君子：该词一直贯穿本句末尾，故此处应当在语气上有所停顿。重：庄重自持。②学则不固：孔子已经开始探讨学习风格和学习品质的问题。③主忠信：以忠信为主要人格特征。④无：通"毋"，不要。不如己：不与自己同类。⑤过：过错、过失。惮（dàn）：害怕、畏惧。

译 孔子说："君子，如果不自重就没有威严，学习就不牢固。忠信是主要品质，不与志趣不同者交朋友，有了过失不害怕改正。"

心 读

君子的人格特征是庄重威严、认真学习、为人忠信、慎重交友、过而能改等。君子庄重大方、威严深沉，稳重可靠，可以付之重托。理解本章，注意两个关键：一是正确理解"无友不如己者"，此句通常被误解读为"没有不如自己的朋友"或"不和不如自己的人交朋友"，假如都这么做，那么处在下位的人将没有朋友，后生将无法得到提携，很可怕；二是"过则勿惮改"，过而改之，善莫大焉，这是君子人格。有时候人们会用十个错误掩盖一个错误，连承认错误的勇气都没有，唯上是听，唯命是从。领导者碍于面子，不肯认错，错上加错，雪上加霜，百姓遭殃。忠信为安身立命的根基，有错误勇敢改正，如是人生必然很充实。

1.9 化民成俗

曾子曰："慎终追远①，民德归厚矣。"

注 ①终：人死为终。此指父母的去世。追远：追怀祖先。远，祖先。

译 曾子说："慎重地对待父母去世，真诚追念远祖，老百姓就会日趋忠厚。"

心 读

很多学者认为孔子对鬼神持怀疑态度，理由是他说过"敬鬼神而远之"。但是，孔子也说过"祭神如神在"。孔子去世前不久有"泰山其颓乎！梁木其坏乎！哲人其萎乎"的生命叹息。儒家人生修养路径是移孝作忠，孝道是一切伦理的基础，是仁的根本。孝敬父母，追念远祖，怀念民族英雄和杰出人物，就是道德修养过程。

我笃信儒学，每年清明节都回黄冈祭拜先祖。因为跟随外公长大，在外公墓前往往会长时间静坐，回顾外公生前对我的照顾和教诲！在家父墓前，怀念家父生前的往事，反思自己人生历程的是是非非。这种祭奠过程，是怀念、是反思、是修养，心更静也更净！所以，我坚信，谨慎持重对待父母过世，追怀远去的先祖，可以使民风淳厚。

英国、美国等西方国家，都重视博物馆建设，重视纪念为国家民族发展做出巨大贡献的人物，目的就在于通过"追远"，使"民德归厚"！

很多人对化民成俗移风易俗和重振民族精神缺乏信心。我认为，选好突破口和载体，则大有可为。历史教育是"慎终追远""民德归厚"的最重要载体，中国基础教育长期将历史学科边缘化，十分可悲，十分可怕。没有历史教育，就没有文化认同，就没有民族认同，就没有国家认同，就没有爱国主义，就没有历史使命感和责任感，就没有一代又一代人的爱国与担当。渴望、期待、呼吁这一令人扼腕的局面早日有所改观！

1.10 心忧天下

> 子禽问于子贡曰①："夫子至于是邦也②，必闻其政，求之与，抑③与之与？"子贡曰："夫子温、良、恭、俭、让④以得之。夫子之求之也，其诸⑤异乎人之求之与？"

注 ①子禽：姓陈，名亢，字子禽。孔子的学生。子贡：姓端木，名赐，字子贡，卫国人，生于公元前520年，比孔子小31岁，是孔子的学生。子贡善辩，孔子认为他可以做大国的宰相。据《史记》记载，子贡经商很成功，孔子很多活动都依靠他资助。②夫子：古代敬称，凡做过大夫的人均可称夫子。孔子曾任鲁国司寇，所以学生称他为"夫子"。邦：指当时割据的诸侯国家。③抑：选择连词，有"还是"的意思。④温、良、恭、俭、让：温顺、善良、恭敬、俭朴、谦让。⑤其诸：语气词，有"大概""或者"的意思。

译 子禽问子贡说："老师到达一个诸侯国，总是与闻政事。是夫子自己主动要求的，还是国君邀请他过问的？"子贡说："老师温顺、善良、恭敬、俭朴、谦让，赢得了别人的尊重，夫子参与政事的方式，大概与别人不同吧？"

心 读

子禽与子贡两人的对话勾画出了孔子的处世策略。儒家有心忧天下、积极入世的传统，这个传统为孔子继承并发扬光大。因为以苍生为念，所以有心于时政，用心观察、倾听、思考、研究，必然对政治和天下大势比别人知道得多一些。孔子五十岁以前一直执着追求入世的机会，渴望实现自己的政治理想。"五十而知天命"，开始顺天意，最终选择以培养人才来实现自己的政治理想。

另一方面，孔子强调德政，强调儒者自己的道德修养，孔子之所以受到各国统治者的礼遇和器重，就在于孔子具备温和、善良、恭敬、俭朴、谦让的道德品格。这五种道德品质中的"让"，在人格塑造过程中地位非常重要。"让"是在功名权利上先人后己，在职责义务上先己后人，用之于外交如国事访问，也是重要的礼节。孔子就是因为具有这种品格，所以每到一个国家，都受到各国国君的礼遇。

现实生活中，尤其生活在中国文化圈内，无论是从政还是从教，温良恭俭让都是最宝贵的人格资源，一旦做好了，你就会赢得群众，或者赢得学生。

1.11 孝道本真

> 子曰："父在，观其①志；父没，观其行②；三年无改于父之道③，可谓孝矣。"

注 ①其：这里指代儿子。②行：指行为举止等。③三年：概数，指长时间，可译作"多年"。道：善的、好的东西。

译 孔子说："父亲在世，观察他的志向；父亲去世，考察他的行为；若是他多年继承父亲正确的处世原则，可以算是孝了。"

心 读

正确理解"道"，才能正确理解本章。能够上升为"道"，必须符合天道、人道、仁道，正确的、积极的、向善的处世原则。孔子强调"后生可畏，焉知来者之不如今也"，绝对不会认为"墨守成规"就是"孝"，绝不是对父亲的一切处世原则都要效仿。那么，"当父亲死后，三年内都不能改变父亲所制定的规矩，才是尽孝了"，这样的注解十分荒谬。历史在发展，社会在前进，江山代有才人出，一代新人胜旧人，是人类发展的趋势。

1.12 以和为贵

> 有子曰："礼①之用，和②为贵。先王之道③，斯④为美。小大由之，有所不行。知和而和，不以礼节⑤之，亦不可行也。"

注 ①礼：春秋时"礼"泛指典章制度和道德规范。孔子所说的"礼"，既指"周礼"的礼节、仪式，也指道德规范。②和：和谐，其对立的词是"同"，讲究的是不同类的事物能够和谐共存，不同的思想能够相互取长补短而共同发展，不存在用谁来指导谁，也不存在谁消灭谁的问题。③先王之道：指尧、舜、禹、汤、文、武等古代帝王的治世之道。④斯：这、此。这里指礼，也指和。⑤节：节制，限制。

译 有子说："礼的应用，以和谐为贵。古代圣明君主的治国方法，最值得称道的就在这里。事无论大小都遵行和谐的原则去做，有时候行不通。为求和谐而和谐，不用礼来节制，那是不可行的。"

心 读

"和"是中国古代所崇尚的最高价值，也是儒家贡献给全人类最宝贵的哲学思想。有若所赞美的"和"是"礼"的价值存在形态，有若认为"礼"的价值就在于实现平辈与平辈、晚辈与长辈、百姓与官僚、陌生人与陌生人之间的和睦相处、和谐相处。而孔子进一步强调："君子和而不同，小人同而不和。"君子尊重他人，但是保持人格独立，思想独立，主张独立。"和"的社会价值在《国语》中表述更明白："夫和实生物，同则不继。""和"意味着不同人的相互尊重，君子相聚追求的不是知识、能力、个性的相同，而是不同个性、不同见解的相互包容，和生共长。"和"意味着不同思想、流派、主张各有其存在的理由，各有所长，相互交流，相互碰撞，可以产生新的思想。"和"意味着不同类的事物可以共存共荣，人类与动物和睦相处，人与自然的和谐共存和繁荣。"和"是礼的基石，是中国传统文化的哲学基础；理解了"和"的含义，才能正确理解儒家倡导的"礼"；没有不同人、不同思想、不同类的"和"，"礼"就成为纯粹的制约，成为僵化的规范，甚至成为人类发展的桎梏。

1.13 信近于义

有子曰："信近于义①，言可复②也；恭近于礼，远③耻辱也；因④不失其亲，亦可宗⑤也。"

注 ①近：接近、符合。义：是儒家伦理范畴，指思想和行为符合某种普世价值标准。②复：实践、履行诺言。③远（yuàn）：动词，使动用法，使之远离的意思，此外亦可以译为避免。④因：依靠、凭借。⑤宗：主、可靠。

译 有子说："讲信用必须符合道义，才能履行承诺；恭敬必须符合礼的要求，才能远离耻辱；据此行事能使亲人和睦，也就值得效法。"

心　读

君子一言，驷马难追。君子履行诺言，实践诺言，讲求信用没有错，但是必须符合道义。这种观点在《孟子·离娄下》中得到了进一步明确："夫大人者，言不必信，行不必果，惟义所在。"由此可见，讲信用必须有底线，必须符合道义，符合大义。谦恭是美德，"德不孤，必有邻"，谦恭可以赢得朋友，但是必须适度，过分的纡尊降贵就是谄媚，换来的只会是对方居高临下的颐指气使。儒家的诚信观和江湖侠士的诚信观差别不言而喻，先秦儒家提倡的谦恭也是有底线的。

1.14 生活方式

子曰："君子食无求饱，居无求安，敏于事而慎于言，就有道而正焉①，可谓好学也已。"

注　①就：靠近、看齐。有道：指有道德的人。正：匡正、端正。

译　孔子说："君子饮食不追求过好，居住不求安逸，工作高效，说话慎重，与有道之人交流匡正自己，这就是好学了。"

心　读

孔子曾说："食不厌精，脍不厌细。"此处又说："食无求饱，居无求安。"似乎矛盾，其实不然。前者是指祭祀，敬鬼神而"不厌精细"；后者是讲生活，不可追求过度和安逸。儒家在精神生活和物质生活二者当中更加看重精神生活，不追求饮食的高档华美，也不追求房舍的过分安逸，在乎的是勤勉于事业而谨慎于宣扬，与道德高尚者相处而改变自己，这是儒家追求和渴望的生活方式和生命状态。现在地球资源日益枯竭，说儒家思想是救世的灵丹妙药，或许过分，但是很多核心价值标准，却为解决现实问题提供了哲学依据和伦理支撑。重注《论语》，意在兹乎！以无节制的消费拉动需求的经济模式，实在不可取。穷奢极欲的物质追求，迷失心性，令人不寒而栗！

1.15 安贫乐道

子贡曰："贫而无谄①，富而无骄，何如②？"子曰："可也。未若贫而乐③，富而好礼者也。"子贡曰："《诗》云：'如切如磋，如琢如磨④'，其斯之谓与？"子曰："赐⑤也。始可与言《诗》已矣，告诸往而知来者⑥。"

注 ①谄（chǎn）：巴结、奉承。②何如：怎么样。③贫而乐：贫而乐道。④如切如磋，如琢如磨：见《诗经·卫风·淇澳》。加工象牙和骨，切了还要磋；加工玉石，琢了还要磨，有精益求精之意。⑤赐：子贡名，孔子对学生都称其名。⑥诸：同"之"。往：过去的事情。来：未来的事情。

译 子贡说："贫穷而不逢迎谄媚，富有而不骄傲自大，怎么样？"孔子说："这算可以了。但是还不如贫穷却乐于道，富裕而好礼之人。"子贡说："《诗经》上说：'切割、锉刻、雕琢、打磨'，就是讲的这个意思吧？"孔子说："赐呀，你能从我已经讲过的话中领会到我还没有说到的意思，我可以同你谈论《诗经》了。"

心 读

贫而乐道，富而好礼，是儒家倡导的处世态度和境界；做到了不容易，做好了是君子。对于大多数人来说，贫而乐道很难，当今之世，物欲横流，谁甘于贫穷，又有谁处于贫困而乐于求道？富而好礼更难，"富二代"在西方国家露富炫富，骄奢淫逸，为西方人所鄙视。不少知识分子在贫困时期能恪守信仰，富贵了却忘了根本，忘乎所以，贪婪成性，迷失信仰，迷失方向，迷失自我。人生有幸，贫困之时，坚信"后生可畏，焉知来者之不如今"，坚守了本心，坚持了本性，把所有的精力都用于学习，用于研究教育，用于求道，用于提升。随着岁月的流逝，读的书多了，知识积累多了，学术积淀厚了，自身命运也在求道中不断改变。唯有不断地切割，不断地修正，不断地雕琢，不断地打磨，才能接近"贫而乐道，富而好礼"的境界。

1.16 患不知人

子曰："不患①人之不己知，患不知人也。"

注 ①患：忧虑、怕。

译 孔子说："不怕别人不了解自己，只怕自己不了解别人。"

心 读

《论语》开篇就有"人不知而不愠"的观点，与"不患人之不己知"含义相近，也蕴含着"安贫乐道"的价值取向。本章需要参照孔子所言"不患无位，患所以立；不患莫己知，求为可知也"（4.14）、"不患人之不己知，患其不能也"（14.30）、"君子病无能焉，不病人之不己知也"（15.19）一起理解。教师不必担心别的教师不了解你，担心的是你不了解别的教师的人格、学养、能力、做事态度等是否有值得学习的地方；不必担心学生不了解或不认可你，担心的是你不了解学生，对学生的个性、优势、潜能缺乏了解而不能因材施教。当领导的不必担心群众不了解自己，担心的是自己不了解群众的需求，担心的是不了解身边的人而用人失察，以至于给国家和民族造成损失。学者不必担心自己的研究不为人知，担心的是自己的研究是否有益于社会……我们可以做无限延伸的思考，因为这里有儒家"反求诸己"的修身精神、原则、态度和方法。如果坚持"反求诸己"，坚持按照格物、致知、诚意、正心、修身、齐家、治国、平天下的路径，修养和发展自己，那么"天下谁人不识君"？

2.1 为政以德

> 子曰："为政以德①，譬如北辰②，居其所而众星共之③。"

注 ①为政以德：应以道德进行统治，即"德治"。以，用。②北辰：北极星。③所：处所，位置。共：同"拱"，环绕。

译 孔子说："以道德教化来治理政事，就如同北极星那样，居于自己的位置，而群星都会环绕着它。"

心 读

德治从来也不排斥法治，德治重视对人的情感、态度、价值观的建构，德治重视人类族群共同行为规范的建立，重视道德教化的作用，所以统治者的道德水平直接决定教化效果和社会风气。

如今法律体系不断完备，法律制裁日趋严厉，但是，违法行为却屡禁不止，问题出在人的道德，尤其是内心世界：人的情感不健全，价值迷失，信仰缺失，德治缺位，文化缺位。如是，则风气不正，社会混乱。统治者道德高尚，施行教化才能形成人格磁场，就可以为官一任，影响一方，造福一代。

唐朝时期，韩愈被流放潮州，以其高尚的人格和学识，影响了整个潮州地区，远离中原的潮州地区能够形成以儒家为核心价值观的独特地方文化，应归功于韩愈的伟大人格，归功于韩愈的道德教化。一千多年过去了，韩愈在潮州的影响依然存在，儒家文化的影响依然存在。

2.2 有效载体

子曰："《诗》三百①，一言以蔽②之，曰'思无邪③'。"

注 ①《诗》三百：《诗》，指《诗经》，共305 篇，三百是举其整数。②蔽：概括。③思无邪：此为《诗经·鲁颂·駉》中的一句。"思"是语气助词，没有实际意义。

译 孔子说："《诗经》三百篇，用一句话来概括，就是'纯正无邪'。"

心 读

孔子整理《诗经》，传承文化，教学中实现了政治教育、道德教育、伦理教育、情感教育、审美教育等多元目标。"兴观群怨"，就是可以教学生振奋、教学生观察、教学生交流、教学生批判。当今社会，如果十四亿中国人仅仅依靠"小品"维持文化生活，实乃民族之不幸！社会生产力发展到今天，如果没有高雅文化市场，没有高雅文化需求，仅仅依靠世俗文化，必然走向颓废、走向萎靡、走向消极。我正效法孔子，编写诗歌选鉴和散文选鉴，传承民族精神、核心价值和伦理情怀。民族文化传承需要载体，诗歌是很好的载体，诗教是有效的方法。

2.3 并非选择

> 子曰:"道①之以政,齐②之以刑,民免③而无耻;道之以德,齐之以礼,有耻且格。"

注 ①道:引导、治理、管理。②齐:使之整齐,约束。③免:避免、躲避。

译 孔子说:"用法律管理百姓,用刑法来约束百姓,老百姓只求免于犯罪受惩,却丧失了廉耻之心;用道德教化引导百姓,用礼制去规范百姓的言行,百姓不仅有羞耻之心,而且人格趋于高尚。"

心　读

德治是以道德教化来教育民众,实现民众的道德认同,道德自律,道德自觉,最终形成道德风尚;儒家倡导德治,并不反对法治,包括孔子本人的政治实践,儒家知识分子管理国家和社会无不是德治与法治并用。本章只是把两种治国方式的优缺点拿出来比较,并未做出非此即彼的选择,我们不能因此得出儒家反对法治的结论。事实上,现代西方政治仍然是道德教化与法治的有机结合,而且在道德教化方面下的功夫比我们深很多,西方国家的高等教育中的通识教育往往兼具道德教化、政治教育、思想教育、历史教育、文化教育的多元功能,而在中国历史上,孔子诗教可以达到或超越西方通识教育的效果。

2.4 终身学习

子曰："吾十有①五而志于学，三十而立②，四十而不惑③，五十而知天命④，六十而耳顺⑤，七十而从⑥心所欲，不逾矩⑦。"

注 ①有：同"又"。②立：站得住，引申为自立。③不惑：成熟不被迷惑。④天命：指不能为人力所支配的事情。⑤耳顺：接纳不同意见。⑥从：遵从。⑦逾：越过。矩：规矩。

译 孔子说："我十五岁立志求道，三十岁人格独立，四十岁不被迷惑，五十岁认清天命，六十岁包容一切，七十岁随心所欲而不越规矩。"

心 读

孔子不仅开贫民教育先河，开民办教育先河，开素质教育先河，也是终身学习思想的首创者。本章是孔子所描绘的一条终身学习的人生轨迹，是儒家修己安人的人生轨迹，是儒家内圣外王的人生轨迹。孔子因为其在哲学、伦理学、教育学上的卓越原创性贡献而被联合国教科文组织确认为"世界十大文化名人"之一，与他终身学习，终身实践，终身进步的精神不无关系。修身学习，则师皆可以为孔孟，人皆可以为尧舜。

2.5 自我教育

孟懿子①问孝，子曰："无违。"樊迟御②，子告之曰："孟孙问孝于我，我对曰：'无违。'"樊迟曰："何谓也?"子曰："生，事之以礼；死，葬之以礼，祭之以礼。"

注 ①孟懿子：鲁国大夫，"三家"（孟孙氏、叔孙氏、季孙氏）之一，姓仲孙，名何忌，"懿"是谥号。其父临终前要他向孔子学礼。②樊迟：姓樊，名须，字子迟。孔子的弟子，小孔子46岁。他曾和冉求一起帮助季康子革新。御：驾驭马车。

译 孟懿子问什么是孝，孔子说："孝是不违背礼。"后来樊迟给孔子驾车，孔子告诉他说："孟孙问我什么是孝，我回答说就是不违背礼。"樊迟说："不违背礼是什么意思呢？"孔子说："父母活着，按礼侍奉他们；父母去世，遵照礼安葬他们，遵照礼祭祀他们。"

心　读

孔子对孝道的解释，被后世人称为因材施教的经典。孟懿子兄弟俩缺少礼仪、礼法修养，父亲临终前嘱咐他们要到孔子那里学习礼，所以才有这样一段关于礼的对话。儿子尊敬父母是礼的范畴，所以父母活着的时候用心侍奉，去世以后以礼安葬拜祭，就是孝道。孔子强调的是"孝"的过程，如果侍奉父母不全心、不诚心、不真心，连基本环节都不要，说不上是孝。父母不在了，想起来就去祭奠，没想起来就算了，自然不算孝。礼不是重在形式，而是重在发自内心的真诚。依礼而行的过程，既是行孝的过程，是感恩的过程，也是自我教育的过程。儒家区别于法家、阴阳家的最大之处就在于提倡待人真诚，做人真实，追求真理。

2.6 寸草悠心

孟武伯①问孝，子曰："父母唯其疾②之忧。"

注 ①孟武伯：孟懿子的儿子，名彘。"武"是他的谥号。②疾：病。

译 孟武伯向孔子请教孝道。孔子说："父母只担心子女的疾病（做到这样可以算是尽孝了）。"

心 读

本章是孔子对孟懿子之子问孝的答案。对于"父母唯其疾之忧"，学者们有三种解释：一，父母爱自己的子女，无所不至，唯恐其有疾病，子女能够体会到父母的这种心情，在日常生活中格外谨慎小心，这就是孝。二，子女只要为父母的病疾而担忧，其他方面不必过多地担忧。三，让父母除了子女疾病外无需担忧别的，就是孝敬父母。我认为正确的理解是第三种，天下父母最希望的是子女的进步，尤其是实行独生子女政策以后，中国人望子成龙、望女成凤之心切，到了无以复加的地步。道德提升、学业进步、能力提高、事业有成等都是父母最期待和梦寐以求的事情，如果子女做到除了生病时令父母担忧，其它一切都让父母放心、高兴，那是最好的孝敬方式。

2.7 孝当在敬

子游①问孝，子曰："今之孝者，是谓能养②。至于犬马，皆能有养；不敬，何以别乎？"

注 ①子游：姓言，名偃，字子游，吴人，小孔子45岁，孔子学生。②养（yàng）："养父母"的养从前都读去声。

译 子游问什么是孝，孔子说："如今所谓的孝，说是能够侍奉父母便够了。然而，犬马也能够侍奉人，那能算孝吗？如果不是发自内心的敬爱，与犬马侍奉人有什么差别呢？"

孝必须发自内心。对于"至于犬马,皆能有养"一句,有两种不同的解释。一种是说狗守门、马拉车驮物,也能侍奉人;另一种是说犬马也能得到人的饲养。我认为,关键在于"敬",因此第一种理解可取。如果侍奉父母不真心、不诚心,甚至不耐烦,或者心生怨气,那能算孝吗?显然不算。一位独生子女的母亲说:"世界上最远的距离是当我在看你的时候,你却在看手机。"孝心养成需要从小做起,从小事做起,从真诚做起,从恭敬做起。

2.8 表里如一

子夏问孝,子曰:"色难①。有事,弟子服其劳②;有酒食,先生馔③,曾是以为孝乎?"

注 ①色:脸色。难:不容易。②弟子:指晚辈、儿女等。服:从事、担负。服其劳:服侍。③馔(zhuàn):意为饮食、吃喝。

译 子夏问什么是孝,孔子说:"对父母和颜悦色,并不是容易的事。父母有了事情,年轻人效劳;有了好吃的酒食,给年长的人吃,难道仅仅如此就可以认为是孝吗?"

孝道必须表里如一。为长辈做事,让长辈优先享用美食,这还不能算孝,能够始终如一对父母和颜悦色才是孝。真心诚意,恭敬尊重老人方是孝。孝绝不是中国特色,孝是全人类的共同情感,是普世伦理。西方文化一样倡导孝道,时至今日,东西方孝文化的差异不在有无,而在方式不同。

2.9 君子风度

子曰："吾与回①言终日，不违②如愚。退而省其私③，亦足以发，回也不愚。"

注 ①回：姓颜，名回，字子渊，生于公元前521年，小孔子30岁，鲁国人，孔子最得意的门生。②不违：不提相反的意见或问题。③退而省其私：考察颜回私下里的言行。

译 孔子说："我整天给颜回讲学，他从不提反对意见和疑问，像个愚笨的人。退下之后，我考察他的言行，很多地方能够给我以启发，可见颜回并不愚蠢。"

心　读

生活于浮躁的社会，沉默尤其可贵，少说话并不是傻子。西南联大时期的清华大学校长梅贻琦先生是个沉默的君子，他把讲话的机会让给了别人，甘当教授委员会的主持人，让教授们的集体意志决定学校的发展和未来，所以能够激发清华大学全体教授的群体智慧，在战时极度艰苦的条件下，把西南联大办成了世界一流大学。西南联大在当时世界高等教育格局中的影响和地位，远远超过了中国当代任何一所大学。

2.10 识人之明

子曰："视其所以①，观其所由②，察其所安③，人焉廋④哉？人焉廋哉？"

注 ①以：与。②所由：所从由的道路，处事的方法。③所安：心安的事情。 ④庹（sōu）：隐藏、藏匿。

译 孔子说："看他所结交的朋友，观察他的行事方法，了解他安于什么、不安于什么，他能隐藏自己吗？他能隐藏自己吗？"

心 读

儒家政治重视人才遴选，儒家教育重视人才个性。孔子作为教育家，提倡因材施教，前提就是了解学生。孔子多角度、多侧面、由浅入深逐步了解学生的方法，类似于今天的"行动研究"，通过学生的所作所为来研判其性格和长处，通过学生的行事路径和风格来研判其才能和特点，通过学生的生活状态来研判其志趣和道德修养水平。如此，方可全面了解学生，方可准确寻找教育的突破口，方可发现学生未来的发展趋势，在此基础上因材施教，方可培养个性鲜明的优秀人才。孔子从事教育事业何其用心！

2.11 温故知新

子曰："温故而知新，可以为师矣。"

译 孔子说："温习旧知识能有新发现，可以成为老师了。"

心 读

"温故而知新"揭示了中国人重视经验的文化传统，以古喻今，借古讽今，甚至借复古的名义开创新局面，都是这种传统的具体体现。做教育事业，应当重视经验，尤其是人文学科的教学可以从经验传承中实现创新。古代私塾十分重视"读"，"书读百遍，其义自见"，这种经验应当传承，离开了读的基本功，无论是学语文、学英语，都很难学好。老师只有传承优秀传统，才能形成自己的风格和特色。"温故而知新"的心理学原理为美国认知心理学集大成者奥苏伯尔所证实：原认知结构中旧有知识的清晰程度和巩固程度，决定了掌握新知识的速度和程度。

2.12 君子不器

子曰："君子不器①。"

注 ①器：器具。

译 孔子说："君子不像器具那样只有某一方面的用途。"

心 读

君子是孔子心目中具有理想人格、可堪重用之人，属于自用之才（对自己的能力、人格自信的帅才），而不是备用之才（被别人运用的将才）。君子不是工具，是工具的主人。这里蕴含着孔子的教育价值取向："教育培养的是善于运用工具的人。"

当今教育的问题可以分解成两个方面：一、教师对"器"过分迷恋，忽视了"道"。比如信息技术的运用，有些教师可以做精彩绝伦的课件，但是，课件是课件，教师是教师，学生是学生，三者无法融合，无法形成课堂磁场，更说不上精彩。过分地强调硬件，强调设施设备，强调信息技术，但却忽视了自身"道"的追求。"庙小乾坤大"，大师坐下的地方就有文化，就有影响人的磁场，就有感化人的能量。教师的思想、情感、态度、学养、人格，这些"道"的力量才是决定性的力量。二、重"器"轻"道"的价值观体现在教学上，就是教师关注学生的知识增长和能力培养，忽视信仰、理想、精神、伦理、价值观的建构。课堂仅仅成为知识堆积的场所，学校仅仅成为智力积累的场所，而不是生命激扬、生命灵动的地方。如是，岂不悲哉！

2.13 行先言后

子贡问君子。子曰："先行其言而后从之。"

译 子贡问怎样做个君子。孔子说："先实行了，再说出来。"

心 读

子贡在孔门弟子之中，能言善辩，估计说话也很多，承诺很多，空头支票不少，所以孔子针对其特点做了回答。这是孔子因材施教的典型案例。同时，也体现了儒家"敏于事而慎于言"的人格取向。其实，说话也应当恪守儒家的"中庸"原则，恰到好处，或适可而止。同事之间，无话不谈固然很亲密，但是往往言多必失，有意无意制造是非，制造隔阂，制造距离。师生之间，也并非话越多越好，很多时候需要的是"千呼万唤始出来，犹抱琵琶半遮面"的艺术境界。比如提问，把话说透了，就会产生"地板效应"，谁都能懂，问题就不能成为问题，教育效率归于零；话说得太过含蓄，又往往产生"天花板效应"，阳春白雪，曲高和寡，提出的问题谁也不懂，谁也无法思考，那也是问题。信息时代，网络、电话、多媒体的普及，人与人之间，说话的方式很多，然而言不由衷的也多，少了点务实精神。

2.14 周而不比

子曰："君子周而不比①，小人②比而不周。"

注 ①周：团结、忠信。比（bì）：勾结。②小人：道德修养没有达到高境界的人。

译 孔子说:"君子团结而不与人勾结,小人与人勾结而不团结。"

心 读

君子与君子之间,道义相期,所以合群而不耻勾结。小人与小人之间,唯利是图,所以勾结而不合群。生活在今天,合群而没有进入某种利益集团真不容易,更多的是这样或那样的集团,因为利益而相互勾结。周而不比,可以赢得更多人的亲近和尊重,最终获得成功!比而不周,可以获得少数人的亲近和认可,可以获得一时成功,但最终会失败。

2.15 学思结合

子曰:"学而不思则罔①,思而不学则殆②。"

注 ①罔:迷惑、糊涂。②殆:疑惑、危险。

译 孔子说:"学习而不思考,容易被错误的理论所欺骗和迷惑;思考而不学习前人的成功经验,容易倦怠而丧失信心,最终放弃前行。"

心 读

这一则体现了孔子的学习思想:学思结合,相得益彰。

只学习,只传承,不加思考,不加选择,不加甄别,没有取舍,自然越学越糊涂。生活中,很多人博学,但是知识只是一种储备状态,而没有内化为自己的思想、见解和主张,给人的感觉是书橱,俗称"掉书袋子"。教师中也有这种人,博闻强识而不善于运用,更不用说内化成能力,内化成素质,内化成人格了。

思考而不学习,必然坠入空想主义深渊而不能自拔,久而久之,连信心都没有,何谈有收获。科学技术发展到现代的水平,一蹴而就的灵感式的发明，早已完成，新的知识、新的发现在前沿，在学科结合部，如果不系统学习，不深入学习，依靠冥思苦想，很难有发现，很难出成果。教育也是如此，广采百家之长，有所取舍，然后沉淀出自己的风格。

两千五百多年前，孔子对学思辩证关系看得如此透彻，被现代科学所证实，令人佩服。

2.16 学术自由

> 子曰："攻乎异端①，斯害也已②。"

注 ①攻：攻击。异端：另外、不同的一端。②斯：这。也已：语气词。

译 孔子说："攻击不同的学说，这非常有害啊！"

心 读

这句话前人有几种不同的解释：其一，致力于异端邪说，那是很危险的；其二，攻击异端邪说，祸害就可以消灭了；其三，攻击不同于自己的学说，这很危险。我选择最后一种理解，理由：一、孔子从来没有强烈地批判过不同于己的学说，而且孔门弟子编撰的《论语》中，经常把道家隐者的观点摆出来，不做批判，若非对其他学派的尊重，如何做得到？二、孔子倡导"恕"，也就是包容的精神，对人能包容，对学派也能包容，这是儒家数千年来不断吸纳新思想、新成果，获得新的发展的根本原因。三、儒家倡导"和"文化，主张"和而不同"，《中庸》说："万物并育而不相害，道并行而不悖。"已经表明了儒家对不同学说的基本态度。四、儒家文化是在研究古代各种典籍的过程中建立起来的，原本就吸纳了各家学派的精华。对原生态儒家思想，应跳出来看，连贯起来看，不宜臆断。

2.17 知之为知

> 子曰："由①，诲女②，知之乎？知之为知之，不知为不知，是知也。"

注 ①由：姓仲，名由，字子路。生于公元前542年，为长期追随孔子的学生。②女：同"汝"，你。

译 孔子说："由，我告诉你什么是智慧吧！知道就说知道，不知道就说不知道，这才是智慧啊！"

心　读

　　理解这一章的关键是六个"知"，首尾两个"知"都解作"聪明、智慧"，中间四个"知"都解作"知道"。子路是孔门弟子中最为刚烈和自负的人，故孔子有如此谆谆告诫。"天将以夫子为木铎"，孔子的思想引领中国人前行了两千五百多年，创造了多个人类文化高峰，"五四运动"以来，放弃、抛弃甚至践踏儒家思想的做法，显然十分错误，中华民族也因此付出了沉重代价。改革开放以来，中国人对自然生态的破坏，再给五十年，也无法恢复到三十年前的水平。十年"文革"对文化生态的破坏无以复加，再给六十年，未必能够恢复到"文革"前的水平。文化生态的破坏表现为信仰缺失、价值迷失、伦理沦丧。言必称希腊者，往往对希腊文化无知；而强烈否定传统文化者，往往都对传统文化缺乏深入研究和正确认识。"知之为知之，不知为不知，是知也"，就此一句，两千五百年前是真理，两千五百年中是真理，两千五百年后仍然是真理，儒家对真诚、对真实、对真理的追求，始终如一。儒学没有阶级性，儒家具有普世价值，是普世伦理，普世哲学，普世精神！

2.18 禄在其中

子张学干禄①，子曰："多闻阙疑②，慎言其余，则寡尤③；多见阙殆，慎行其余，则寡悔。言寡尤，行寡悔，禄在其中矣。"

注 ①子张：姓颛孙，名师，字子张，生于公元前503年，小孔子48岁，孔子的学生。干禄：求取官职。干，求。禄，俸禄。②阙：缺。暂时搁置在一旁。疑：与"怠"同义，怀疑。③寡：少。尤：过错。

译 子张想学求取官职的办法。孔子说："多听，有怀疑，先放置；其余有把握的，谨慎地说出来，能减少错误。多看，有怀疑，先放置；其余有把握的，谨慎地实行，能减少懊悔。言语过失少，行为懊悔少，官职俸禄就在其中了。"

心　读

儒家积极入世，强调通过做官来改变社会，造福人民；谋求官职俸禄就是必须面对的问题。儒学是修己安人、治国平天下的学问，儒学也是做官的学问。讲个故事，有个方丈因为善于解签解卦而名满四海，给寺庙带了很多香客，因为修行需要游方，其余众僧自知道行尚浅，不敢领这份"瓷器活"，大家推选了一位又聋又哑的和尚代替大师。聋哑和尚每天坐在庙中，向卜者请教问题，或点头或摇头，问卜者无不满意而去。结果这位聋哑和尚居然也名声大振，一时信徒如云，远远超过方丈。秘诀就在于同一个问题点头摇头都对。比如信徒问："我能升官吗？"点头就意味着："可以。"摇头可以解释为："没问题。"如此，不灵验才怪。不过，对于教师，言语规则应该是"不愤不启，不悱不发"，该讲的讲个透，不该讲的惜字如金，这又是"中庸"的境界了。

2.19 举直错枉

> 哀公①问曰："何为则民服？"孔子对曰②："举直错诸枉③，则民服；举枉错诸直，则民不服。"

注 ①哀公：姓姬名将，哀是谥号，鲁国国君，公元前494—前466年在位。②对曰：《论语》中记载的回答国君及在上位者问话的时候，都用"对曰"，以示尊敬。③举：选拔。直：正直公平。错：同"措"，放置。枉：不正直。

译 鲁哀公问："怎样使百姓服从呢？"孔子回答说："把正直的人提拔起来，把邪恶的人置于一旁，老百姓就会服从；把邪恶的人提拔起来，把正直的人置于一旁，老百姓就不会服从统治了。"

心　读

选贤用能，是孔子德治思想的重要部分。用贤才，则天下归心，贤者云集，何愁大业不成？用小人，则贤人隐逸，小人聚集，再好的基业也会毁于一旦。无论什么体制，用人导向都很重要。西方民主政治，国家元首或地方主官是选举产生，再由元首或地方主官组阁，其用人取向往往决定事业成败。中国现有的体制机制，用人导向就更重要了；因为现有的官僚体制，公务员能进不能出，能上不能下，用了就很难再重新选择，选对人选准人的机会几乎只有一次。官僚体制固化僵化的难题，无法破解，教育人力资源体制一样僵化，一样很难破解。教育事业选人用人也不可不慎，一个好校长就是一所名校。一个好教师，影响孩子是一辈子。教育科学发展，需要有情怀、有理想、有思想、有思路、有能力的人才，我期待，我执着，我努力在教育系统率先打破人才管理机制固化僵化的局面。

2.20 内圣外王

季康子①问："使民敬、忠以劝②，如之何？"子曰："临③之以庄，则敬；孝慈④，则忠；举善而教不能，则劝。"

注 ①季康子：姓季孙，名肥，康为谥号，鲁哀公时任正卿，是当时鲁国政治上最有权势的人。②以：连接词，与"而"同。劝：勉励。这里是自勉努力。③临：对待。④孝慈：当政者自己孝慈善待百姓。

译 季康子问道："使老百姓对当政者尊敬、尽忠而努力干活，该怎样做呢？"孔子说："你对待老百姓尊重，他们就会尊敬你；你以孝慈之心善待百姓，百姓就会尽忠于你；你选用善良的人，又教育能力差的人，百姓就会互相勉励，加倍努力。"

心 读

儒家主张先"内圣"，才能达到"外王"，即自己修养成为道德高尚者，影响老百姓，教化老百姓，才能实现有效管理的政治目标。这种以身作则、率先垂范的做法，东西方都高度认同。要求百姓做到的，自己先做到；百姓不知道的，通过教化让他们知道。以自己的人格魅力和人格磁场去影响和教化百姓，这就是儒家"内圣外王"之道，发展到明代王阳明成为"心学"，以心力去影响人——发自内心尊重百姓，百姓就会尊重你，敬畏你。用孝慈之心善待百姓——如孟子所言："老吾老以及人之老，幼吾幼以及人之幼。"——百姓就会忠诚于国家，忠诚于体制，忠诚于事业，忠诚于为政者。选拔善良者，教导后生，百姓自然会相互勉励，加倍努力。儒家以教为政的管理路径，由此可见一斑。

2.21 教育兴邦

> 或①谓孔子曰："子奚②不为政？"子曰："《书》③云：'孝乎惟孝，友于兄弟，施④于有政。'是亦为政，奚其为为政？"

注 ①或：有人。②奚：疑问词，为什么。③《书》：《尚书》。④施：延及，延伸。

译 有人问孔子："你为什么不从政呢？"孔子回答说："《尚书》上说：'孝最重要，友爱兄弟，可以将孝悌精神延伸到政事。'也就是从政了，又要怎样才能算是为政呢？"

心 读

本章反映了孔子两方面的思想主张。其一，为政以孝为本。孝悌精神延伸到社会管理，会有很好的治理效果，这种社会治理路径，依然没有过时。试想，如果为政者以孝敬父母之心，善待天下年长者，其政策、法令、举措能失之偏颇吗？如果以慈爱之心对待天下后生和弱者，其政策、法令、举措能单方面维护既得利益者吗？其二，治国以教为本。儒家把教育作为治理社会和发展国家的基础性工程，从事教育就是从事政治，以教育教化人心，以教育构建精神家园，以教育形成促使人健康成长的文化场域，最终，以教育造福社会。作为教育者，我从来不讳言自己对事业和社会的责任。

2.22 诚信无价

> 子曰："人而无信，不知其可也。大车无輗①，小车无軏②，其何以行之哉？"

注 ①大车无輗（ní）：大车车辕前面横木上的木销子。大车指牛车。②軏（yuè）：古代小车车辕前面横木上的木销子。没有輗和軏，车就不能走。

译 孔子说："一个人不讲信用，不知道他可以做什么。就好像大车没有輗、小车没有軏一样，它靠什么行走呢？"

心 读

信，是儒家传统伦理准则之一。孔子认为，信是人立身处世的基点。在《论语》中，信的含义有两种：一是信任，即取得别人的信任；二是对人讲信用。信，在儒家伦理中几乎是人与人之间关系的铆合钉，君臣之间，夫妻之间，朋友之间，兄弟之间，父子之间，如果没有相互的信任，如果没有值得恪守的诚信，社会将不知道变成怎样的状态。中国传统文化并非都提倡诚信，《三国演义》就比较典型，简直就是中国权术、心术、阴谋大全。从教育视域看，《三国演义》无论如何都不宜过早进入课堂，更不能相伴人生。

2.23 渐进改革

> 子张问："十世①可知也？"子曰："殷因②于夏礼，所损益③可知也；周因于殷礼，所损益可知也。其或继周者，虽百世，可知也。"

注 ①世：三十年为一世。也有人把"世"解释为朝代。②因：因袭、沿用、继承。③损益：减少和增加，即优化、变动。

译 子张问孔子："今后十世（礼制）可以预先知道吗？"孔子回答说："商朝继承了夏朝的礼制，减少和增加的内容可知；周朝又继承商朝的礼制，废除的和增加的内容也可知。假设将来有继承周朝而当政的人，就算是百世以后的情况，也可预知。"

心 读

孔子提出一个重要概念：损益（增减、兴革的意思）。即对前代典章制度、礼仪规范等有继承、沿袭，也有改革、变通。由此可知，孔子并非保守派，但也不是激进派，而是渐进式改革的代表人物。以改革促发展，但是离开了传承，跳跃式的改革往往以失败告终，以革命的方式推动社会进步，付出的代价或者比收获的更大。

历史不可以重来，但是，大胆做出系列假设：如果太平天国革命不发生，如果五大重臣出洋考察不夭折，如果戊戌变法不失败，如果抗战胜利后国共合作共建，如果中国不发生这样那样割裂历史和文化的革命，当代中国，或许是另外一番气象。

2.24 见义勇为

子曰："非其鬼①而祭之，谄②也。见义③不为，无勇也。"

注 ①鬼：指鬼神，或指死去的祖先。②谄（chǎn）：谄媚、阿谀。③义：人应该做的事就是义。

译 孔子说："不应该你祭的鬼神，却去祭它，就是谄媚。见到应该挺身而出的事，却袖手旁观，就是不勇敢。"

心　读

　　"义"和"勇"都是儒家塑造高尚人格的规范。符合仁、礼要求的，就是"义"。"勇"，就是果敢，勇敢。孔子把"勇"作为实行"仁"的条件之一，"勇"，必须符合"仁、义、礼、智"，即所谓大勇，否则就是"乱"。古代祭祀，出于对先祖的怀念，发乎真诚，所以只祭祀自己的祖先，是非功利性的祭祀，符合"义"的标准，而"非其鬼而祭之"属于"利"的驱使。超越利益，无欲则刚，遇到需要伸张"义"的事情，必然勇于作为。"义"和"勇"的关系，不言而喻！

八佾第三

3.1 洞察入微

> 孔子谓季氏①:"八佾②舞于庭,是可忍③也,孰不可忍也!"

注 ①季氏:鲁国正卿季孙氏,即季平子。②八佾(yì):佾,行列。古时一佾是八人,八佾就是六十四人。《周礼》规定,八佾只有天子可以享用,诸侯为六佾,卿大夫为四佾,士用二佾。季氏是正卿,只能用四佾。③忍:忍心。

译 孔子谈到季氏说:"用六十四个人在自己的庭院中奏乐舞蹈,这样的事都能狠心做,还有什么事狠心做不出来呢?"

心 读

孔子景仰周礼,只是景仰周公时代的清明政治和有序社会,不能证明孔子要全盘恢复周礼;正如孙中山高度评价上古大同思想,我们可以据此断定孙中山先生想回到上古社会吗?显然不能。《论语·为政第二》中孔子这样说:"殷因于夏礼,所损益可知也;周因于殷礼,所损益可知也。其或继周者,虽百世,可知也。"据此,我们可以断定,孔子并非墨守成规者。

孔子的教育实践改变贫民的命运,创造贫民的上升通道,这是对原有等级制度的挑战；孔子的政治实践，让百姓富足，夜不闭户，维护的是百姓的利益，谋求的是百姓的福祉。孔子对季氏的评价，是用政治家的眼光做了一个前瞻性判断——季氏必然走向反叛道路。

同时，从孔子的愤慨中我们可以分明感受到孔子对社会秩序的坚守，对基本礼仪的维护，对社会稳定的渴望，但绝不是对旧有制度和秩序的单方面留恋。

"是可忍，孰不可忍"在后世文艺作品中，演变成为表示极大愤慨，和原文意思已是风马牛不相及，这是语言发展的流变。

3.2 忧心忡忡

三家者以《雍》彻①。子曰："'相维辟公，天子穆穆'②，奚取于三家之堂？"

注 ①三家：鲁国当权的三卿，仲孙氏、叔孙氏、季孙氏，都是鲁桓公的后代，又称"三桓"。《雍》：《诗经·周颂》中的一篇。古代天子祭宗庙完毕撤除祭品时要唱这首诗。②相维辟公，天子穆穆：取自《雍》诗。相，助祭者。维，语助词，无意义。辟公，诸侯。穆穆，庄严肃穆。

译 仲孙氏、叔孙氏、季孙氏三家在祭祖完毕撤去祭品时，（也用天子之礼）命乐工唱《雍》诗。孔子说："《雍》诗说'助祭的是诸侯，天子严肃静穆主祭'，这怎么能用在你三家的庙堂呢？"

心 读

孔子对孟孙氏、叔孙氏、季孙氏三家祭祀时僭越唱诵《雍》诗，发出感慨。孔子不是复古主义者，与其说孔子对季氏的行为表示愤慨，毋宁说孔子对破坏秩序的深深忧虑。孔子忧虑的不是周礼被僭越，而是秩序的颠覆。

秩序可以渐进式改革和变革，但是不可以颠覆，不可以践踏。否则，对人类文化的破坏性远远超出了革命的收获。颠覆性的行为，往往是"倒洗澡水，把孩子和脏水一起泼出去了"，从文化视域看，没有传承，没有继承，就很难有创新和发展。创新需要基础，发展需要基础。原有秩序，或原有文化，被否定无遗，也就意味着创新与发展亦不可能。

太平天国革命和无产阶级文化大革命，犯的都是颠覆秩序的错误，结果是破坏远远大于收获，给国家民族带来不可逆转的深重灾难。事实上，颠覆秩序的后遗症直到现在依然潜藏在中国人的内心阴暗处，否则我们无法解释，为何游行活动常常出现打砸抢，为何群体聚集常常失控，为何有人蓄意误导局面常常不可收拾。民粹主义盛行，也是近代文化秩序颠覆的后遗症。

3.3 仁与礼乐

子曰："人而不仁，如礼何？人而不仁，如乐何？"

译 孔子说："人无仁心，如何实行礼呢？人无仁心，怎么运用乐呢？"

心　读

仁是儒家最重要的道德范畴，是儒家伦理思想体系的基石。孔子认为，礼、乐都是形式，仁心才是根本。礼，如果不能让人养成仁心，也就没有意义；乐，如果不能涵养慈爱，也就没有价值。从教育视域看，仁是内心，是灵魂，是本质，是个人修养的目标，也是教育追求的目标；而礼是仁的外在表现形式，礼的实践承载着仁的追求，礼的规范体现了仁的价值；乐则用来熏陶人心，影响人的内心世界。

教师没有博大胸怀，没有慈爱之心，没有对后生的敬畏之心，没有对生命的终极关怀，那么，他如何去建立一种有利于学生发展的规范呢？又如何能够科学运用音乐等艺术载体，去涵养学生的性情，养护学生的灵魂，让学生养成关爱他人，关注社会，关心未来的仁者情怀呢？

3.4 礼之根本

林放①问礼之本。子曰："大哉问！礼，与其奢也，宁俭；丧，与其易②也，宁戚③。"

注 ①林放：鲁国懂得礼制的人。②易：治理。这里指丧葬礼仪很周到。③戚：悲戚。

译 林放问什么是礼的根本。孔子回答道："这个问题提得很好！礼仪与其奢侈，不如节俭；就丧事而言，与其仪式上置办周备，不如内心哀悼逝者。"

> **心 读**

礼的根本，在于心，在于诚。内心不恭敬，表面的仪式有何用？

现代人的生活，甘于节俭，在节俭中体会生活的幸福，才是真的幸福。要甘于平淡，在平淡中实现从平凡到伟大的人生目标，还要甘于宁静，在宁静中追求心灵的净化，精神的升华，人生境界的提升。

对于往者，与其追求仪式的完备，不如真心缅怀，更不如思考如何向往者学习其优秀品质。我不到两岁，就随外公在湖北黄冈生活，受外公的慈爱、平和与智慧影响很深。虽然离开黄冈二十多年了，但是每年必回黄冈拜祭外公，没有仪式，没有奢华，没有喧闹，通常只有一个人在池塘边的坟前默默独坐，静静思念，深深感激。

3.5 名存实亡

子曰："夷狄①之有君，不如诸夏之亡也②。"

注 ①夷狄：古时候称东部少数民族为"夷"，北部少数民族为"狄"。②诸夏：古时候中原地区华夏族的自称。亡：同"无"。古书中"无"字多写作"亡"。

译 孔子说："夷狄有君主，不像中原各国（虽有名义上的君主）实则是名存实亡。"

心 读

有人把这句理解为"夷狄落后，虽然有君主，还不如中原诸国没有君主"，并据此断定孔子具有强烈的"夷夏观"，进一步推论这是大汉族主义的源头。我认为，这句话只是表达了孔子对礼崩乐坏的忧虑："夷狄都有君主，而中原各国君主名存实亡。"孔子叹息的对象不只是君主名存实亡，其背后是天下大乱，是百姓遭殃。

3.6 苍生为念

> 季氏旅①于泰山，子谓冉有②曰："女弗能救
> 与③？"对曰："不能。"子曰："呜呼！曾谓泰山不如
> 林放乎？"

注 ①旅：祭名。祭祀山川为旅。在当时，只有天子和诸侯才有祭祀名山大川的资格。②冉有：姓冉，名求，字子有，生于公元前522年，小孔子29岁，孔子弟子。当时是季氏家臣，所以孔子责备他。③女：同"汝"，你。救：挽求、劝阻。这里指谏止。

译 季孙氏去祭祀泰山。孔子对冉有说："你难道不能谏止他吗？"冉有说："不能。"孔子说："唉！难道你们以为泰山之神还不如林放知礼吗？"

心 读

祭祀泰山是天子的祭天礼节，诸侯都没有这个权利，季孙氏为鲁国国君的家臣，却僭越行祭天之礼，如此下去，势必层层加重百姓的负担，百姓势必遭殃。孔子期待冉有劝阻季孙氏，借批评泰山来责备冉有，其关心的落脚点不在礼制，倒是有足够的事实证明孔子是维新主义者。孔子开贫民教育先河，开民办教育先河，开素质教育先河，开审美教育先河，开学术独立先河，开教育脱离体制之先河。孔子选择用教育改变人心，用教育改变人生，用教育改变社会，用教育改变命运，实际上是向固化阶层和现有僵化礼制的挑战。康有为先生断定孔子托古改制，不无道理。

3.7 君子之争

子曰:"君子无所争,必也射①乎。揖②让而升,下而饮,其争也君子。"

注 ①射:原意为射箭。此处指射礼。②揖:拱手行礼,表示尊敬。

译 孔子说:"君子不争名利。如果一定要有所争,那就是比射箭吧。相互作揖谦让之后上场,射过后相互作揖退下,然后登堂喝酒。即使有争那也是君子之争啊。"

心 读

这一章讲了三个问题。

一是理解"君子之争"的争与不争。君子不争世俗名利,不争个人得失,不争一时长短,但是争自我提升,争积极入世,争大仁大义,甚至当仁不让于师。君子争国家利益,争民族利益,争全民利益,争百世之名,争内圣之心,争外王之机会。

二是传承"君子之争"的礼让传统。那就是相互作揖谦让——射箭前是朋友,然后再上场,射箭中当仁不让,射完箭退场仍然是朋友,揖让而饮酒。君子之争,彬彬有礼,光明磊落。学人对于人际关系或集团之间的关系,或强调竞争,或强调合作,其实,以合作代替竞争不可能,以竞争代替合作也不可能,唯一可能的是:坦诚合作,光明竞争。

三是懂得"君子之争"的教育取向。对教育工作者来说,更重要的从"君子之争"中懂得孔子教育对本质的追求,射箭是军事教育,孔子置身于成败之外,重视射箭前后的礼让,追求的是射箭过程的礼让活动和教育作用。

3.8 仁心为本

子夏问曰："'巧笑倩兮，美目盼兮，素以为绚兮。'①何谓也？"子曰："绘事后素②。"曰："礼后乎？"子曰："起予者商也③，始可与言《诗》已矣。"

注 ①巧笑倩兮，美目盼兮，素以为绚兮：前两句见《诗经·卫风·硕人》。第三句可能是逸句。倩，笑得好看。兮，语助词，相当于"啊"。盼，眼睛黑白分明。绚，有文采。②绘：画。素：白底，本色。③起：启发。予：我。商：子夏。

译 子夏问："'脸上笑得真好看啊，美丽的眼睛真明亮啊，在自然本色上精心打扮将更加绚烂美丽啊。'这是什么意思呢？"孔子说："这是先要有自然本色，绘画才更好看。"子夏又问："是不是说礼要发自内心才能有效实行呢？"孔子说："商，你真是能启发我的人，现在可以同你讨论《诗经》了。"

心　读

子夏从孔子讲的"绘事后素"中，领悟到仁先礼后的道理，受到孔子的称赞。本章也是孔子因材施教的典型，同时也阐述了儒家仁与礼的关系，仁是本质，礼是形式；仁心是底子，礼是绘画。儒家尚礼，更重视仁心的修养。

孔孟主张性善论，认为仁心原本存在，只因外界条件的引诱，才使人迷失了本心本性本色；所以，需要以礼节之，以礼来张扬内心的仁厚，以礼来表达对人类的尊重以及公平正义秩序的维护。如果脱离了性善论这个基础，似乎很难理解"绘事后素"的理念。

假如以荀子性恶论来理解"绘事后素"的理念，是否也讲得通呢？答案是肯定的。如果人性本恶，恶就是底色，恶就是本心本性，礼的作用在于减少"恶"增加"善"，引导人们逐步脱离恶的渊薮，养成仁心仁德。

两种理解，孰是孰非，读者自鉴。

3.9 严谨治学

子曰："夏礼吾能言之，杞不足征也①；殷礼吾能言之，宋②不足征也。文献③不足故也。足，则吾能征之矣。"

注 ①杞：春秋时国名，夏禹的后裔。在今河南杞县一带。征：作证。②宋：春秋时国名，商汤的后裔，在今河南商丘一带。③文：指历史典籍。献：指贤人。

译 孔子说："夏朝的礼我能说出来，但是（夏的后代）杞国不足以作证；殷朝的礼我能说出来，但（殷的后代）宋国不足以作证。这都是由于文字资料和贤者不足的缘故。如果足够的话，我就可以证明我说的夏礼和殷礼。"

心 读

孔子对人类文化的贡献是巨大的。人们常说，中华文明是世界几大文明体系中唯一没有中断的，孔子居功甚伟。他不仅是教育家，也是学者，在整理古代文化典籍中，做出了前无古人的贡献。他开启的文献研究法和考据方法，在中国古代人文科学研究中，始终是最主要的方法。从这一章中，我们能领会先哲严谨治学的态度和务实求真的作风，这是当今做学问和从事教育事业最需要的品质。儒家思想、儒家价值、儒家伦理的起源在于孔子对先秦文化典籍的整理和提炼。孔子正是在文献典籍研究中，建构了自己的思想体系，教育体系，伦理体系，价值体系，犹如在漫漫长夜建立智慧的灯塔，引导民族走向光明和未来。

3.10 谁知我心

子曰："禘自既灌而往者①，吾不欲观之矣。"

注 ①禘（dì）：由天子举行的祭祀祖先的隆重典礼。灌：禘礼中第一次献酒。

译 孔子说："对于行禘礼的仪式，从第一次献酒以后，我就不想再看下去了。"

心 读

禘礼属于天子之礼，孔子参加的显然不是天子之礼。本章孔子表达的是对社会失序的不满，因为社会失序的根源不在百姓，而在诸侯，所谓上梁不正下梁歪：鲁国国君僭越周礼，大夫僭越国君之礼，家臣僭越大夫之礼。如此，社会不乱才怪！孔子维护的不是礼制，而是社会秩序，更是对人的尊重。孔子强调社会需要等级机制，需要层级管理，但是绝对不是认为等级或层级是不可逾越的。孔子自强不息，通过自学和治学，实现了从"贫民"（少时孔子家贫）向"士"再向"大夫"的等级超越。他自身的成长轨迹，能够证明他是等级制度的顽固维护者吗？他培养的学生十之八九完成了从"平民"到"士"的超越，也有不少实现了从"士"向"大夫"发展，其教育实践无可辩驳地证明，孔子的学说是有利于大众的学说，是思想启蒙的学说，是为普罗大众争取生存空间和发展机会的学说。这就是原生态儒学及其精神始终难为统治者真正接受，难被帝王真正接受的根本原因，也是孔子之道不行于当时，却永不过时的原因：儒学是为民之学。汉代开始，统治者接受的已不是原生态儒学，不是真儒学。

3.11 易如反掌

或问禘之说①，子曰："不知也。知其说者之于天下也，其如示诸斯②乎。"指其掌。

注 ①禘之说：关于禘祭的规定。说，理论、道理、规定。②斯：指后面的"掌"。

译 有人向孔子请教举行禘祭的规定。孔子说："不知道。知道这种规定的人治理天下，就像把这东西摆在这里（手掌）一样吧。"（一边说一边）指着他的手掌。

心 读

孔子认为，鲁国的禘祭名分颠倒，不值得看，也不愿意看。有人问他关于禘祭的规定，他故意说不知道。但紧接着又说，谁懂得禘祭的道理，治理天下易如反掌。"为政以德，譬如北辰，居其所而众星共之。"国君带头，上行下效，垂拱而治。如果国君带头遵守礼制，带头履行职责，带头遵守暂时尚未公开放弃的各项政策制度，那么，大夫不会轻易僭越，家臣也不敢轻易僭越。故孔子说，如果国君能够带头遵守礼制，带头维护秩序，带头尊重人，治理天下就会易如反掌。事实上，中国现实社会的很多矛盾都可以从《论语》中找到解决办法：政党依法执政，各级政府依法行政，公务员依法办事，全社会都能自觉维护法律的尊严，自觉促进司法独立，积重难返的矛盾就迎刃而解了。

3.12 洗涤灵魂

祭如在，祭神如神在。子曰："吾不与①祭，如不祭。"

注 ①与（yù）：参加。

译 祭祀祖先就像祖先真在面前，祭神就像神真在面前一样恭敬。孔子说："我如果不亲自参加祭祀而是找别人替代的话，那就和没有举行祭祀一样。"

心 读

孔子并不过多提及鬼神之事，如他所说："敬鬼神而远之。"所以，本章他说祭祖先、祭鬼神，就好像祖先、鬼神真在面前一样，强调的是参加祭祀的人必须真诚。孔子主张祭祀目的主要不在宗教而在道德，祭祀过程是教育过程，是洗涤灵魂的过程。西方把宗教作为道德规范，与孔子的主张一致。

3.13 守护心灵

王孙贾①问曰："与其媚于奥②，宁媚于灶③，何谓也？"子曰："不然。获罪于天④，无所祷也。"

注 ①王孙贾：大夫，卫灵公之臣。②媚：谄媚、巴结、奉承。奥：屋内位居西南角的神，地位权力比"灶神"要高。③灶：灶旁管烹饪做饭的神。④天：以天喻理。

译 王孙贾问道："与其奉承奥神，不如奉承灶神。这句话是什么意思？"孔子说："不是这样的。如果得罪了天，违背了天理，那就没有地方可以祷告了。"

王孙贾是实用主义者，他说与其讨好位置高的（奥神），不如讨好管事的（灶神），言下之意是与其讨好卫灵公，不如讨好我当权的王孙贾、弥子瑕、南子——王孙贾和弥子瑕为卫灵公的权臣，南子为卫灵公的宠妃，这三个人都能影响卫灵公，都能给孔子入世入仕的机会，但是王孙贾所指的灶神显然是指自己而不是弥子瑕和南子。孔子如果直接回答讨好谁更好，恐怕就不是孔子了。在孔子看来，一个人如果丧尽天良，必然获罪于天，向谁祷告都没有用。再次表明了孔子的价值观：祷告的目的不在于神，关键在于守护心灵！如果连心都坏掉了，则无可救药，神灵也不会保佑！

3.14 传承创新

子曰："周监于二代①，郁郁②乎文哉！吾从周。"

注 ①监（jiàn）：同"鉴"，借鉴。二代：夏代和商代。②郁郁：文采盛貌，丰富、浓郁。

译 孔子说："周朝礼制以夏、商二代为依据制定，多么丰富多彩啊！我遵从周朝礼制。"

孔子对夏商周的礼制等有深入研究，他认为，历史是不能割断的，后一个王朝对前一个王朝必然有承继，有沿袭，有创新（损益）。遵从周礼，这是孔子的基本态度，但据此判断孔子认为周朝礼制不能改变，缺乏根据。后世儒者，食古不化，强加自己的观点给孔子，实在不公。

有人提倡以周礼规范现代人，有人在主持祭孔活动时，过分强调穿着周朝礼服或者汉朝礼服，这都不现实。康有为先生认定孔子托古改制，就是在传承的基础上创新，从孔子短短五年的行政生涯看，孔子的政治智慧表现为礼治与法治的有机结合，以礼治为主，法治为辅，赢得了鲁国的一个复兴阶段。孔子从周的精神，从周的礼治路径，从周的礼治法则，而不是从周的全部繁文缛节。

同样，现在传承儒家文化，重在传承儒家贬天子、退诸侯、讨大夫的正义，传承积极入世的态度，传承终身学习的理念，传承为天地立心的核心价值观等，而不是不加选择地食古不化。我们向西方学习，也并不意味着照抄照搬西方的所有价值观和制度，而是要寻求东西方文化的深度融合与创新，寻求推动民族发展的精神动力。

3.15 谦虚即礼

子入太庙①，每事问。或曰："孰谓鄹人之子②知礼乎？入太庙，每事问。"子闻之，曰："是礼也。"

注 ①太庙：君主的祖庙。鲁国太庙即周公旦之庙。②鄹（zōu）人之子：指孔子。鄹，春秋时鲁国地名，又写作"郰"，在今山东曲阜附近。

译 孔子到了太庙，每件事都要问别人。有人说："谁说此人懂礼呀，他到了太庙，什么事都问。"孔子听了说："这正是礼呀。"

心 读

孔子到太庙，每件事情都要询问别人，表现了孔子的虔诚、恭敬、谦虚，符合周礼要求，所以孔子说："这就是礼啊。"孔子此语反证孔子并非食古不化者，重精神而不重形式。

礼的本质是对人的尊重，是对公平正义秩序的尊重，尤其是对人的尊重，有"君使臣以礼"的前因，才有"臣事君以忠"的后果——儒学不仅是为民之学，也是为臣之学，最终可以为君王赢得政治清明和天下太平。愚蠢的君王不懂得这个道理，所以不愿意或不屑于接受原生态儒学。一旦帝王学习并贯彻了原生态儒学的精神，那么他必将开创一个盛世王朝，唐太宗开创的贞观之治就是最有说服力的史实。

3.16 首重差异

子曰："射不主皮①，为力不同科②，古之道也。"

注 ①皮：用兽皮做成的箭靶子。②科：等级。

译 孔子说："射箭不追求一定要穿透靶子，因为各人的力气不同。自古的规矩如此。"

心　读

"射"是周代的一种军事游戏。射箭，贵在射中目标，贵在充满自信，贵在对人的尊重，而不在于是否穿透靶心。因为人的力量有大小，不可以用一个标准衡量所有的射手。此章告诉我们，凡事要抓关键、抓重点、抓本质，不宜本末倒置。

中国当代教育最大的问题之一是求同。教育的核心价值追求，应当是对个体生命特质的尊重，是对差异的尊重。学校要有特色，校长要有思想，教师要有风格，学生要有个性。可惜现实教育从小学一年级开始，就用分数这把尺子，衡量学生的发展状况，音乐美术被边缘化，体育劳动被边缘化，没有中考任务和高考压力的所有学科都被漠视和忽视。十二年后，成就了一大批会读教科书却不会创造的"标准件"。这些"标准件"，因为错过了相应发展的关键期，优势潜能埋没了，创造才能扼杀了，德行养成耽误了，做合格公民尚不可期，还能指望担当民族复兴的伟大事业吗？

3.17 我爱其礼

> 子贡欲去告朔之饩羊①。子曰："赐也。尔爱其羊，我爱其礼。"

注 ①告朔：天子每年秋冬之交，把第二年的历书颁发给诸侯，告知每个月的初一日。朔，每月初一。饩（xì）羊：祭祀用的活羊。

译 子贡想免去每月初一告祭祖庙用的活羊。孔子说："赐啊，你可惜羊，我却可惜礼啊。"

心　读

按照周礼的规定，周天子每年秋冬之交，就把第二年的历书颁给诸侯，诸侯把历书放在祖庙里，并按照历书规定每月初一来到祖庙，杀一只活羊祭庙，表示每月听政开始，然后再回朝听政。

当时，鲁国君主已不亲自去"告朔"，不但不亲临祖庙，也不听政了，"告朔"已成为形式，只是杀一只羊应付罢了，所以，子贡提出去掉"饩羊"。对此，孔子批评子贡在乎"饩羊"，并表明自己更在乎礼制是否延续，在乎秩序是否维持。在孔子看来，必要的形式没有了，礼制就没有了，礼所承载的精神也就没有了。批评之中，透露出孔子的隐忧。

3.18 历史重演

子曰："事君尽礼，人以为谄也。"

译 孔子说："我严格按照周礼的精神事奉君主，有人却认为这是谄媚。"

心 读

孔子按照周礼的规定和精神事奉鲁国国君，有人认为孔子是谄媚。这意味着不仅周礼的规定已不为人们所遵守，礼的精神也不为人们所认同。换一句话说，我们从"别人"的评价中，看到了核心价值观的毁灭，看到了政治伦理的沦丧，看到了社会秩序的破坏。孔子的忧虑也就是我的忧虑：旧的价值观、伦理观等已经被破坏，新的价值观、伦理观、伦理规范又没有建立，百姓岂不成了无头苍蝇？历史总是在有意或无意地重复演绎。

3.19 君礼臣忠

定公①问："君使臣，臣事君，如之何？"孔子对曰："君使臣以礼，臣事君以忠。"

注 ①定公：鲁国国君，姓姬，名宋，公元前509—前495年在位，定是谥号。

译 鲁定公问孔子："君主怎样差使臣子，臣子怎样事奉君主呢？"孔子回答说："君主按照礼的要求去差使臣子，臣子以忠诚来事奉君主。"

从本章语境看，孔子侧重于对君的要求，强调君应待臣以礼，把"君使臣以礼"当作"臣事君以忠"的条件。由此可见，原生态儒家思想绝不是愚忠的始作俑者。孔子推崇周王朝的礼治，但是，恰恰是儒家高度评价周武王以诸侯的身份率兵攻打商纣王的正义之举，恰恰是儒家高度评价商汤以诸侯的身份率兵攻打暴君夏桀，恰恰是儒家首次强调天意就是民意，恰恰是儒家首次提出"君视臣如土芥，则臣视君如寇雠""水则载舟，水则覆舟"的民本思想，国君有负天下黎民百姓之时，就是获罪于天之日，也就是天下人皆可讨伐国君之时。儒家道德、儒家伦理、儒家君子人格、儒家内圣外王之道，从来都不只是针对普通百姓，而是针对天子以至于庶人。汉代以来，经过阴阳家董仲舒等精心包装的假儒学，是对原生态儒学的彻底背叛，把儒学从为民之学变成为帝王之学，从此，儒学以被异化的角色进入体制，作为历代帝王的统治工具，数千年来，认识此真相的人并不多。时至今天，很多人反对儒学复兴，就是因为担心儒学会成为专制体制的帮凶，事实正好相反，如果我们恢复原生态儒学精神，于个人、于民族都是有利的伟大事业。

3.20 中庸境界

子曰："《关雎》①，乐而不淫，哀而不伤。"

注 ①《关雎（jū）》：《诗经》首篇，爱情被描写的很纯、很美、很甜、很深。

译 孔子说："《关雎》，快乐而不放荡，忧愁而不哀伤。"

《关雎》是写男女爱情的诗，孔子评价为"乐而不淫、哀而不伤"，与"思无邪"的审美取向保持一致。告子曰："食色，性也。"要生存，就要爱情，这是人类的本能；要生活，就要爱情，这是人的本性；要幸福，就要爱情，这是人类走向文明的能量本源。儒学是人学，不可以回避爱情，也不会回避爱情。后世伪儒学者，对《诗经》中关于爱情的描写，做了牵强附会的解读，如被称为儒学集大成者的朱熹就认为《关雎》咏后妃之德，误导苍生，味同嚼蜡，令人难以卒读。

3.21 既往不咎

哀公问社①于宰我，宰我②对曰："夏后氏以松，殷人以柏，周人以栗，曰：使民战栗③。"子闻之，曰："成事不说，遂事不谏，既往不咎。"

注　①社：土地神，祭祀土神的庙也称社。②宰我：名予，字子我，孔子的学生。③战栗：恐惧，发抖。

译　鲁哀公问宰我，土地神的牌位应该用什么树木，宰我回答："夏代用松树，商代用柏树，周代用栗树。用栗树寓意：使老百姓战栗。"孔子听后说："已做的事说之无用，已成的事谏之无益，过去的事不必追究。"

古时立国都要建立祭土神的庙，选用宜于当地生长的树木做土地神的牌位。宰我回答鲁哀公说，周朝用栗木做牌位是为了"使民战栗"。有一种分析，认为孔子听到宰我讽刺周朝，所以孔子不高兴。但我认为，孔子讲的"既往不咎"，恰恰是承认了周朝礼制有不完备之处。"既往不咎"，是包容，也是智慧。

3.22 一分为二

子曰："管仲①之器小哉。"或曰："管仲俭乎？"曰："管氏有三归②，官事不摄③，焉得俭？""然则管仲知礼乎？"曰："邦君树塞门④，管氏亦树塞门；邦君为两君之好有反坫⑤，管氏亦有反坫。管氏而知礼，孰不知礼？"

注 ①管仲：姓管，名夷吾，齐国宰相，辅助齐桓公成为诸侯霸主，卒于公元前645年。②归：藏钱币的府库。③摄：兼任。④树：树立。塞门：在大门口筑的一道短墙，相当于屏风、照壁等。⑤反坫（diàn）：古代君主招待别国国君时，放置献过酒的空杯子的土台。

译 孔子说："管仲的器量真狭小呀！"有人说："管仲节俭吗？"孔子说："他有三处豪华的藏金府库，他家里的管事一人一职不兼任，怎么谈得上节俭呢？"那人又问："管仲知礼吗？"孔子回答："国君大门口设立照壁，管仲在大门口也设立照壁。国君在会见别国国君的堂上有放空酒杯的设备，管仲也有这样的设备。如果管仲知礼，那还有谁不知礼呢？"

心 读

孔子对管仲的评价一分为二：虽然有"九合诸侯，一匡天下"的大仁大智大勇（参见14.16），但是不节俭，也不知礼。为教者，对学生的评价必须一分为二，既看到优点，也能看到缺点，既看到现实的优点，也能看到优势潜能。为政者，对人才的评价也必须一分为二，上下级之间、平级之间、同事之间，能够一分为二评价人，能够实事求是评价事，事业的失误一定可以减少到最小范围。

孔子的批评背后是儒家倡导节俭和守礼。"君子食无求饱，居无求安"，孔子把节俭品质上升到君子人格，至今仍有积极意义。中国巨大的行政成本，很大程度上源于丧失了"节俭"的传统，百姓与百姓之间，官僚与官僚之间，企业家与企业家之间，更多的是相互攀比、崇尚奢华，而不是节俭！

3.23 乐教传统

子语鲁大师乐①，曰："乐其可知也。始作，翕②如也；从③之，纯④如也，皦⑤如也，绎⑥如也，以成。"

注 ①语（yù）：告诉。大（tài）师：乐官的官职名，是乐官之首。②翕（xī）：合、聚、协调。③从（zòng）：放纵、展开。④纯：美好、和谐。⑤皦（jiǎo）：音节分明。⑥绎：连续不断。

译 孔子对鲁国太师谈论音乐说："奏乐的道理是可以知道的：开始演奏时，各种乐器合奏，声音翕翕然繁美；继续下去，纯纯然悠扬悦耳，皦皦然音节分明，连续不绝，如此得以完成。"

心读

儒家开创乐教，包含了音乐、舞蹈、美术等，大约相当于现代美育范畴。所以，我常常说，孔子不仅开贫民教育、民办教育、素质教育先河，而且开审美教育先河。孔子如此重视乐，在于乐具有调整人情绪，陶冶人性情，塑造人灵魂的作用。

西方也有重视乐教的传统，孔子同时代的教育家、哲学家柏拉图认为：音乐是宝贵的，不仅可以陶冶性情，也可以治疗疾病。音乐和舞蹈使人身心健康，风度翩翩。人类文化轴心时代的两位哲人，居然对乐教有着几乎完全一样的认识。

孔子超过柏拉图的地方，就是孔子不仅把乐教作为重要的教育手段，也作为重要的社会教化和政治手段，并且获得骄人的成绩。

西方发达国家对音乐、美术重视程度丝毫不亚于英语、数学，我们也应重视中国音乐、美术的教育，移风易俗，莫善于乐，不过这里的乐可不是流行歌曲，而是《韶》乐那样尽善尽美的音乐。

我曾经访问过澳大利亚数十所学校，也曾经带某市最好的中学交响乐队到澳大利亚访问，深深震撼于中等发达国家澳大利亚对乐教的执着和成就。我们的乐队固定的那三首交响乐演奏水平应该与澳大利亚三所学校不相伯仲，但是面对一首全新的乐曲，澳大利亚的三所中学交响乐队经过简单的配器组合，就可以演奏出很高的水平，而我带的交响乐队，除了已经练熟了的几首曲子，根本无法临场演奏任何新的曲目——我心里明白，他们是音乐教育，是审美教育，而我们是音乐训练。十多年过去，犹如昨日，不能忘怀！期望期待中国的音乐教育能够直指人心，能够直指人性，能够养护灵魂！

3.24 天下木铎

仪封人请见①，曰："君子之至于斯也，吾未尝不得见也。"从者②见之。出曰："二三子何患于丧③乎？天下之无道也久矣，天将以夫子为木铎④。"

注 ①仪：地名，今河南兰考县内。封人：系镇守边疆的官。②从者：随行的人。③丧：失去，这里指失去官职。④木铎：木舌的铜铃。古代天子发布政令时摇它以召集听众。

译 仪地的长官请求见孔子，他说："凡君子到这里，我从没有见不到的。"孔子的随从引他去见孔子。他出来后（对孔子的学生们）说："你们何必为没有官位发愁呢？天下无道已经很久了，上天将以夫子为圣人来号令天下。"

心 读

孔子在他所处的时代是学界泰斗，是政治名人，是社会名流，德高望重，学富五车，声名远播，影响巨大。所以，仪封人认识孔子，不足为怪。怪的是仪封人一句"天将以夫子为木铎"，居然预见了此后两千多年的事实。事实上，孔子之后，中国文化的主干、主流、主脉就是孔子开创的儒家学说。《论语》所揭示的人本思想、民本意识、生本理念、民族精神、伦理情怀、道德观念等依然是今天中国人的核心价值。民族复兴本质上是文化复兴，中华民族要重新自立于世界强族之林，必须重新审视和认识自己的文化，必须走一条文化自觉的路径，重建文化信仰，重建文化价值，重建文化场域。诚如是，民族复兴大业可以期待。

3.25 尽善尽美

子谓《韶》①："尽美矣，又尽善也。"谓《武》②："尽美矣，未尽善也。"

注 ①《韶》：相传是古代歌颂虞舜的一种乐舞。②《武》：相传是歌颂周武王的一种乐舞。

译 孔子讲到《韶》这一乐舞时说："艺术形式美极了，内容很完善。"谈到《武》这一乐舞时说:"艺术形式美极了,但内容却不够完善。"

《韶》产生于舜时代,是歌颂舜的乐舞,舜通过和平方式获得了政权,所以孔子觉得《韶》尽善尽美;《武》描写的是周武王的乐舞,武王通过一场"流血漂杵"的战争夺得政权,孔子觉得音乐形式美极了但内容却有缺憾。从政治角度理解,孔子和原生态儒家歌颂王道,反对霸道,主张和平交接政权,反对殃及百姓的流血政治,难能可贵!从审美角度看,孔子和原生态儒家的审美取向是:尽善尽美是最高境界,内容比形式更重要。后世"文以载道"的原则就发端于孔子的审美取向。

3.26 永恒价值

子曰:"居上不宽,为礼不敬,临丧不哀,吾何以观之哉?"

译 孔子说:"居上位不能宽厚待人,行礼不严肃恭敬,面对不幸的逝者不悲悯哀戚,这种情况我怎么能看得下去呢?"

心 读

每个成年人在生活中扮演着不同角色:是长官,善待百姓,宽容部下。如果长官不能善待百姓,不能宽容部下,这样的长官在东西方都不会长久,欺下瞒上、鱼肉百姓的官吏,可以猖狂一时,很少能猖狂一世,偶尔出现和珅这样的猖狂者,也不过是乾隆的殉葬品罢了,乾隆放水养鱼,乾隆的儿子正好捉了和珅这条大鱼。

长者关爱后生,包容后生,提携后生;为老不尊者,往往不受人尊重；对后生刻薄者，往往晚景十分凄凉。从天子而至于庶人，都应当敬畏法律，遵守秩序，尊重人，否则，政权将危险，社会将无序。

对不幸，应悲悯，多帮助。耶稣说："道德是善待弱者。"柏拉图说："道德是全体族群的有效和谐。"一个社会是否文明，不是看强者如何强，而是看强者如何善待弱者，看强者与弱者之间能否和谐共存。

由古而今，人类需要宽容，需要尊重，需要同情，需要悲悯，这是人类之所以存在并且能够延续的最基本的伦理依据。两千五百年前如是，两千五百年后亦如是。儒家是伦理哲学，阐述的是普世价值、核心价值、永恒价值。

里仁第四

4.1 择仁而处

子曰："里仁为美①，择不处②仁，焉得知③？"

注 ①里仁为美：住在有仁者的地方很好。里，在这里作动词用。②处：居住。③知（zhì）：同"智"。

译 孔子说："与仁者居住非常美好，如能选择却不选择与仁者为邻，怎能算得聪明呢？"

心 读

近朱者赤，近墨者黑。如能选择，当效孟母三迁，择仁而处，是人生之大幸。没有选择的余地，当"出淤泥而不染"。当然，真正的儒者会作出更加高尚的选择：不是依赖环境，不是适应环境，也不仅是坚守本心，还要勇于担当，改变环境，改变社会。孔子治理中都，孔子治理鲁国，孔门弟子言偃治理武城，韩愈治理潮州，苏轼治理惠州，王阳明龙场传道……都属于改变环境的成功案例，这种治理主要依靠教化，让仁心仁道成为当地民众的核心价值追求和坚守。

教育者对日益恶化的大气候和日益无序的文化场域，不可以充耳不闻，不可以随波逐流，不可以独善其身，应以苍生为念，以国家为重，以民族复兴为己任：局长影响校长，校长影响教师，教师影响学生，学生影响家庭，并逐步影响社会；小气候影响大气候，虽不能立竿见影，但假以时日，水滴石穿，移风易俗，大有可为。

4.2 仁者自觉

> 子曰："不仁者不可以久处约①，不可以长处乐。仁者安仁，知者利仁。"

注 ①约：穷困、困窘。

译 孔子说："没有仁德的人不能长期忍受贫困，也不能长久地享受安乐。仁者安于仁道，智者利于仁道。"

心　读

孔子认为，没有仁德的人不可能长时间地处于贫困中，否则他们就会为非作乱，也不可以长期处于安乐中，否则就骄奢淫逸，只有宅心仁厚的仁者，既能安之若素，也能安贫乐道，不因环境的变化而失去本心本色。因为人格独立，因为包容，因为仁爱，因为担当，所以社会再乱，也不失仁心仁道；因为不断学习，以学养心，以学养身，以学养才，以学养气，逐步使仁心仁道成为内在品质，并最终成就自己、成就他人、成就社会。知书达理，知书达仁。

4.3 似易实难

> 子曰："唯仁者能好①人，能恶②人。"

注 ①好（hào）：动词，喜好。②恶（wù）：动词，憎恶。

译 孔子说："惟有仁者能公正爱人，公正恨人。"

心　读

公正爱人，公正恨人，看似容易，做起来难。

红军长征初到陕北，毛泽东深情回顾长征的艰难险阻，感动于彭德怀的忠勇彪悍，赋诗一首："山高路远坑深，大军纵横驰奔。谁敢横刀立马？唯我彭大将军！"此时毛泽东对彭德怀的爱是"仁者之爱"，十分公正。抗美援朝动议遭到普遍反对，有的将领甚至婉拒率兵入朝，彭德怀风尘仆仆从大西北赶来，坚定支持了毛泽东，毛泽东握着彭德怀的手，无限深情地说："国难思良将，板荡识忠臣。"这也是"仁者爱人"。但是，1959年庐山会议，彭德怀为了救民于水火，斗胆上万言书，委婉诚恳地要求中央停止大跃进浮夸作风，毛泽东怒火万丈，说："三十年来，彭德怀和我是三分合作、七分不合作。"（李永等著《不悔的合作：毛泽东与彭德怀》）免去彭德怀国防部长职务，同时把彭德怀打成"反党集团"首领和"阴谋家"。这就不是"仁者之恨"了，因为这种恨不公正、不客观。爱恨不失公允，伟人做不到，普通人更难。但是不能放弃追求，修身养性，使自己更加仁厚，更加包容，更加担当，就可以公正爱人——不忽视其缺点和失败，公正恨人——不否定其优点和贡献。

4.4　仁心难得

> 子曰："苟志于仁矣，无恶也。"

译 孔子说："如果立志于仁，就会远离邪恶。"

读《论语》令人豁然开朗，不争名利，甘于宁静，致力学术，完善人格，《论语》以劝喻教育人，劝喻基于真实，发乎真诚，所以两千五百多年以来，人们普遍能接受。文学作品的生命力也在于真实和真诚，虚假的作品可以欺骗一个时期，甚至一个时代，但是最终无法欺骗历史。

教育事业需要教育者致力于仁道，回归精神活动的本质，把理想信仰的建立、价值体系的建立、情感世界的构建、伦理精神的重建等作为教育最重要的事情来做，如此，学生才能逐步远离邪恶，从而可以让几代人甚至整个社会逐步远离邪恶。

"道之以德，齐之以礼，有耻且格。"清明之世的形成依赖于教化，太平盛世的形成也依赖于教化，因为国家是否清明，关键在于人心，国家是否强盛，关键在于人心和文化，并最终取决于教育的成败。

4.5 富贵有道

子曰："富与贵，是人之所欲也，不以其道得之，不处也；贫与贱，是人之所恶也，不以其道得之，不去也。君子去仁，恶乎成名？君子无终食之间违仁，造次必于是，颠沛必于是。"

译 孔子说："人人渴望富贵，不以正道得到，不可享受；人人厌恶贫贱，但不以正道脱贫，不可执着。君子离开仁，怎能叫君子？君子没有一顿饭的功夫违背仁，紧迫时不违背仁，颠沛流离也不能违背仁。"

心 读

富贵，人所共求，但取之以道，靠违法乱纪得到富贵，就算得到了，也会寝食不安，内心不安。贫贱，人所共厌，但离开正道，违背仁德，靠受贿盗窃等方式脱贫，为人不齿。

1994年9月，我在武汉辞掉校长职务，南下广州创办民办学校，并非效法孔子，目的只为脱贫。家父英年早逝，家庭债务缠身，而我工资不过500元，若非贪赃枉法，债务不知何年还清。广州用人方开出的工资是武汉的十倍，干一年相当于十年，于是我毅然南下，成为民办教育拓荒者。一年左右的时间，我还清债务，购置房子，安置母亲，从此心无旁骛地从事教育事业。

每次读到孔子"富而可求，虽执鞭之士，吾亦为之。如不可求，从吾所好"都是一种慰藉，也因之全面理解儒家的利义观。读到此章，庆幸自己"穷且益坚"，没有迷失本心本性。虽不敢以君子自居，但也是人生难得的历练和财富。现在想来，如果当时迷失自己，迷失本性，就不可能用十年磨一剑的精神重注《论语》，《论语心读》就不会有面世的机会。

仁是一种人生态度、智慧、境界，可求可修，贵在坚守。

4.6 为仁不难

子曰："我未见好仁者，恶不仁者。好仁者，无以尚①之；恶不仁者，其为仁矣，不使不仁者加乎其身。有能一日用其力于仁矣乎？我未见力不足者。盖有之矣，我未之见也。"

注 ①尚：超过。

译 孔子说："我没有见过喜欢仁和厌恶不仁的人啊。喜欢仁的人，没有比这样的人更好的了；厌恶不仁，就是不让不仁的思想影响自己。用一天时间实行仁，我没有见到有做不到的人。或许有吧，只是我没有见到。"

心 读

历史惊人的相似，孔子处在社会转型期，看不到喜欢仁的人，也看不到厌恶不仁的人。现在我们也处于社会转型阶段，喜欢仁的不多，厌恶不仁的也不多。能够一天全心全意全力行仁，谁都可以做得到，"集腋成裘，积沙成塔"，人心在变，仁心在养成，这是儒家设计的修养路径。

这个路径有现代哲学依据："由量变到质变。"现代社会的人文形态是贫者不安仁亦不乐道，为富者不仁更不乐道。仁以为己任，任重而道远。

4.7 观过知仁

子曰："人之过也，各于其党①。观过，斯知仁矣。"

注 ①党：类型，类别。

译 孔子说："人的错误，各有类型。观察一个人的错误，就知道他是否仁德了。"

心 读

孔子讲的是君子修养之道。人之过错，有很多类型，观察别人的过错，反省自己是否也有同类错误。别人做了令自己不高兴的事情，换位思考，自己也就不会犯同类错误。观过知仁，知道的不仅仅是别人是否仁德，也可以判断自己是否仁德。

观过知仁，是一种能力，也是一种境界，这种能力和境界并非与生俱来，需要后天孜孜不倦的修炼。

4.8 尚道精神

子曰："朝闻道，夕死可矣。"

译 孔子说："早上接近道，即使晚上死去也没有遗憾了。"

心　读

儒家有尚道的传统。"道"是什么呢？在传统文化的语境中，是人生最高的道德境界，是一种能够融于心，融入生命的高尚情感、积极态度、健康价值观的总和。在现代语境中，"道"就是真理。这句话，恰恰不能简单理解为早上懂得真理，晚上死去也可以。因为孔子所谓道应该是仁道、恕道、中庸之道等，都是很难达到的最高人生境界。早上接近了道的境界，晚上去世也无憾，因为生命的境界已经达到了高点。道高于生，道高于死，道超越生死。儒家重道，道被作为儒家重要的道统在传承和发扬。

4.9 士志于道

子曰："士志于道，而耻恶衣恶食者，未足与议也。"

译 孔子说："士有志于（学习和实行圣人的）道，而那些以自己吃穿不好为耻辱的人，不足以与之论道。"

　　儒家尚道，认为道超越生死。知识分子如果不能安于清贫，当然不足以与之论道，也就不属于能够担当道义的士了。孔子称赞颜回："在陋巷，人不堪其忧，回也不改其乐。贤哉回也！"其实称赞的是颜回的求道精神和境界。

　　中国处于社会转型时期，知识分子最可贵的就是保持节操，保持人格独立，保持求道尚道精神，或者大隐隐于市，出淤泥而不染，或者正道而行，以自己的思想和态度影响周围的人。而今知识分子生态环境已经严重恶化，能够称之为"士"的不多，很多人缺乏追求道义的执着，缺乏担当道义的勇气，缺乏以天下为己任的使命感。知识分子生态环境如果长期得不到改善，将直接影响到民族发展，直接决定民族的核心竞争力。

4.10　君子重义

　　子曰："君子之于天下也，无适①也，无莫②也，义之与比③。"

　　注　①适（dí）：亲近、厚待。②莫：疏远、冷淡。③义：适宜、妥当。比：亲近、靠近。

　　译　孔子说："君子对天下的人和事，无所谓厚薄亲疏，努力按照义去做。"

　　君子有独立人格，行事处世有自己的标准，就是以努力接近"义"作为行为方向。

　　君子常怀千年忧，君子以天下为己任，以苍生为念，以大局为重，以生民为重，以他人为重，以未来为重，追求公平正义，但求无愧于心。小人行事，唯有亲疏标准，没有仁，没有义，没有礼，没有理，恐怕只有利而已。

教师应当努力成就君子人格，应当有精神追求，应当有教无类，关爱每个学生的现在和未来，关心整个民族的现在和未来。

4.11 君子怀德

子曰："君子怀①德，小人怀土②；君子怀刑③，小人怀惠④。"

注 ①怀：怀念，惦记。②土：乡土。③刑：法制惩罚。④惠：恩惠、利益。

译 孔子说："君子心怀仁德，小人心怀乡土；君子心怀法治，小人心怀恩惠。"

心 读

君子心怀仁德，心存慈爱，宅心仁厚，包容一切。君子处理人际关系，有一种"德不孤，必有邻"的自信。未达到君子境界的人，重视乡情，忘却道义，交朋友常以地域画圈子。

在选人用人上，君子看重德行，小人看重乡情。君子考虑的是不违仁，不违礼，因此，不会有法律惩戒后果。小人看重的是利益，铤而走险也在所不惜。

孔子此处将君子、小人两种人格对比起来讲，目的是激励读书人立志做君子，教导读书人怎样做君子。

4.12 贪婪多怨

子曰："放①于利而行，多怨②。"

注 ①放：效法，引申为追求。②怨：别人的怨恨。

译 孔子说："为追求利益而行动，必然招致很多怨恨。"

心 读

不与民争利，政府安宁；不与朋友争利，自己安心。人一天不过三顿饭，同一晚不能睡两张床，死后半抔黄土遮身。物质生活，够了就行。人生的价值不在于攫取多少利益，而在于为社会、为别人贡献了多少。违背礼义，贪得无厌，或遭人怨，或遭天谴。

4.13 礼让治国

子曰："能以礼让为国乎，何有①？不能以礼让为国，如礼何②？"

注 ①何有："有何"倒装，何难之有。②如礼何：把礼怎么办呢？意思是礼就没有用处了。

译 孔子说："能用礼让原则治理国家，有什么困难呢？不能用礼让原则治理国家，要礼有什么用呢？"

心 读

礼让治国，民德归厚，民风淳朴，天下太平。需要从教化开始，尤其要从孩子抓起。成人之后，恶习已成，秉性难移，再行教化，大打折扣。人与人之间，讲求"礼让"，退一步海阔天空。

著名的"六尺巷"的故事，就是礼让的美谈。《桐城县志略》

载，清朝康熙年间张英在朝廷任职时，他安徽桐城的家人和邻居因建房占地闹起纠纷，互不相让。张家人便给当大官的张英写信讲了此事，请他出面干涉。张英看信后，并没有倚仗自己的官威欺压邻居，而是回信说："千里来书只为墙，让他三尺又何妨？万里长城今犹在，不见当年秦始皇。"张家人看完，便主动把墙基退三尺。邻居也深受感动，也将墙基退三尺，两家和好如初，这就是"六尺巷"的由来，至今传为美谈。

把"礼"的原则推而广之，用于国与国之间的交往，在古代无可非议。因为孔子时代的"国"乃"诸侯国"，均属中国境内的兄弟国家，但"礼让为国"的原则对某些恶邻并不适用，相反，寸土必争。

4.14 君子无忧

子曰："不患无位，患所以立；不患莫己知，求为可知也。"

译 孔子说："不担心没有自己的位置，担心自己没有安身立命的本领；不担心别人不了解自己，追求的是足够让人震撼的本领和成就。"

心 读

孔子曾坦然承认自己是"丧家之狗"，但是，孔子所说的家是指精神家园，在礼崩乐坏的年代，人们仿佛"丧家之狗"，心无所依。

现代社会何尝不是如此。生产力如此发达，财富如此繁盛，但是精神越来越空虚了，越来越迷茫了。什么原因？因为我们都是精神上的"丧家之狗"，都远离了自己民族曾经拥有的精神家园。

这里的"患"，其实就是现代社会的"焦虑"和"烦躁"。怀才不遇是很多人的焦虑，但是这种焦虑的背后就是自身修为不够，怀才就像怀孕，不被发现和关注，是因为不够大，如果才气足够大，想藏都藏不住。与其怨天尤人，不如修道于心，藏器于身。

4.15 忠恕贯之

> 子曰："参乎，吾道一以贯之。"曾子曰："唯。"子出，门人问曰："何谓也？"曾子曰："夫子之道，忠恕而已矣。"

译 孔子说："参啊，我的道有一个基本思想贯穿始终。"曾子说："是。"孔子出去后，同学便问："什么意思？"曾子说："老师的道，就是忠恕啊。"

心 读

"忠恕"说起来简单，做起来很难。

公务员对事业，对岗位，对职责，应当"忠"；对下属，对同事，对民众，应当"恕"。

教师对事业应当无限"忠"，因为教育承载着后生的梦想，承载着千家万户的期盼，承载着民族振兴的希望，承载着教育改变社会的理想；对学生却要"恕"，对犯错误的学生要"恕"，对标新立异的学生要"恕"，对学生的人格差异要"恕"。

当然，对人讲恕道，对恩将仇报的豺狼不必，孔子教导过："以直报怨，以德报德。"

4.16 义利之别

子曰:"君子喻于义,小人喻于利。"

译 孔子说:"君子懂得大义,小人懂得利益。"

心 读

后世学者根据"君子喻于义,小人喻于利"判定传统儒家是重义轻利的,这种说法脱离了当时的语境。

孔子处于礼崩乐坏的时代,人们普遍好利而不好义,争利而弃义。正因为这样,孔子才提出要重视"义"。

正如我为什么整天呐喊:为中国人尤其是为孩子建构精神家园,那是因为我们丧失了精神家园,心无所依,心无所归,并不意味着我不重视物质文明。

古今同此理。

4.17 见贤思齐

子曰:"见贤思齐焉,见不贤而内自省也。"

译 孔子说:"见到贤者向他看齐,见到不贤者则反省自己。"

心 读

见贤思齐是儒家道德修养方法。道德生长是正心功夫,见贤思齐,见不贤而自省,这是理性态度,也是有效方法。儒家修身,其实是修心,反求诸己,反求诸心。

见贤思齐同时也是一种处世方法,人生活在社区,生活在族群,生活在某种事业圈内,见到比自己优秀的,比自己成功的,不应该嫉妒，而是要反省自己的不足，寻找差距，思考努力的方向。如是，则心态阳光，生活阳光，前途也阳光。

4.18 孝敬之道

子曰："事父母几①谏，见志不从，又敬不违，劳②而不怨。"

注 ①几（jī）：轻微、婉转。②劳：忧愁、烦劳。

译 孔子说："事奉父母要委婉劝说，父母不接受，依然恭敬不逆反，继续努力而不怨恨。"

心　读

有人认为孝敬父母就是维护封建宗法制度，十分荒唐。孝敬父母是一种文化，东西方都讲究孝道。

基督教《十诫》中教导人们："当照耶和华所吩咐的孝敬父母，这样你能得到福祉，也健康长寿。"《新约·以弗所书》进一步强调："作为儿女，听从父母，理所当然；孝敬父母，福寿无限。"现代西方人，依然重视亲情，重视孝道，所不同的是同时强调不同辈分之间人格的平等，这一点在中国常常容易被忽视。

我认为，生产力发展到今天的水平，亲情依然是人类最宝贵的资源之一，是人类幸福的重要内涵。

4.19 游必有方

子曰："父母在，不远游①，游必有方②。"

【注】 ①游：游学、游官、经商等。②方：具体方位。

【译】 孔子说："父母在世，不远离家乡，要出远门，须禀告明确的去处或方位。"

心　读

古时交通不发达，离开父母，到外地谋职谋生，少则十天半月，多则一年半载甚至数载，每一次离开都可能是永别，所以，"父母在，不远游"的要求并不过分。不让父母担心生病之外的事是孝，如果父母每天为自己担惊受怕，当然是不孝。如今，交通发达，千里咫尺，飞机几个小时就到，很多父母却觉得跟孩子的距离反而远了。交通和通讯发达，更方便向父母禀报行程，也更需要向父母报行程，这可以缩小心理距离，增加亲情浓度。

4.20 孝道本真

子曰："三年无改于父之道，可谓孝矣。"

（此章重出，见1.11。）

【译】 孔子说："多年继承父亲正确的处世原则，可以算是孝了。"

4.21 父母之年

子曰："父母之年，不可不知也。一则以喜，一则以惧。"

【译】 孔子说："父母的年纪，不可不知道啊。一则要为他们的愈加长寿而高兴，一则要为他们不断衰老而恐惧。"

心　读

与其说孝道维护宗法制度，还不如说孝道维持了宗族繁荣，维护了社会稳定。孔子所倡导的理想社会，并非是倒退回奴隶社会，这种理想社会必须建立在孝悌的伦理之上才是可靠的——现在看来，这种伦理情感是中华民族的文化选择。当我们能够为父母做点事情，能够让父母高寿高兴，自己也会无限欣慰和喜悦，这是一种真诚的感情，无需苛责。况且，在没有社会福利保障的孔子时代，孝敬父母也是天经地义的事情。

4.22 慎言谨行

> 子曰："古者言之不出，耻躬之不逮也①。"

注 ①躬：自身。逮：做到。

译 孔子说："古人言语不轻易出口，他们以做不到为耻辱啊。"

心　读

儒家主张谨言慎行，不轻易允诺，不轻易表态，话出口就算数。反其道而行之，轻易许诺，轻易表态，做不到就会失信于人，就会降低威信。沉默是人格特征，也是君子风度。管理者应当少承诺，慎表态，把说话的权利和机会让给下属，有利于激活下属的才智，可以举重若轻地管理某个单位或领域。

《三国演义》中诸葛亮属于说话太多的管理风格，什么事似乎都是由孔明独断和决策，其他人尤其是下属只需要说一个"遵命"照着做就是了，如此，才会出现"蜀中无大将，廖化作先锋"的可悲局面。曹操正好相反，遇事则自己很少做主张，虚心听取诸位谋臣和将领的意见，达成共识后再做决策，正因如此，曹操麾下人才济济，英雄都有用武之地。曹魏集团最终战胜孙权、刘备，并非天意，也不完全是民意，更多决定于最高决策层的管理方法。

4.23 自我约束

子曰："以约^①失之者鲜矣。"

> **注** ①约：约束。这里指"约之以礼"。

> **译** 孔子说："用礼来约束自己，还会犯错误的人就很少了。"

心 读

我过了而立之年才系统读《论语》，才认识到自我修养的意义和自我约束的价值。如果每个教师，每个公民，都能够在小学毕业以前学习《论语》，吸收《论语》的精神，公民素质会高很多。

历史证明，一味地严刑峻法，并不能达到法治的理想效果，很多时候适得其反：秦始皇开创严刑峻法，秦朝二世十五年而亡；武则天自立的大周，同样是严刑峻法，也是不出十五年，被迫还政权于李唐；朱元璋崇尚"治乱世必用重典"，用剥皮揎草等酷刑来治理贪官，结果是越治越多。究其原因，是缺乏约定俗成的礼治，缺乏影响人心的价值沉淀，缺乏植根于心性的精神归依。

4.24 讷言敏行

子曰："君子欲讷于言而敏于行^①。"

> **注** ①讷：迟钝，慎重。敏：敏捷、快速。

译 孔子说:"君子说话要谨慎,做事要敏捷高效。"

心 读

如果我在年轻的时候懂得"讷于言而敏于行",我会把更多的时间用来读书,用来研究,用来实践,用来从事教育改革或教学艺术探讨,绝不会与任何人较一时之长短,全心钻研学术。可惜,我年轻的时候没有机会读《论语》,不是不想读,而是根本就没有《论语》可读。文化割裂对个人对民族伤害之深,影响之远,令人心痛!

4.25 德高不孤

子曰:"德不孤,必有邻。"

译 孔子说:"有道德的人不会孤独,定有志同道合者与之亲近。"

心 读

道德具有凝聚力和向心力,道德学问高尚者,人格魅力必强,自然就有道义相期的朋友。朋友之间依靠什么维系呢?依靠道和德,依靠学术造诣,依靠人格魅力,而不是依靠经济利益。利益面前,没有朋友。

4.26 距离之美

子游曰:"事君数①,斯②辱矣;朋友数,斯疏矣。"

注 ①数(shuò):屡次,这里引申为烦琐的意思。②斯:就。

译 子游说："事奉君主太烦琐，就会受侮辱；对待朋友太烦琐，就会被疏远。"

心　读

作为下属，积极入世，渴望位置，渴望作为，渴望立功，于是不厌其烦地事奉主要领导；非常遗憾，领导往往把这样的下属当作奴才使唤，不珍惜也不尊重。这样的例子很多。也许看多了，所以，我选择"宁静致远"的生活方式，以退为进的生存方式，潜心做学问，真诚帮朋友，努力干事业。回顾几十年的人生历程，这个选择还是对的。

对待朋友原理相似，客以稀为贵，走动太频繁，不是贵客。对待朋友烦琐，往往也不被尊重。

距离产生美感，距离决定价值。

公冶长第五

5.1 识人之明

> 子谓公冶长①："可妻也。虽在缧绁②之中，非其
> 罪也。"以其子③妻之。"

注 ①公冶长：孔子弟子，姓公冶，名长，齐国人。②缧绁（léi xiè）：捆绑犯人的绳索，这里借指牢狱。③子：无论儿女均称子。

译 孔子评论公冶长："可以把女儿嫁给他。他虽然身陷牢狱，但这并非他的罪过呀。"于是，孔子就把女儿嫁给了他。

心　读

姜尚垂钓渭水，周文王启用他为相，并因之得天下，可谓识人之明。百里奚为奴隶，秦穆公用五张羊皮买到他，并启用为相，使秦国走向富强，可谓识人之明。孔子在公冶长身处缧绁之时，以子妻之，亦可谓识人之明。

认识一个人容易，但是在一个人最困顿的时候，就能非常准确地认识、相信、赏识他，这种前瞻性的眼光非常难得。

为教和为政者，都需要这种眼光啊！左宗棠曾这样悼念曾国藩："谋国之忠，知人之明，自愧不如元辅；同心若金，攻错若石，相期无负平生。"翻译成现代汉语是："谋国事忠诚，任人唯贤唯能且有先见之明，我很惭愧不如元辅（曾国藩）；同心如金一般坚固，相互切磋，如玉石打磨，越来越美，道义相期不枉此生。"

5.2 进退自如

子谓南容①："邦有道，不废；邦无道，免于刑戮。"以其兄之子妻之。

注 ①南容：孔子的学生，姓南宫，名适（kuò），字子容。

译 孔子评论南容："国家有道时，他能够做官；国家无道时，他可以免于刑戮。"于是把自己的侄女嫁给了他。

心　读

有道不废，无道免戮，肯定是修为很高的人，所以孔子信任他，把侄女嫁给他。这里仍旧是讲识人之明，看人品，看潜质，看发展，看未来。自古以来，能够在困顿中预知一个人的未来，并且敢嫁女或者嫁侄女的，恐怕也只有先哲孔子了。

5.3 教育自信

子谓子贱①："君子哉若人②，鲁无君子者，斯焉取斯③？"

注 ①子贱：孔子学生。姓宓（fú），名不齐，字子贱。生于公元前521年，小孔子49岁。②若人：这个人。③斯焉取斯：斯，此。第一个"斯"指子贱，第二个"斯"指子贱高尚的品德。

译 孔子评论宓子贱说："这样的人是君子呀，假如鲁国没有君子，这样的人从哪里学到这种好品德呢？"

孔子开贫民教育先河，以教育改变贫民的命运，打破固化的利益阶层，给后生以发展机会和空间。看到自己的教育成果，当然充满自信："鲁国因为有我这样的君子，才能培养子贱这样的君子。"

教师必须是君子，不是君子的应该学习做君子，这应该成为教师这个特殊职业的基本特征。目光短浅的教师如何能培养出高瞻远瞩的伟人？心胸狭隘的教师如何能培养情怀博大的英才？猥琐低俗的教师如何能培养高尚优雅的公民？

教师以君子人格磁场、学养磁场影响下一代，方有可能培育比自己更加优秀的人才，国家民族方能不断进步。一个国家，一个民族，最优秀的人才争着当教师，这个国家就是世界上最有竞争力的国家，这个民族就可以自立于世界强族之林！

5.4 国之重器

　　　子贡问曰："赐也何如？"子曰："女，器也。"曰："何器也？"曰："瑚琏①也。"

注 ①瑚琏：古代祭祀时盛黍稷的器具。

译 子贡问孔子："我这个人怎么样呢？"孔子说："你，是个器具。"子贡又问："是什么器具呢？"孔子说："宗庙里盛黍稷的瑚琏。"

心 读

孔子说：君子不器。君子不应当是工具。此处又说子贡是器，是瑚琏。如何理解？我认为前人的三种理解都有道理：

一、孔子认为子贡发问的这个时刻，子贡尚未修炼成君子人格，期望他能够继续努力，是期待也是鼓励；

二、目前的子贡是装粮食的器具，联想到孔子周游列国主要靠子贡提供钱粮资助，是一句半开玩笑半当真的比喻，似贬实褒；

三、瑚琏乃国家祭祀时的器具，暗示了子贡乃国之重器，是褒义。

5.5 仁者不佞

> 或曰："雍也仁而不佞①。"子曰："焉用佞？御人以口给②，屡憎于人；不知其仁③，焉用佞？"

注 ①雍：姓冉，名雍，字仲弓，孔子的学生。佞（nìng）：能言善辩，有口才。②口给：言语便捷、嘴快话多。③不知其仁：孔子一般要表示否定的时候，很少直接说出来，而是说"不知"。

译 有人说："冉雍这个人有仁德但不善辩。"孔子说："何必要能言善辩呢？靠伶牙俐齿与人辩论，常常招致别人讨厌；不知是不是仁德之人，何必与之辩论呢？"

心 读

儒家主张"内敛"，提倡"慎于言"。孔子针对有人对冉雍的评论，提出自己的看法：要以仁德服人，不以强词服人；不仁之人，不值得辩论。我个人的感受是，与那些修养、学养很差的人，讨论问题或交流思想很累很无味，但是与学养尚不足的后生探讨学术问题、人生问题却是教育者的责任。

5.6 自知之明

　　子使漆雕开①仕。对曰："吾斯之未能信。"子说②。

注 ①漆雕开：孔子的学生，姓漆雕，名开，字子开。②说（yuè）：同"悦"。

译 孔子让漆雕开去做官。漆雕开回答道："我对做官这件事还没有信心。"孔子听了很高兴。

心　　读

　　孔子主张学有余力，就应当做官，造福人民，造福国家。漆雕开说没有信心，说明漆雕开对自己的德行学业还没有信心，孔子高兴的是弟子有自知之明。孔子认为，德行达到一定境界，才能做官，才能出淤泥而不染，才能为民造福。

　　德行修养不够，在官场很容易把持不住，甚至走上不归路。儒家"学而优则仕"的价值取向与现代有些知识分子对权力、金钱、机会的过分渴望与追逐，形成了鲜明的反差。

5.7 乘桴浮海

　　子曰："道不行，乘桴①浮于海，从②我者，其由与。"子路闻之喜。子曰："由也，好勇过我，无所取材。"

注 ①桴（fú）：用来过河的木筏子。②从：跟随、随从。

译 孔子说："如果我推行的道行不通，我就乘上木筏子漂洋过海，能跟从我的大概只有仲由吧。"子路听了很高兴。孔子说："仲由啊，好勇超过了我，就是不知道如何修剪磨练自己。"

社会转型期的孔子深刻意识到自己的主张可能得不到认可，无法付诸实践。本章读出了孔子"知其不可为而强为之"的无奈，读出了孔子和儒家的独特退隐方式：在中国不能推行我的道，就到海外去传道，这是非常明智的选择。

从某个特定的时代节点开始，儒学式微，很多儒学大师，如熊十力、梁漱溟、马一浮、冯友兰、张君劢、钱穆、方东美、唐君毅、牟宗三、徐复观等都面临着"道不行"的选择，熊十力、梁漱溟、马一浮、冯友兰选择留下，结果他们儒家思想的发展和传播再无作为，其中冯友兰选择放弃，尤其是经历十年文化大革命之后，大陆儒学的脊梁骨都被打断了。张君劢、钱穆、唐君毅、牟宗三、徐复观等选择"乘桴浮于海"，到海外研究和传播儒学，结果儒学血脉在港澳、台湾、东南亚、美国等地得以延续，由于他们对"世道"的清醒认识，对"儒道"的执着，才有今天儒学返本开新的局面，实则是中国文化的幸运。假如这些新儒家大师们都选择留下，中国文化的命运难以想象。

5.8 仁无止境

孟武伯问："子路仁乎？"子曰："不知也。"又问，子曰："由也，千乘之国，可使治其赋①也，不知其仁也。""求也何如？"子曰："求也，千室之邑②，百乘之家③，可使为之宰④也，不知其仁也。""赤⑤也何如？"子曰："赤也，束带立于朝⑥，可使与宾客⑦言也，不知其仁也。"

注 ①赋：兵赋，军事工作。②邑：古代庶民的聚居点。③家：指卿大夫受封于诸侯的采邑。④宰：家臣、总管。⑤赤：孔子的学生，姓公西，名赤，字子华，生于公元前509年。⑥束带立于朝：穿着礼服立于朝廷。⑦宾客：宾客连用意思相同，意即贵宾。对用则不同，宾是贵客，客是普通客人。

译 孟武伯问孔子："子路做到了仁吧？"孔子说："不知道。"孟武伯又问。孔子说："仲由嘛，可以让他管理拥有一千辆兵车的国家的军事，但我不知道他是否达到仁。"孟武伯又问："冉求这人怎么样？"孔子说："冉求啊，可以让他在一个有千户人家的公邑或有一百辆兵车的采邑里做行政总管，但我不知他是否达到仁。"孟武伯又问："公西赤又怎么样呢？"孔子说："公西赤啊，可以让他穿着礼服，站在朝廷上，接待贵宾，我也不知道他是否做到了仁。"

心 读

仁无止境——即便能够成为军事长官、行政长官、外交长官，也不意味着达到了"仁"的境界。换一句话说，"仁"的境界更高一些。《论语》应成为教师必读之书，学生必读之书，公务员必读之书，公民必读之书。用心读懂《论语》，用心体会《论语》精神，用心吸收《论语》精华，灵魂会得到升华，思想境界会更加高尚，内心世界会更加仁厚，价值判断会更加符合道义的要求，利他精神会更加崇高，伦理情怀会更加醇厚，对于亲情、友情、真情会更加珍惜，对于未来会抱有更高的期待。《论语》所传递的思想、价值、伦理、情感具有很强的普适性，是中国人构建精神家园不可或缺的资源。

5.9 闻一知十

> 子谓子贡曰："女与回也孰愈①？"对曰："赐也何敢望回？回也闻一以知十②，赐也闻一以知二③。"子曰："弗如也。吾与女弗如也。"

注 ①愈：胜过、超过。②十：指数的全体，前人解释为"一，数之始；十，数之终"。③二：前人解释为"二者，一之对也"。

译 孔子对子贡说："你和颜回谁更优秀呢？"子贡回答："我怎么敢和颜回相比呢？颜回知其一便可类推全部，我知其一只能类推其二。"孔子说："是不如他啊，我和你都不如他啊。"

心 读

在这一章中，"人不堪其忧，回也不改其乐"的求道境界、"君子固穷"的本色、"闻一知十"的学习方法等都值得我们学习研究。

但是，这一章的精彩在于孔子的教育方法。孔子之可贵在于称赞颜回的同时，又能保护子贡的自尊心，以自己陪衬子贡。不少版本都把最后一句翻译为："是不如他，我赞成你的意见，你不如他。"这不是大教育家孔子，以孔子的教育智慧，应该是："是不如啊，这点我与你都不如他。"

教师在教育教学实践中，也提倡这样做：非常坦诚地告诉学生自己的不足，并努力学习学生之所长。身为领导，善于听取下属的意见，善于体察民情，就有可能做一个百姓爱戴的好官。身为教师，如果能够时常发现和表扬学生超越自己的思想火花，对学生是莫大的鼓励，甚至会成为学生终身进取的动力。教师甘为人梯的精神通过谦虚的方式表达出来，可以产生意想不到的激励效果。

5.10 言行一致

宰予昼寝，子曰："朽木不可雕也，粪土之墙不可杇也①，于予与何诛②？"子曰："始吾于人也，听其言而信其行；今吾于人也，听其言而观其行。于予与③改是！"

注 ①粪土：腐土、脏土。杇（wū）：抹墙用的抹子，在这里用作动词，用抹子粉刷墙壁。②诛：责备、批评。③与：语气词。

译 宰予白天睡觉，孔子说："腐朽的木头无法被雕刻，粪土垒的墙壁无法被粉刷。对于宰予，还能责备什么呢？"孔子说："起初我对于人，是听了他说的话便相信他的行为；现在我对于人，是听了他讲的话还要观察他的行为。我是因为宰予改变了我的态度啊！"

心 读

儒家倡导勤奋，对于"饱食终日，无所事事"的行径往往严加苛责。儒家对生活、对学业、对事业、对人生都强调进取、积极、自强不息，因此批评宰予在情理之中。

苛责声中，我们也可以看到孔子的包容，孔子骂完了，并没有将其驱逐出孔门，对他仍抱有期待，甚至还称赞过宰予。

最为难得的是，孔子从宰予的言行，改变了自己过往识人方式的不足，第一次在儒家经典中提出了"听其言而观其行"，体现了儒家言行一致的伦理追求。"听其言而观其行""学而时习之"正是王阳明提出"知行合一"思想的基础。

5.11 无欲则刚

子曰："吾未见刚者。"或对曰："申枨①。"子曰："枨也欲，焉得刚？"

注 ①枨：音 chéng。

译 孔子说："我没有见过刚强的人。"有人回答说："申枨就是刚强的。"孔子说："申枨这个人欲望太多，怎么能刚强呢？"

心 读

无欲则刚，是中国人耳熟能详的成语，也是孔子的伦理逻辑。"刚"当然不是血气之勇，而是内心的力量，没有私心欲望，心力就十分强大。

5.12 将心比心

子贡曰："我不欲人之加诸我也，吾亦欲无加诸人。"子曰："赐也，非尔所及也。"

译 子贡说："我不愿别人强加于我，我也不愿强加于别人。"孔子说："赐呀，这就不是你所能控制了。"

心 读

这句话的思想其实就是"己所不欲，勿施于人"，现代语境的解释为："换位思考，尊重他人。"这是儒家的"恕"道，是儒家最重要的伦理情怀。同时，也是本土自由主义的滥觞，包含了对多元文化、多元价值的尊重。

过去有个误区，认为儒学导致中国长达两千多年的专制统治和集权政治制度。事实不然：一则原生态的儒学当中已有自由主义的萌芽；二则原生态儒学当中已有"君子和而不同"的价值取向；三则"五四"以来对儒家几乎是彻底的否定，但是依然坚持集权制度，其文化基础、哲学基础肯定不在儒家，更不在原生态的儒家。原生态儒家属于贬天子、退诸侯、讨大夫、启民智的贫民之学。儒家思想无论是对个人修养，还是对指导教育和社会管理，都有重要的意义。

5.13 贵在有心

> 子贡曰："夫子之文章，可得而闻也；夫子之言性与天道，不可得而闻也。"

译 子贡说："老师讲授的《礼》《乐》《诗》《书》等方面的知识，依靠耳闻是能够学到的；老师讲授的天性和天道的理论，依靠耳闻是不能够学到的。"

心 读

有文献可依的东西，能够听得到，但是人性和天命的问题却需要主体的感悟，仅仅靠耳朵听讲授无法达到融会贯通的境界。人性和天道只可意会，不可言传。"宁静致远"，做学问和做人都需要用心，需要静心，需要真心。

5.14 诚惶诚恐

> 子路有闻，未之能行，唯恐有闻。

译 子路听到一种道理，还没有来得及付诸实践，唯恐又听到新的道理。

心 读

读此章，子路急躁的性格跃然纸上。我们能够感受到孔子尊重个性的全人格教育的成功，儒家"士志于道"的执着："知行合一。"儒家"知行合一"的特点在于，儒家强调"知"在前面，"行"在后面，人是懂得"道"，然后才追求"道"，最终形成自觉。摸着石头过河的理论，显然不是儒家的传统。

对教育事业而言，摸着石头过河是万万不可能也万万不可行，因为人的成长过程具有不可逆性，绝对没有机会因为教育方法不对，再重来一次教育的过程，理由很简单：一是生命成长的每一秒钟不可逆；二是人的心智发展关键期不可错过，错过了就意味着先天优势发掘的机遇已经丧失。教师的职业道德，教师的终身学习态度，靠的是自觉，自我觉悟，自我觉醒，必须先"知"然后才有"行"的动力。

5.15 敏而好学

子贡问曰："孔文子①何以谓之'文'也？"子曰："敏②而好学，不耻下问，是以谓之'文'也。"

注 ①孔文子：卫国大夫孔圉（yǔ），谥号"文"，"子"是尊称。②敏：敏捷、勤勉。

译 子贡问道："为什么给孔文子'文'的谥号呢？"孔子说："他聪敏勤勉而好学，不以向地位卑下的人请教为耻，所以给他'文'的谥号。"

学者敏而好学，不耻下问，往往可以成大器；企业家敏而好学，不耻下问，往往可以成大业；官员敏而好学，不耻下问，往往可以造福百姓。

孔子说："吾十有五而志于学，三十而立，四十而不惑，五十而知天命，六十而耳顺，七十而从心所欲不逾矩。"这是人类历史上第一次提出终身学习的思想，距离20世纪90年代西方学者提出终身学习理念实实在在早了两千五百年以上。

孔子不仅提出了终身学习的思想，而且自己第一个实践终身学习的思想，从而完成了从凡人到圣人的蜕变，完成了从理想青年到成功人士的升华，完成了从教师、学者到思想家、哲学家、教育家的升华——孔子以其终身学习的思想和实践完成了自己在人类文化史上的定格。

5.16 君子之道

子谓子产①有君子之道四焉："其行己也恭，其事上也敬，其养民也惠，其使民也义。"

注 ①子产：姓公孙名侨，字子产，郑穆公的孙子，春秋贤相，在郑简公、郑定公时期执政22年。

译 孔子认为子产有四种君子人格："他自己行为庄重，他事奉君主慎重，他管理百姓慈惠，他役使百姓有情义。"

子产在郑简公、郑定公之时执政。其时，晋国当悼公、平公、昭公、顷公、定公五世，楚国当共王、康王、郏敖、灵王、平王五世，正是两国争强、战乱不息的时候。郑国地处要冲，周旋于这两大国之间，子产却能既不低声下气，也不妄自尊大，使国家安定，保持尊严，的确是中国古代一位杰出的政治家和外交家。

孔子对子产的评价很高，认为治国安邦就应当具有子产的这四种品德：行为庄重、尊敬上司、爱护百姓、依法行政。这四种品德如能成为今天公务员的群体品质，则人民幸甚，国家民族幸甚！

5.17 仁者之爱

子曰："晏平仲①善与人交，久而敬之。"

注 ①晏平仲：齐国的贤大夫，名婴，谥号"平"。

译 孔子说："晏平仲善于与人交朋友，相识久了，别人仍然保持对他的尊敬。"

心 读

晏平仲并不喜欢孔子，孔子却能给予公正评价，因为孔子是"仁者"，公正地爱人，公正地恨人，孔子倡导的"唯仁者能好人，能恶人"自己先做到了。

晏平仲善于与人交往，主要表现在不失人臣之礼，不失朋友之礼，发乎诚而止乎礼。晏平仲也善于处理国家之间的关系，国家之间的关系除了依靠诚和礼，更重要的是依靠智慧，博弈的智慧。《晏子使楚》的故事就是外交智慧的典型。

5.18 何为不智

子曰："臧文仲居蔡①，山节藻棁②，何如其知也？"

注 ①臧文仲：姓臧孙，名辰，谥号"文"。蔡：国君用以占卜的大龟，占卜认为龟越大越灵。蔡地产大龟，所以古人把大乌龟叫做蔡。②山节藻棁（zhuō）：把斗拱雕成山形，在棁上绘以水草花纹。这是古时装饰天子宗庙的做法。节，柱上的斗拱。棁，房梁上的短柱。

译 孔子说："臧文仲为一只名为'蔡'的大龟盖了一间屋子，有雕成山的形状的斗拱，画以水藻花纹的梁上短柱，（这都是僭越的行为，）他这个人怎么能算是有智慧呢？"

心 读

臧文仲在当时被人们称为"智者"，但他不守礼法。他不顾周礼的规定，修建了藏龟的大屋，装饰成天子宗庙的式样，"僭越"之举的背后，是破坏秩序和劳民伤财，所以孔子指责他"不仁""不智"。

孔子对礼的维护，其实是对社会稳定的维护，对正常秩序的维护，对民众利益的维护。看到许许多多的县级市的党政公检法的机关大楼，有的像天安门，有的像白宫，有的像白金汉宫，有的像克里姆林宫，也深感忧虑，忧虑的不是其"僭越"，而是劳民伤财，是政务风气的衰变。

5.19 仁人难见

子张问曰："令尹①子文三仕为令尹，无喜色；三已之②，无愠色。旧令尹之政，必以告新令尹。何如？"子曰："忠矣。"曰："仁矣乎？"曰："未知。焉得仁？"

"崔子弑齐君③，陈文子④有马十乘，弃而违之，至于他邦，则曰：'犹吾大夫崔子也。'违之。之一邦，则又曰：'犹吾大夫崔子也。'违之。何如？"子曰："清矣。"曰："仁矣乎？"曰："未知，焉得仁？"

注 ①令尹：楚国相当于宰相的官名。②三：多次。已：被罢免。③崔子：齐国大夫崔杼，曾杀死齐庄公。弑：在下位的人杀了在上位的人。齐君：即被崔杼所弑的齐庄公。④陈文子：齐国的大夫，名须无。可是《左传》中没有记载他在外国的事情，却记载了他回到齐国以后的很多行为。

译 子张问孔子说："楚国宰相子文几次被任命，从无得意的形态；几次被罢黜，也没有怨恨的言行。他交接工作时，一定把政事全部告诉继任的新宰相。这个人怎么样？"孔子说："可算是忠。"子张问："算得上仁吗？"孔子说："不知道。何以见得是仁呢？"

"齐国大夫崔杼杀了他的君主齐庄公，齐国大夫陈文子家有四十匹马，都舍弃不要离开了祖国，到了其他国家，他说：'这里的执政者也和我们齐国的大夫崔子差不多。'就离开了。陈文子到了另一个国家，又说：'这里的执政者也和我们的大夫崔子差不多。'又离开了。这个人怎么样？"孔子说："可算得上清高了。"子张说："可说是仁了吗？"孔子说："不知道。何以见得是仁呢？"

令尹子文忠于君主可视为忠，陈文子不与逆臣为伍，可算清高，但都还算不上仁。因为在孔子看来，"忠"只是仁的一个方面，"清"则是为维护礼而献身的殉道精神。所以，仅有尽忠和清高还是远远不够的。

真正的仁者，不仅是忠于职守或远离邪恶，而应想方设法改变现状，就算没有管仲"一匡天下"的胆识智谋，就算没有王阳明龙场悟道的大智和平定叛乱的大勇，至少也应当以教为政，造福社会。

5.20 三思后行

季文子①三思而后行。子闻之，曰："再，斯②可矣。"

注　①季文子：姓季孙，名行父，谥号"文"，鲁成公、襄公时任正卿。②斯：就。

译　季文子要前前后后思量很多次才行动。孔子听了说："考虑两次也就可以了。"

孔子针对季文子谨慎的性格，提出了"两次就可以"，这是孔子的"智慧"所在，知人之明。

对于在上位者来说，有些事情需要"三思后行"，尤其是事关全局，事关千家万户，事关子孙后代的大事情，应该"三思后行"。比如，教育政策的制定和颁布，就需要反复调查研究，反复比照权衡，因为教育政策影响到千家万户，影响到民族未来。

但是，很多特殊时期，需要"当机立断"，尤其是生死存亡关头。

因此既要有"三思后行"的缜密和慎重，也要有"当机立断"的气魄和能力。

5.21 愚不可及

子曰："宁武子①，邦有道则知，邦无道则愚②。其知可及也，其愚不可及也。"

注 ①宁武子：姓宁，名俞，卫国大夫，谥号"武"。②愚：装傻，装糊涂。

译 孔子说："宁武子这人，国家太平政治清明，他显露出他的智慧；国家无道政局昏暗，他就装糊涂。这聪明别人可以做到，这糊涂别人可做不到啊。"

心 读

生逢当世，为官宜学宁武子"愚不可及"，不然，聪明反被聪明误。糊涂容易，装糊涂不容易，装糊涂装到别人都感觉不到的水平，应该就是"愚不可及"的境界，难于上青天。做学问可不能这样，必须"当仁不让"，坚持真理。

5.22 痴情不改

子在陈①曰："归与！归与！吾党之小子狂简②，斐③然成章，不知所以裁④之。"

注 ①陈：陈国，在今河南东部和安徽北部一带。②吾党：我的故乡。党，五百家为一党。小子：学生。指孔子在鲁国的学生。狂简：志向远大但行为粗率简单。③斐（fěi）：有文采。④裁：裁剪，节制。

译 孔子在陈国说："回去吧！回去吧！我家乡的学生有远大志向但行为粗率简单，文章文采斐然，我不知道怎样去教导他们。"

心 读

孔子说这话时，正当鲁国季康子执政，欲召冉求回去，协助政务。所以，孔子说回去吧，为官从政，实现他们的抱负。但同时又指出他在鲁国的学生尚存在的问题：行为粗率简单，还不知道怎样节制自己，这些还有待塑造。孔子以教育改变命运，以教育改变社会，以教育达成政治目标的追求十分执着，痴情不改。

5.23 不念旧恶

子曰："伯夷、叔齐①不念旧恶，怨是用希②。"

注 ①伯夷、叔齐：商朝末年孤竹君的两个儿子。父亲死后，二人互相谦让君位，双双逃到周文王那里。周武王起兵伐纣时，他们认为这是以臣弑君，以暴易暴，不忠不孝，曾立于车马前劝阻说道："父死不葬，爰及干戈，可谓孝乎？以臣弑君，可谓仁乎？"左右欲兵之。太公曰："此义人也。"扶而去之。周灭商统一天下后，他们以吃周朝的粮食为耻，逃进深山中以野草充饥，饿死在首阳山中。这是《史记》卷六十一记载的事情。②希：同"稀"。

译 孔子说："伯夷、叔齐两人不对过去的仇恨念念不忘，怨恨因此也就少了。"

心 读

大丈夫当如此，相逢一笑泯恩仇，放下怨恨，放过敌人，也放过了自己，何必自己折腾自己。特别令人称道的是，伯夷、叔齐反对"以暴易暴",其精神超越了忠孝伦理,超越了王朝更迭,超越了时空界限,且代有传承者。

梁启超生前强烈反对以暴易暴,曾经预言:如果以暴力根除暴力,以革命推翻旧政权,不仅要付出数以千万计的生命,而且换来的必将是一个新的专制政权。辛亥革命、北伐战争等诸多史实,竟让梁任公一语成谶!

5.24 真诚无价

子曰:"孰谓微生高①直?或乞醯②焉,乞诸其邻而与之。"

注 ①微生高:姓微生,名高,鲁国人。②醯(xī):醋。

译 孔子说:"谁说微生高直率?有人讨醋,他到邻居家讨了给人家。"

心 读

儒家伦理就是从日常生活中得来,对微生高的评价体现了孔子的道德价值观:真诚可贵!打肿脸充胖子是中国民族性格的缺陷,十年"文革"国家处在动乱之中,人民处于极度贫困之中,我们勒紧裤腰带,援助阿尔巴尼亚,援助亚非拉,与孔子批评的微生何异?儒家崇尚本心本性,崇尚真情真诚,批评微生矫情,对矫正中国人民族性格缺陷大有裨益。

5.25 铭亦耻之

子曰："巧言、令色、足恭①，左丘明②耻之，丘亦耻之。匿怨而友其人，左丘明耻之，丘亦耻之。"

注 ①足恭：过分地恭敬。②左丘明：鲁国史官，相传是《左传》的作者。

译 孔子说："见风使舵的言语，献媚讨好的脸色，低三下四的恭敬，左丘明认为这种人可耻，我也认为可耻。把怨恨装在心里，装出友好的样子，左丘明认为这种人可耻，我也认为可耻。"

心 读

"巧言令色足恭"，左丘明耻之，丘亦耻之，铭亦耻之！非常遗憾，当今社会却成了普遍现象，不以为耻，反以为能，知识分子圈子也不能例外！"匿怨而友其人"在大局面前另当别论：抗战时期，国难当头，五十九军军长张自忠奉第五战区司令长官李宗仁之命，驰援过去内战时期曾经出卖过自己的庞炳勋军团长，张将军以大局为重，以民族为重，以国家为重，放弃个人恩怨，与庞炳勋将军真诚携手，逆袭日军精锐板垣师团，取得临沂大捷，为台儿庄战役胜利铺垫第一块基石，至今仍为美谈。

5.26 志在苍生

颜渊、季路侍①。子曰："盍②各言尔志？"

子路曰："愿车马，衣轻裘，与朋友共，敝之而无憾。"

颜渊曰："愿无伐③善，无施劳④。"

子路曰："愿闻子之志。"

子曰："老者安之，朋友信之，少者怀之⑤。"

注 ①侍：服侍，站在旁边陪着上位者叫侍。②盍：何不。③伐：夸耀。④施：表白。劳：功劳。⑤少者怀之：让少者得到关怀。

译 颜渊、子路两人侍立在孔子身边陪着。孔子说："你们何不说说自己的志向？"

子路说："愿意拿出自己的车马、华美的衣服、轻暖的皮袍，与朋友共享，坏了也不抱怨。"

颜渊说："我不夸耀自己的长处，不炫耀自己的功劳。"

子路问孔子："愿意听听您的志向。"

孔子说："（我的志向是）让年老的安逸度过晚年，让朋友（此处引申为人与人）之间相互信任，让年轻年幼者得到关怀帮助。"

心读

"老者安之，朋友信之，少者怀之"的人生理想充溢着儒家积极的入世情怀。孔子以人为本，志在天下苍生。可贵！可钦！可佩！如果为政者少讲些空话，少喊些大话，少说些假话，多想想怎样安顿老者，怎样建立诚信体系，怎样关怀下一代，足矣！

5.27 反求诸己

子曰："已矣乎，吾未见能见其过而内自讼者也。"

译 孔子说："完了呀，我还没看见过能够看到自己的错误，而又能真心责备自己的人。"

心　读

现实生活中，中国人习惯于用十个错误掩盖一个错误，习惯于拒绝承认错误，哪里谈得上检查自己和反省自己。

自从研究儒家之后，我开始"吾日三省吾身"和"反求诸己"，每有错误，深深自责。小事大事，小错大错，只要是自身原因，就应该责备自己。心理学认为，这种向内的归因风格，有利于促进自身的提高。

5.28 好学不已

子曰："十室之邑，必有忠信如丘者焉，不如丘之好学也。"

译　孔子说："即使是仅有十户人家的地方，也一定有像我这样忠诚信实的人，只是不如我好学罢了。"

心　读

这句话折射出孔子的教育观：学习改变命运。人非生而知之，好学如丘者，必成大器。回望四十年前儿时的玩伴，凡坚持学习或上进者，均有建树，凡随波逐流者，现在和四十年前相比，除了年龄大了，并无实质变化。回望三十年前的旧事，当年学习工作斤斤计较者，现在依然在那里斤斤计较，而好学上进者，十之八九皆有所成。学习改变人生，好学成就人生。往者不可追，作为教育工作者，我有责任让我身边的人热爱学习，终身学习！也期待学习能成为每个教师的生活方式、工作方式、生命状态，成为中国人的生活方式和生命状态。诚如是，中国梦可以实现！

雍也第六

6.1 服务社会

子曰："雍也可使南面①。"

注 ①南面：中国传统文化中的"尊位"，故此处引申为做官。

译 孔子说："冉雍可以做官。"

心 读

"学而优则仕"，学习而有余力应该去做官。孔子认为冉雍可以做官，意味着德行科的冉雍已功德圆满，应该去为社会服务。有学者戏称孔子的私学是"青年干部政治学院"，不无道理，只是孔子的教育比政治学院更重视道德修养和真才实学。这个学院毕业的学生，都是凭着人格、学养、能力接受社会的挑选。

孔子时代，农业和林业等尚未成为规模产业，农业技术、苗圃技术口耳传授已经可以满足人类的生存，农林技术没有进入孔学范畴是生产力的局限，而不是孔学的缺陷。

孔子的教育目的是让学生从事比维持生计更高层次的社会发展事业，儒家入世精神就体现在这里。由此可以推断，孔子属于改革派，孔子强烈反对奴隶主世袭制度：自己的发展经历是对世袭制的否定，对雍也的评价也是对世袭制的否定。

6.2 居敬行简

仲弓问子桑伯子①。子曰："可也，简②。"

仲弓曰："居敬而行简③，以临④其民，不亦可乎？

居简而行简，无乃大简乎⑤？"子曰："雍之言然。"

注 ①子桑伯子：人名。②简：简要，不烦琐。③居敬：为人严肃认真，依礼严格要求自己。行简：推行政事简要而不烦琐。④临：面临、面对。此处有"治理"的意思。⑤无乃：岂不是。大：同"太"。

译 仲弓问孔子，子桑伯子是怎样的人。孔子说："还可以，简简单单。"

仲弓说："居处恭敬而行事简要，这样治理百姓，不也可以吗？居处简慢，又办事简单，岂不太简单了吗？"孔子说："冉雍，你说得对。"

心　读

为教者需要居处恭敬而行事简洁：一则身教重于言传，教师的人生态度、工作心态、生命状态会影响学生至深至远。二则教育是科学，科学贵在求真，贵在高效。生命中的每一秒钟都不可逆，心智发展关键期多数只有一次，错过了永远无法弥补。教育产品的不可逆性，决定了教育者必须敬畏生命，必须只争朝夕。

为政者也需要以恭敬之心果断而简洁地处理事情：首先是"居敬"。为人处事尽可能恭敬严谨，不该吃的饭不吃，不该喝的茶不喝，不该去的地方不去，避免落入陷阱或迷失本性。其次是"行简"。处理政务，料理事务，抽丝剥茧，化繁为简，抓住关键，抓好重点。

一个时期政务态势借规范之名，权力不断上移，责任不断下推，程序越来越复杂，效率越来越低，效果越来越差，基层做事越来越难。公职人员都觉得很累，但是机制是自己创制的，陷阱是自己挖好的，牢房是自己建设的，解放自己必须从心做起。期待深化改革，简政放权，释放活力。

6.3 好学最难

哀公问："弟子孰为好学？"孔子对曰："有颜回者好学，不迁怒，不贰过，不幸短命死矣[①]。今也则亡[②]，未闻好学者也。"

注 ①短命死矣：颜回死时年仅31岁。②亡：同"无"。

译 鲁哀公问孔子："学生中谁好学呢？"孔子回答："颜回这个学生好学，他从不迁怒于别人，也从不犯同样的过错，不幸很早就死了。现在没有了，没有听说谁好学。"

心 读

颜回的长处在于道德情操，好学是其最宝贵的品质，孔子高度赞扬颜回的就是好学品质。

"不迁怒"在现实生活中体现在作为老师，不把不高兴的情绪带到课堂上；作为家人，不把工作中的烦恼带回家中；作为同事，不把私人的恩怨带到工作中。

"不贰过"在现实生活中体现在需要坚守，也需要操守。对待错误最好的办法是改正，是补救，而不是用新的错误去掩盖已犯的错误，代价太大，成本太高。说谎话是过错，久而久之，必然付出人格代价。所以，我常对好朋友讲，即使对小人，要么真诚讲真话，要么选择沉默！

6.4 周急济穷

子华①使于齐，冉子为其母请粟②。子曰："与之釜③。"

请益。曰："与之庾④。"

冉子与之粟五秉⑤。

子曰："赤之适齐也，乘肥马，衣轻裘。吾闻之也：君子周⑥急不继富。"

注 ①子华：孔子的学生，姓公西，名赤，字子华，比孔子小42岁。②冉子：冉有。在《论语》中被孔子弟子称为"子"的只有四个人，冉有即其中之一。粟：粟米连用时，粟指带壳的谷，去壳后叫做米。粟字单用时，仅指米。③釜（fǔ）：古代量词，一釜约等于六斗四升，相当于现在的一斗二升八合。④庾（yǔ）：古代量词，一庾等于二斗四升，相当于现在的四升八合。⑤秉：古代量词，约等于十六斛，一斛相当于十石。⑥周：周济、救济。

译 子华出使齐国，冉求替他的母亲向孔子请求一些谷米。

孔子说："给他六斗四升。"

冉求请求再增加一些。孔子说："再给他二斗四升。"

冉求却给他八十斛。

孔子说："公西赤到齐国去，乘坐膘肥体壮的骏马驾的车子，穿着又暖和又轻便的皮袍。我听说过，君子只是周济急需的人，而不是为富人锦上添花。"

心 读

孔子主张"君子周急不继富"，给子华六斗四升那是因为他的母亲急需，这是"雪中送炭"。《老子》云："天之道，损有余而补不足；人之道，则不然，损不足以奉有余。"冉有所做乃人道，关心的是朋友，重视的是友情。孔子主张乃仁道，既关心自己的弟子，也关心天下苍生，还有更多的人需要救济和帮助。公西华原本已经富有，母亲在家里缺少粮食，给些粮食以解燃眉之急，这是"周急"。如果给多了，就是"继富"。孔子不赞成"继富"行为，因为不符合仁道，也不符合天道。

6.5 为富且仁

> 原思为之宰①，与之粟九百②，辞。子曰："毋，以与尔邻里乡党③乎。"

注 ①原思：孔子的学生，姓原名宪，字子思，鲁国人。宰：家宰，管家。②九百：原文未说明单位。③邻里乡党：相传古代以五家为邻，二十五家为里，一万两千五百家为乡，五百家为党。此处指原思的同乡，或家乡周围的百姓。

译 原思任孔子家的总管，孔子给他俸米九百，原思推辞。孔子说："不要推辞，可以送给你那些有需要的乡亲们。"

心　读

孔子在实践自己的道德主张："仁者爱人，为富且仁。"现实的普遍现象恰恰相反："为富不仁。"这是社会矛盾尖锐的源头所在，为富不仁的既得利益集团不会想到大局，不会想到明天，不会想到他人，如果由他们制定游戏规则，则贫富差距将日益加大，阶层矛盾将日益尖锐，最终天平将不再平衡，社会将不再稳定。

6.6 舍我其谁

子谓仲弓，曰："犁牛之子骍且角①。虽欲勿用②，山川其舍诸③？"

注 ①犁牛：即耕牛。古代祭祀用的牛不能用耕牛代替。骍（xīng）且角：骍，红色。祭祀用的牛单独饲养，毛色为红，角长得端正。②用：用于祭祀。③山川：山川之神。此处是指上层统治者。其：怎么会。诸："之于"二字的合音。

译 孔子在评论仲弓的时候说："耕牛产下的牛犊长着红色的毛，角也长得整齐端正。想不用做祭祀之用，但山川之神难道会舍弃它吗？"

心 读

孔子用借喻手法，宽慰和勉励仲弓：出身不好没有问题，人不用，神却不会放弃。孔子在世袭社会有唯才是举、唯贤是举的用人思想，十分可贵。

以我几十年的观察，任何一个单位，居上位者即使再蠢，也需要用几个贤者、能者为其做事业。正如唐太宗的策略，人才和奴才各有所长、各有其用，对于君王来说二者不可偏废：要有撑伞的，还要有撑场的。

时下很多年轻人面临的"寒门难出贵子"的迷茫，也正是仲弓两千五百年前的尴尬。仲弓有幸遇到圣人孔子，我有幸遇到诸多师长！出身贫贱，大可不必悲观，要有孟子当年"舍我其谁"的自信，拥抱这样的人生考验："天将降大任于是人也，必先苦其心志，劳其筋骨，饿其体肤，空乏其身，行拂乱其所为！"

6.7 用心守护

子曰："回也，其心三月①不违仁，其余则日月②至焉而已矣。"

注 ①三月：长久的时间。②日月：偶尔，较短的时间。

译 孔子说："颜回啊，他的心长时间地守护着仁德，其余的人则只能偶尔做到仁而已。"

心　读

颜回之可贵，在于内心达到仁的境界。颜回好学并不是只喜好学习文献典籍，而是喜好内心境界的提升。孔子所谓"六十而耳顺"，应该是说到了六十岁才能使"仁心"成为永恒的状态。

仁是什么呢？孔子没有给出准确的界定，甚至是很宽泛，但最基本的还是包容、宽容、关怀、责任，是苍生为念的情怀，是民胞物与的情怀，是"己欲立而立人，己欲达而达人"的情怀，是以天下为己任的情怀。

6.8 积极入世

季康子①问："仲由可使从政也与？"子曰："由也果②，于从政乎何有？"

曰："赐也可使从政也与？"曰："赐也达③，于从政乎何有？"

曰："求也可使从政也与？"曰："求也艺④，于从政乎何有？"

注 ①季康子：鲁国的权臣。②果：果敢、决断。③达：通达。④艺：多才多艺。

译 季康子问孔子："仲由可以使他从政吗？"孔子说："仲由处事行为果断，从政有什么困难呢？"

季康子又问："端木赐可以从政吗？"孔子说："端木赐通达，让他从政有什么困难呢？"

又问："冉求可以从政吗？"孔子说："冉求多才多艺，让他从政有什么困难呢？"

心 读

读本章深为折服：一是佩服孔子因材施教的才能；二是佩服孔子知人之明的本领；三是佩服孔子积极入世的精神，通过教育改变世界，通过弟子实现自己的理想。

有学者据此章判断：孔子认为从政需要的是才能而不是德行。有失偏颇，因为孔门弟子德行修为已经很深了。此外读本章必须注意互文见义的修辞，孔子对从政的要求：像仲由那样果断，像端木赐那样通达，像冉求那样多才多艺。

6.9 有道则仕

季氏使闵子骞为费宰①，闵子骞曰："善为我辞焉。如有复我②者，则吾必在汶上③矣。"

注 ①闵子骞：孔子的学生，姓闵，名损，字子骞，鲁国人，比孔子小15岁。费（bì）：季氏的封邑，在今山东费县西北一带。②复我：再来召我前去。③在汶（wèn）上：某某水上是指水的北面，意思是跑到汶水对面的齐国去。汶，水名，即今山东大汶河，当时流经齐、鲁两国之间。

译 季氏派人请闵子骞去做鲁国费邑的长官，闵子骞（对来请他的人）说："请你好好替我推辞吧。如果再来召我前去做官的话，那我一定要跑到汶水对面的齐国了。"

心 读

处乱世，遇恶人当政，刚则必取祸，柔则必取辱。邦有道则仕，邦无道则隐。这是极富有智慧的处世之道，也是儒家明哲保身的哲学。恶人当政，如果曲意逢迎，不仅牺牲了自己的独立人格，也必然牺牲百姓利益，甚至牺牲子孙利益。如果特立独行，则必然仕途受阻，想做事很难，想坦诚做人待人都不容易。如果让我选择，我依然选择坦诚，依然选择坦然，依然选择坦荡。因为钱财也好，位置也好，都是身外之物，唯有思想的价值和情感的价值可以永恒。假如一定要做非此即彼的选择，我愿意为思想和真情放弃一切！

6.10 悲天悯人

伯牛①有疾，子问之，自牖②执其手，曰："亡之③，命矣夫④！斯人也而有斯疾也！斯人也而有斯疾也！"

注 ①伯牛：姓冉，名耕，字伯牛，鲁国人，孔子的学生。②牖（yǒu）：窗户。③亡之：没有办法。④夫（fú）：语气词，相当于"吧"。

译 伯牛病得很重，孔子去外面探望他，从窗户握着他的手说："没办法，这是命吧！这样的人竟会患这样的病啊！这样的人竟会患这样的病啊！"

心 读

孔子对命运的慨叹，可知生前并没有被弟子或时人塑造成为教主或者神仙。倒是从孔子的深深感叹中，体味到了儒家悲怆苍凉的悲天悯人情怀。

这一章颇多悬案：有学者说伯牛得的是传染病，所以孔子从窗户外面握着他的手，探视他。——孔子知天命，也具有悲天悯人的情怀，应该不至于担心传染吧。有学者说，按照礼制，生病的人住在北窗下的床，有长者来访，必须移到南窗下的床，而孔子来访不敢"南面"（坐北朝南）探视伯牛，而在南窗外面探视——此说亦无道理，原生态儒家决不至于迂腐到这种程度。有学者说，孔子博学，精通医术，知道是传染病，所以隔窗把脉——此说较为合理。因为"康子馈药，拜而受之，曰：'丘未达，不敢尝。'"足以证明孔子精通医术。

后世儒道逐步融通，儒家更是吸纳百家之长，所以精通医术者不可胜数。明大儒顾炎武的朋友傅山，既是大儒又是神医，尤其精通妇科。由此亦可见，儒家从来都是以开放的精神和心态力行于人世。

6.11 求道之乐

子曰："贤哉回也！一箪①食，一瓢饮，在陋巷②，人不堪其忧，回也不改其乐③。贤哉，回也！"

注 ①箪（dān）：古代盛饭的竹器。②巷：指颜回的住处。③乐：乐于学。

译 孔子说："多么贤德的颜回啊！一箪饭食，一瓢饮水，住在简陋的小屋里，别人忍受不了这种清苦，颜回却没有改变他的乐观向学。多么贤德的颜回啊！"

心　读

颜回之乐是求道之乐，是君子之乐，是经过道德修养后达到的一种乐观的生命状态。"一箪食，一瓢饮"，以之为苦则苦，以之为乐则乐，正如王阳明悟道所得，苦乐原本并不存在，只是个人的感觉而已。王阳明的心学中可以寻到原生态儒学的气脉，并未实质性地偏离儒家的轨道！

读此章觉得儒家最可贵的是"乐道"的情怀和境界，儒家在中国历史上之所以能够使学术独立于政治之外，就是因为儒家在修炼自身过程中把"乐道"作为最重要的人生目标。学是首要目标，学的目标是求道，是达道，达到仁道的境界。仕是次要目标，"达道"然后"仕"才能确保为官一任，造福一方。儒家要求入仕者必须达道，有道才能入仕，入仕者必有道。儒家这种理念，对现代教育依然颇有启发。

6.12 中道而废

冉求曰："非不说①子之道，力不足也。"子曰："力不足者，中道而废。今女画②。"

注 ①说：同"悦"。②画：划定界限，停止前进。

译 冉求说："我不是不喜欢老师的道，是我能力不够呀。"孔子说："能力不够是到半路才停下来，现在你是自己划定了界限不想前进。"

心 读

从孔子与冉求师生二人对话看，冉求不想深入学习孔子所讲授的理论，认为自己的能力不够。但孔子认为，冉求并非能力的问题，而是他思想上的畏难情绪作怪，所以对他提出批评。冉求所为显然属于"为长者折枝"之类，非"携太山以超北海"之类，非不能也，实不愿也。人可以甘于平淡，但是不可以甘于平庸。

以我的成长经历而论，作为中师毕业生分到中学任教，如果不继续学习，也就只能做一名普通教师，但是语文教育大家于漪老师的一场报告，让我从此好学不倦，不仅在教育教学上逐步从平地跃上丘陵，也逐步从丘陵奔向山地，现在正处在攀山的途中，融学习、研究、工作于一体，职业能力和生命境界依然在不断提升。生命轨迹一如攀山，随着时间推移，高度在上升，视界在拓展，境界在提升，这就是人生。

朋友之中，有人天资很高，与世无争，恬然自乐，所幸在我的影响下，开始静心读书，努力提升和发展自己，期待也相信其前途无量。儒家的教育追求是"人皆可以为尧舜"。有追求，才会有进步。学业如是，事业如是，人生亦如是。

6.13 君子情怀

子谓子夏曰："女为君子儒，无为小人儒。"

译 孔子对子夏说："你要做君子式的儒者，不要做小人式的儒者。"

心 读

"君子儒"和"小人儒"的区别在于：君子儒为己，小人儒为人。

君子儒追求自身学养的提升，自身仁心的修养，自身道德的升华。君子儒成败由己，用自身的努力和心力追求成功，失败了从自身寻找原因。小人儒为了博取名声和别人的认可，其求学做事的动机为外在的名利所驱使，并不是为了自身的修为和仁心的修养。

君子儒人格高尚，小人儒品格平庸；君子儒悲天悯人，小人儒喜怒由己；君子儒以天下为己任，不以物喜，不以己悲，小人儒恪守古训，洁身自好，却缺乏兼济天下的情怀。

孔子此言，显然勉励子夏做君子儒。

6.14 行不由径

子游为武城①宰。子曰："女得人焉耳乎②？"曰："有澹台灭明③者，行不由径④，非公事，未尝至于偃⑤之室也。"

注 ①武城：鲁国的小城邑，在今山东费县境内。②焉耳乎：此三个字都是语助词。③澹台灭明：孔子弟子，姓澹台，名灭明，字子羽，武城人。④径：小路，在这里是引申为邪路。⑤偃：言偃，即子游自称其名。

译 子游做了武城的长官。孔子说："你得到人才没有啊？"子游回答说："有个叫澹台灭明的人，从来不走歪门邪道，没有公事从不到我屋子里来。"

心 读

走正门办不成的事情，走捷径、走后门、走偏门、走歪路、进内室能办成。古今亦然，孔子之时，澹台灭明这样的人不多，今天依然不多。两千五百多年陋习不改，此乃民族之一大不幸也。

6.15 居功不傲

子曰："孟之反不伐①，奔而殿②，将入门，策其马，曰：'非敢后也，马不进也。'"

注 ①孟之反：名侧，鲁国大夫。伐：夸耀。②奔：败走。殿：殿后，在全军最后作掩护。

译 孔子说："孟之反不夸耀自己的功劳。打仗败退时，他主动地殿后，快进城门时，他鞭打着马，说：'其实不是我多么勇敢，敢于殿后啊，是马跑得不快的原因。'"

心 读

公元前484年，鲁国与齐国交战。鲁国右翼军败退的时候，孟之反在最后掩护败退的鲁军。孟之反已经达到了"水善利万物而不争"的至高境界，符合曾国藩提出的领导者应具有"功不独居，过不推诿"的高尚人格，可使下属心服口服地追随自己。

与世无争，与人无争，如此，可保一世平安。汉代有张良、萧何，盛唐有郭子仪，明代有刘伯温等，深得此道，所以善始善终。反之，若是争名、争利、争功、争宠则结局可怕可悲！

6.16 国之不幸

子曰："不有祝鮀①之佞，而有宋朝②之美，难乎免于今之世矣。"

注 ①祝鮀（tuó）：字子鱼，卫国大夫。②宋朝：宋国的公子朝，貌美，《左传》昭公二十年和定公十四年都有他因美貌而惹起祸乱的记载。

译 孔子说："假若没有祝鮀那样的口才，而只有宋朝的美貌，那在今天的社会上就比较难以避祸了。"

心 读

能言善辩，蛊惑君王，这样的人得到重用，那是国家之不幸。一个单位，这样的人得到重用，那是单位的不幸！一个系统，这样的人得到重用，那是事业的不幸！至于宋朝以美色而获得重用，自然也是卫国的不幸。也正因为"祝鮀之佞、宋朝之美"有市场，所以，孔子才有如此叹息。孔子是在自嘲，还是在嘲笑卫灵公，抑或是在嘲笑世道？或许都是吧。

比较遗憾的是，两千五百年后的今天，此风依然盛行：或靠花言巧语上位，那些大智若愚、勤勉务实的人，很多被边缘化；或靠美色上位，女色可以上位，男色也可以上位，真才实学者往往被边缘化，至少是很迟才会被起用。此风不除，国运不昌！

6.17 渴望正道

子曰："谁能出不由户？何莫由斯道也？"

译 孔子说："谁能不经屋门走出屋子呢？为何没人走这条道呢？"

心 读

这里有孔子的无奈：偏偏鸡鸣狗盗之徒很多，偏偏有很多人飞檐走壁钻窗户，甚至在墙上打洞出入。这里更有孔子的自信：礼乐崩坏，我讲的道是正确的，就像是人出门一定要从门口出去一样！

面对今天的社会困局，我也很无奈：传统文化有价值，民族复兴其实是文化复兴，可惜有此认识的人不多，弃之如敝履而不知可惜。我也很自信：所幸如我者甚众，明知可为而为之，比孔子的境遇强一点！

6.18 文质彬彬

子曰:"质胜文则野①,文胜质则史②。文质彬彬③,然后君子。"

注 ①质:朴实、自然的品质。文:文身,文采,修饰。野:此处指粗鲁、鄙野,缺乏文采。②史:言词华丽,这里有虚伪、浮夸的意思。③彬彬:指文与质的配合很恰当。

译 孔子说:"质朴多于文采则未免会粗野,文采多于质朴就易流于浮夸。只有质朴和文采配合适当,才是个君子。"

心 读

文质彬彬的君子人格,勉励中国人追求高尚,影响中国人两千多年,今后仍然会继续产生影响。

教师应文质彬彬,非君子无以为师!教师如果仅有质朴的品质,或仁厚,或醇厚,或淳朴,或深沉,或睿智,或激扬,但不善于言辞,不善于修辞立其诚,没有足够的表达能力,没有出色的演讲能力,不是一个优秀的教师,在学生看来难免野俗,这样的教师往往不为学生认可,更不用说受学生欢迎。与之相反,教师心无道德,或宅心不仁,或品行不佳,或无独立人格,就算能把稻草描述成金条,也一样不会赢得学生内心的认可和尊重。教师内在有理想,有思想,有学养,有仁心,有仁道,有真情,有激情,有情怀,而又可以鲜活生动、热情洋溢地表达,形成强大的人格磁场,强大的思想冲击力,强大的激情感染力,这样的教师就是君子型教师,这样的教师毫无疑问将深受学生的爱戴和尊重,毫无疑问将给学生以深远的影响!

教师、公务员、商人……当社会群体整体走向文质彬彬的时候，社会就进入文明时代。

6.19 正直人生

子曰："人之生也，直；罔①之生也，幸而免。"

注 ①罔：诬罔不直的人。

译 孔子说："人的生存是由于正直；不正直而能生存的人，仅仅侥幸地没有遇到灾祸。"

心　读

今天，物质文明已经接近或者达到中等发达国家水平，对于一向以勤劳俭朴著称的中国人，发家致富不是困难，那些移居海外的中国人，发财绝对只是时间问题（因为中国人能一家人24小时两班倒或者三班倒地守店经营，任何一个民族的原始积累都比不过中国人），但是面对信仰的缺失，价值的迷失，精神的走失，要让信仰、价值、精神回归灵魂，却非一朝一夕之功，需要几代教育工作者用心努力方有可能。

作为儒者，不肯同俗自媚于众，只能选择用心守候内心世界的仁厚、真诚与正直，并且努力去传递和传播仁心、仁道、直道，以期改变人心和社会。虽然很慢，但大有可为！

6.20 好不如乐

子曰："知之者不如好之者，好之者不如乐之者。"

译 孔子说："对任何学问和知识，懂得它的人不如爱好它的人，爱好它的人又不如以它为乐的人。"

心　读

孔子讲的是对道的追求境界：第一境界是知道，懂得道；第二境界是好道，喜欢道；第三境界是乐道，以求道为乐。

对于教育者来说，喜欢教育，忠于职守，忠于操守，忠于事业，这是每个教师应有的境界。以苍生为念，以天下为己任，以教育为最大的乐趣，忠于自己的本心本性，一辈子做自己最喜欢的教育，以此为人生最大的乐趣，这是大师的境界，是教育家的境界。

现在西方教育与我国教育的显著区别在于：西方基础教育用几年甚至十几年培养孩子的兴趣，让孩子最终依据自己的兴趣选择人生。而我国教育是让孩子用几年，甚至十几年适应家长和社会的选择，磨灭自己的兴趣，最终十之八九选择自己并不一定喜欢的专业或事业。哪种教育更加具有生命力和创造力？哪种社会机制更加有利于激活人力资源？不言而喻。

教师如果能够以教书育人为乐，境界就很高。如果能够发现学生的先天禀赋，发挥其所长，让学生能够一辈子做自己喜欢做的事情，则教师的境界更高！教师培养学生，让学习成为生活方式、成为职业方法、成为生命状态，则科技何愁不进步？经济何愁不繁荣？社会何愁不发展？复兴何愁不成功？

6.21 先哲之明

子曰："中人以上，可以语上也；中人以下，不可以语上也。"

译　孔子说："中等以上水平，可以讲授高深学问；中等以下水平，不可以讲授高深学问。"

本章充分地体现了孔子"因材施教"的思想，根据学生的现有水平，选择教育的方式、方法和内容。心理学家奥苏伯尔的研究也证明了这一点：学生的认知能力，不仅取决于老师的教学方法，更取决于原认知结构的清晰程度、稳定程度。

有的理解为：中等以上材质的人，可以讲高深学问；中等以下材质的人，不可以讲高深学问。虽然同样也能体现"因材施教"的思想，但是这种理解显然有悖于孔子的教育主张和实践。孔子的学生材质参差不齐，有贤者，有智者，有愚者，孔子传授大道只有先后之分（什么时候达到中等以上水平，什么时候再传授高深学问），绝无授与不授之别。一字之差，一念之差，就可能谬种流传。

6.22 智与仁

樊迟问知①，子曰："务②民之义，敬鬼神而远之，可谓知矣。"问仁，曰："仁者先难而后获，可谓仁矣。"

注　①知：同"智"。②务：从事、致力于。

译　樊迟问孔子什么是智慧，孔子说："专心致力于（提倡）老百姓应该遵从的道德，尊敬鬼神但要远离它，就算是智了。"樊迟又问怎样才是仁，孔子说："仁人面对困难勇在人前，面对成就乐在人后，这可以算是仁了。"

道义相期，相信心力，敬鬼神而远之，面对困难迎难而上，面对享受后退一步，这是仁。

范仲淹是儒家精神的传承者，非常完整地传承了"仁者先难而后获"的精神，他在《岳阳楼记》中满怀豪情地说："吾尝求古仁人之心，或异二者之为。何哉？不以物喜，不以己悲。居庙堂之高则忧其民，处江湖之远则忧其君。是进亦忧，退亦忧。然则何时而乐耶？其必曰'先天下之忧而忧，后天下之乐而乐'乎？"

"先天下之忧而忧，后天下之乐而乐"，这是古仁人之心，是孔子之心，是儒者之心，是儒家的价值核心，也是我们必须传承的民族精神。

6.23 造物弄人

子曰："知者乐水，仁者乐山；知者动，仁者静；知者乐，仁者寿。"

译 孔子说："聪明人爱水，仁德者爱山；智慧者好动，仁德者好静；智慧者快乐，仁德者长寿。"

心 读

孔子这里所说的"智者"和"仁者"都是有修养的"君子"。这种人格取向，实质上道出了自然环境对人格的塑造力，也道出了稳定的人格会有不同的性格趋向，会有不同的生命规格和质量。

孔子对不同地域人格差异的判断，为其后两千多年的历史所证明。一方水土一方人，一种文化一种人。

比如中原文化的淳厚，楚文化的浪漫，草原文化的雄浑，燕赵文化的悲壮，江南文化的清灵，这些本来就有地域色彩，对生于斯长于斯的生民性格的确有深远而鲜明的塑造力。

比如江南多才子，应该与其山水文化分不开。近代以来，岭南常走在改革开放前列，与其临近大海，毗邻港澳不无关系。

6.24 先王之道

子曰："齐一变，至于鲁；鲁一变，至于道。"

译 孔子说："齐国一变革，就可以达到鲁国的境界；鲁国一改变，就可以达到理想的境界了。"

心 读

齐国是开国功臣姜太公的封地，曾经被周公判断为"霸者之迹"，理由是姜太公在国家治理过程中行霸道。鲁国是周王室嫡亲伯禽的封地，曾经被周公判断为"王者之迹"，理由是伯禽在国家治理中行王道（仁道）。此处所讲的"道"是治国安邦的最高境界——国富而民好礼。在春秋时期，齐国的封建经济发展较早，而且实行了一些改革，成为当时最富强的诸侯国家。与齐国相比，鲁国封建经济的发展比较缓慢，但意识形态和上层建筑保存得比较完备，所以孔子说，齐国改变就达到了鲁国的样子，而鲁国再一改变，就达到了先王之道。

孔子的治国理想，并不是对西周的无限眷恋，而是一种超越，即综合齐国的经济实力和鲁国的文化实力，实现软实力与硬实力的和谐发展。

6.25 沉重叹息

子曰："觚^①不觚，觚哉！觚哉！"

注 ①觚（gū）：古代盛酒的器具，是一种重要的礼器。

译 孔子说："觚已不再像觚了，这是觚吗！这是觚吗！"

心 读

孔子借对礼器形式改变，浩叹社会秩序的破坏！体现了孔子见微知著的洞察力，从礼器形式的改变，预见社会还会继续往无序方向发展。圣人的感叹没有像常人那样直白：这还是世道吗？这是什么世道啊？世道向何方？

孔子时代，面临着五百年未有之变局，孔子成为中国文化的托梦人，天将以夫子为木铎，引领中国走过了辉煌的两千五百年！

如今，中华民族的伟大复兴，也面临着千年大变局，民族的复兴在于文化的复兴，文化的复兴关键在于精神的回归、精神家园的重建，谁能承担起这样的使命呢？谁又是当今中国文化的托梦人呢？

6.26 珍惜生命

宰我问曰："仁者，虽告之曰：'井有仁^①焉。'其从之也？"子曰："何为其然也？君子可逝^②也，不可陷^③也；可欺也，不可罔也。"

注 ①仁：道德境界很高的人。②逝：往。指到井边去看并设法救之。③陷：陷入。

译 宰我问道："如果有人告诉仁者，井里掉进了有仁德的人，那么他会跟着下去吗？"孔子说："为什么他要这样做呢？君子可到井边救人，却不可陷入井中；君子可能被欺骗，但不可能那么盲目。"

心　读

仁者亦智。仁者不等同于现在的老实人，老实人常常被欺负，被愚弄，但仁是道德修养的最高境界，仁者必是智者，故孔子十分称道"愚不可及"者，认为那才是大智慧。"舍己为人"其实不符合儒家的价值标准，儒家提倡利他、助他，但不赞成舍己。所以孔子反对"暴虎冯河"，徒手与老虎搏斗，徒步过深水河流，岂不是白白送死？

生命对每个人都只有一次，每个人尤其是儒者必须完成自己的使命。假如尚未"闻道"即已把自己给弄没了，那是儒者的遗憾；上天赋予自己教化苍生的责任，没有落实，就已离世，岂不是儒者的悲哀？

读到此章，写到此处，冷水浇背，当头棒喝，生命宝贵，不仅属于深爱自己的人，还属于自己深爱的民众和民族。因为深爱，所以珍惜！

6.27 博学尊礼

子曰："君子博学于文，约①之以礼，亦可以弗畔矣夫②。"

注　①约：约束。②畔：同"叛"。矣夫：语气词，表示较强烈的感叹。

译　孔子说："君子广泛地学习古代的文化典籍，再用礼来约束，也就可以不违背道了。"

心　读

在当下语境中理解这一章，学习的内容不仅是古代的典籍，而应当是古今中外适合自身发展需要或工作需要的学术，同时能够自觉地以礼来约束自己，可以不违背人道，可以不违背仁道，可以不违背天道，而且可以成大事。

作为教师，首先必须博学于文。虽然高考制度尚未进行改革，社会、政府对教育的评价尚未达到科学化水平，中国基础教育依然在高考、中考、统考的重压之下，但是，作为教师，首先应该是教育的自觉者，应该博学于文。例如20世纪叶圣陶、夏丏尊、李叔同、鲁迅、朱自清等一大批教育家，都曾经在中学任教，这些人教文科的往往文史哲兼修，教理科的往往数理化融通，甚至文理兼修、文武双全，其知识储备的厚度、广度、深度，远非现在中学教师所能比拟，所以其教育教学能开风气之先。现在的语文教师，往往只熟悉课本或者延伸的些许读物，文史哲的基本修养都不够，知识储备缺乏厚度，缺乏深度，更缺乏自己的独立思想和主张，其教育教学无非是人云亦云，追求高分，不敢越雷池半步，实在是可悲。

其次，教师必须约之以礼。教师必须是道德的自觉者。要求学生做到的，必须自己做出榜样，教师人格磁场一旦承载着知识，就会形成教育场、文化场，就会产生无与伦比的教育力、感染力。

儒家强调知识必须建立在道德之上，这个观点依然有现实意义。虽然凭借互联网的发达和资讯传播载体的普及甚至泛滥，我们现在学习知识很方便了，但是那只是知识，甚至只是碎片化的知识，没有道德因素，没有情感因素，仿佛地底下的矿藏，没有被发掘，没有被加工，所以，也无法得到有效运用。现代教育中，很多人期望以网络学习代替师生互动，但是网络中对知识的浏览，只有言传，没有身教，没有情感，没有期待，没有人格磁场，没有人文场域，教育的效果大打折扣。

正是基于这样的认识，儒家提出一要博学于文，二要约之以礼，然后才能不背离道义。什么人都可以不读这一章，教育者不能不读，不能不思考，不能不运用。

6.28 千古绯闻

子见南子①，子路不说②。夫子矢③之曰："予所否④者，天厌之！天厌之！"

注 ①南子：卫国灵公的夫人，当时实际上左右着卫国政权，有不正当的行为。②说：同"悦"。③矢：同"誓"。④否：不对，不是，做了不正当的事。

译 孔子去见南子，子路不高兴。孔子发誓说："如果我做了不正当的事，让天厌恶我吧！让天厌恶我吧！"

心 读

这是千古绯闻。子路怀疑孔子与美丽而淫荡的卫国夫人南子"有一腿"，非常不满，于是给老师脸色看。这一章发人深思：当代中国高校追求师生平等和教学民主，但再平等、再民主也没有达到学生敢于当面质疑老师有绯闻的地步吧。读此章方知孔子与学生道义相期，在先秦儒家三圣的课堂，教育行为何其民主！师生关系何其平等！思想交流何其自由！

将师生之距离拉开始于汉代的"设帷讲学"，汉儒实为师道尊严的始作俑者。后世人经常让古人承担自己的过错，伪儒学者经常曲解孔子言论作为自己思想主张的佐证，也经常以新儒家自居，殊不知其思想主张早已背离了原生态儒学的精神，董仲舒如是，程颐如是，朱熹亦如是，太多人如是！希望今天的人们敢于担当，不再让古人为自己恶行恶言承担罪名。

6.29 中庸之德

子曰："中庸之为德也[①]，其至矣乎！民鲜久矣。"

注 ①中：折中，调和无过也无不及。庸：平常。

译 孔子说："中庸作为一种道德，该是至高无上的境界吧。人们缺少这种道德已经很久了。"

心 读

中庸是道德范畴，是一种为人处世的高境界。中庸就是中道，就是乐而不淫、哀而不伤、不偏不倚，就是做人做事恰到好处，就是庖丁解牛"游刃有余"的境界。

有人说，中庸就否定了斗争与转化，事实并非如此，中庸是一种科学发展状态，斗争与转化是在人们看不见的情况下完成的。

从教育视域看，要解决教育回归精神本质的问题，可以在原生态儒家文化和西方核心价值观之间寻求中道；要解决教育国际化问题，可以在本土情怀和国际视野之间寻求中道；要解决教育均衡问题，可以在城乡之间、东西部之间、内地沿海之间寻求中道；要解决因材施教问题，可以在应试教育和全人格教育之间、全面发展和个性发展之间寻求中道。

这就是中庸的方法，也是中庸的境界。

6.30 立人达人

子贡曰："如有博施于民而能济众①，何如？可谓仁乎？"子曰："何事于仁？必也圣乎！尧、舜其犹病诸②！夫③仁者，己欲立而立人，己欲达而达人。能近取譬④，可谓仁之方也已。"

注 ①施：给予。众：众人。②尧、舜：传说中上古时代的两位帝王，是孔子心目中的圣人。病：担忧。诸："之于"的合音。③夫：句首发语词。④能近取譬：能就自身打比方，推己及人。

译 子贡说："假若有人能给老百姓很多好处又能周济大众，怎么样？算是仁人了吗？"孔子说："岂止是仁人，简直是圣人了！就连尧、舜尚且担忧做不到这样呢！自己想要立命，同时也帮助了别人立命，自己想要达德达道，也帮别人发展。凡事能将心比心，推己及人，就算是实行仁的方法了。"

心 读

如果说"己所不欲，勿施于人"是"仁"的主张，那么"己欲立而立人，己欲达而达人"是实行"仁"的途径。这里折射出孔学的根本追求：关注民生，重视民众利益，把民众是否受益，作为衡量是否是仁人，是否是圣人的最重要的标准。这也正是今日每个儒者应有的责任感和使命感。读懂原生态儒学，关键是通过现象看本质：哲学以人为本，政治以民为本，教育以生为本。人本思想、人道主义、人文精神是原儒家的本质特征。

7.1 述而且作

子曰："述而不作^①，信而好古，窃比于我老彭^②。"

注 ①述：阐述。作：创作。②窃：私，私自，私下。老彭：人名。

译 孔子说："只阐述而不创作，相信和喜好古代文化，有人私下把我比作老彭。"

心 读

我认为孔子"述"而且"作"，他的"作"就在于对战国以前的文化做了一次有传承、有创造的编撰工作，如果没有孔子的"作"，就没有《诗经》，没有《易经·易传》，没有《春秋》，也许我们的文明会中断，中国历史的发展将可能是另外一种轨迹。

孔子的"信而好古"，好的是理想化的"古"——古代文化的精华，"述"传承的也是古代文化的精华，并不是简单的"复古"。

孔子所"述"主要在于周之"礼"，但是"作"的却是"仁"，包括仁心、仁道、仁义、仁政等。

孔子在人类文化的元典时代，奠定了中华民族的文化基石，阐发了东方伦理哲学精神，构建了中华民族的文化心理结构。

7.2 诲人不倦

子曰："默而识①之，学而不厌，诲②人不倦，何有于我哉？"

注 ①识（zhì）：记住。默而知之是一种体悟。②诲：教诲。

译 孔子说："把所见所闻默默体悟于心，学习不觉厌倦，教诲别人而不知疲倦，除此之外我还有什么呢？"

心 读

"默而知之，学而不厌，诲人不倦"是教育者的生命状态，也是求道者的生命状态。这其中有悟道方法，有求道精神，有传道境界，浮尘之中，能如是则可成教育大家。

7.3 夫子之忧

子曰："德之不修，学之不讲①，闻义不能徙②，不善不能改，是吾忧也。"

注 ①讲：探究，研究。②徙（xǐ）：迁移。此处指靠近、做到。

译 孔子说："品德不修养，学问不讲习和研究，听到道义不能靠近，有错误不改正，是我忧虑的事情。"

心 读

修养道德，研究学问，实践正义，改正错误，四者相辅相成，构成了儒家"内圣"的基本路径。读这句话，很容易使人想到曾子说的"吾日三省吾身"。孔子忧虑自己道德修养不够，忧虑自己学养不厚，忧虑自己尚未接近道义，忧虑自己错误没改，这是儒家"反求诸己"的道德修养。

随着年龄的增长，我的忧虑与日俱增：担心学术停滞不前，担心视界趋于狭小，担心能力不能提高，担心境界不能提升，担心"同俗自媚于众"，担心老之将至而学业无成，担心自己要应付繁琐、无聊的程序空耗生命而事业无成！相比于孔子，虽不能焉，心向往之！

7.4 燕处超然

子之燕居①，申申②如也，夭夭③如也。

注 ①燕居：闲居。②申申：仪态舒展。③夭夭：心情悠闲舒畅。

译 孔子在家闲居，仪态舒展，心情悠闲舒畅。

心　读

"申申如也，夭夭如也"，这是闲适，也是自在，更是自信。作为儒家学派开山立派的鼻祖，对学说自信，对使命自信，才有如此的生活情状和生命状态。

孔子这种自信源于：一是有德润身，道德高尚；二是使命在身，天命感强烈；三是博学多闻，知识储备足够；四是能力超群，从小吏到大夫，都做过且做得很好。假如没有这些资本，不可能有燕处超然的自信。

有些人，不学无术，也不愿意提升自己，白天上班惶惶不可终日，老是捉摸如何取悦上司，取悦同事。回到家里，也诚惶诚恐，惴惴不安，老是担心自己哪些方面与上司意见相左，或者担心别人超过自己。主要精力不在提升和发展自己，所以其生命状态缺少了自信，缺少了从容，缺少了超然。

我已过不惑之年，数十年如一日，致力于学术，也致力于提升，当如夫子燕处超然，给生活做减法，给心灵做减法，留出时间，腾出空间，静心读书，尽心做事。

7.5 死而后已

子曰："甚矣吾衰也。久矣吾不复梦见周公①。"

注 ①周公：姓姬名旦，文王的儿子，武王的弟弟，成王的叔父，鲁国国君的始祖，西周典章制度的制定者，他是孔子所崇拜的"圣人"之一。

译 孔子说："我衰老得很厉害了，我好久没有梦见周公了。"

心 读

孔子是托古改制第一人。他所称道的尧、舜、禹、汤、文、武的道统是一种理想化的、孔子化的社会理想，简单理解孔子复古，无法解释他的思想对后世中华民族的深刻影响。"好古"的目的在于建立新文化，"复礼"的目的也在于建立新秩序。即使生命即将结束，也仍然坚守自己的理想！孔子的感慨，使人感受到"知其不可为而为之"的无奈，更能感受到"死而后已"的责任感和使命感，后者是儒家的精髓。

7.6 素质教育

子曰："志于道，据于德①，依于仁，游于艺②。"

注 ①德：德者，得也。能把道融入人格才是德。②艺：指孔子教授的礼、乐、射、御、书、数六艺，是承载着儒家价值的课程类型。

译 孔子说："以道为志向，以德为根据，以仁为依托，以艺为载体。"

心 读

此为孔门教育大纲，求道是一生的志向，修德是安身的基础，仁心是立命的根本，六艺的造诣是达成教育目标的载体。

当代中国人实施素质教育，其课程建构的完整性、科学性，尚没有超出孔子的"六艺"，它包含了德、智、体、美、劳五育。礼，是与仁、道、德融合在一起进行的学科，是处理好人与人、人与群体、群体与群体、国家与国家关系的实践学说；乐，包括了音乐、美术、舞蹈，且兼容了文学，《诗经》当时都是由孔子"弦歌之"，配乐进行教学；射，是军事教育，是体育范畴；御，是劳动教育兼军事、体育；书，包括《尚书》《左传》等内容；数，包括高级的哲学《易经》和其它术数、算术之类。"樊迟问稼"不能证明孔子不重视劳动技术，只能说孔子的课程体系中没有把农夫、花匠口耳传授的劳动技能和经验纳入其体系，是时代特征，不是孔子教育的局限。

除了课程建构的完整性外，更可贵的是孔子的教育实践一直坚守和追求教育本真，其礼、乐、诗、射、御、书、数并非单一的学科教学或技术训练，而是重视德育实践和德行养成，重视仁道培育和灵魂养护，直指人心且敬畏生命。当今素质教育当务之急，就是回望传统，回归本真，养护心灵。

7.7 有教无类

子曰："自行束脩①以上，吾未尝无诲焉。"

注 ①束脩：多数学者解释为"十条干肉"。西汉郑玄的解释是"束带修饰"，是春秋时期十五周岁男子举行的成人礼。

译 孔子说："只要十五岁以上，我从来没有不给他教诲的。"

心　读

我少年时代只有春节才能吃肉，春秋时期的生活水平不会好于我少年时代，牵强地把"束脩"理解为"十条干肉"，不仅玷污了孔子"有教无类"的博大情怀，且不能解释"一箪食，一瓢饮，在陋巷"的颜回去哪里弄十条干肉作为学费。

现代学校，同在一校，同在一室，有些老师喜欢有权有势的子弟多于弱势群体子女，喜欢有钱人子女多于贫寒子女，喜欢听话学生多于"顽皮"学生，喜欢分数高的学生多于分数低的学生，喜欢长相漂亮的学生多于普通面孔的学生，其思想境界、情感态度，与孔子相去甚远。

"有教有类"是中国教育三大绝症之一（第一绝症迷失了精神活动本真，第二绝症丢失了有教无类的情怀，第三绝症丢掉了因材施教的传统），人生而不能平等，没有平等接受教育的机会，教育事业发展至今没有逃脱马太效应。区域之间、校际之间、群体之间的教育差距依然在人为拉大：经济越发达的地区，教育投入越多，条件越来越好。经济越贫困的地区，教育投入越是不足，条件越是落后。越是所谓名校，社会关注度越高，资源配置越集中，师资力量越雄厚。越是薄弱学校，社会关注度越低，资源配置越少，师资力量越单薄。越是强势群体，家庭拥有的图书藏量越丰富，资讯条件越发达；越是弱势群体，家庭图书藏量越稀少，资讯条件越落后。面对此情此境，我怎不忧心忡忡。

几年前，中国境内军官、士兵工资同级别同一标准。由此看来，国境之内基础教育教师工资、生均公用经费同一标准，有望实现。退而求其次，各省以省城为标准，实现基础教育教师工资和学生生均公用经费的同一标准，能实现也不错。如是，则有教无类的情怀有望恢复，有教无类的理想有可能实现。对此，我有期待，也有信心。

7.8 举一反三

子曰："不愤①不启，不悱②不发。举一隅③不以三隅反，则不复④也。"

注 ①愤：苦思冥想而仍不领会的样子。②悱（fěi）：欲说不能、欲罢不忍的样子。③隅（yú）：角落。④复：重复某种动作，指讲授。

译 孔子说："不到冥思苦想而依然迷茫时不开导，不到欲说不能、欲罢不忍时不启发。教给他一方面的知识，他不能推知其它相类似的知识，就暂时不讲授。"

心　读

启发式教育发端于孔子，启发式教育体现了儒家以生为本的教育理念。在儒家的教育行为中，老师是启发者，是诱导者，学生是发展的主体。如果举一隅而不能反三隅，就应当让学生去体会和消化，而不是放弃，因为孔子对"朽木不可雕也"的宰予也不曾放弃过。《论语》不用心读，很容易闹出笑话。

7.9 贵在真诚

子食于有丧者之侧，未尝饱也。

译 孔子在有丧事的人旁边吃饭，不曾吃饱过。

心　读

据学者考证，儒家最早的职业是帮人家治丧事（但我认为儒家思想起源于孔子对先秦典籍的整理，对古代文化的发掘），并因此断定，儒家治丧事是一种非常卑贱的职业。其实不然，中国传统历来重视生死，治丧事从来都是德高望重者主持，今天乡下依然盛行这种风俗。

儒家笃信"慎终追远，民德归厚"，慎重地对待死者，追怀先辈的高尚人格，这样民众道德便会趋于淳厚。追怀往者，如果不真心，不真诚，如何能使"民德归厚"呢？儒家尚真诚，细节见真情！

7.10 喜怒有常

子于是日哭，则不歌。

译 孔子在这一天为丧者哭泣，当日之内就不再唱歌。

心　读

原始儒家提倡真诚，反对虚伪，丧事期间哭泣过，当日不再歌唱。孔子不再歌唱，一则同情心使然，悲人之所悲，这是仁者的心态，也是仁者的必然；二则是发乎真诚，一个人既然真诚地哭过，若是立即转悲为喜，要么不真诚，要么就是喜怒无常的小人；三则可能有类似的礼仪约束，比如现在每逢国家元首去世下半旗致哀，每逢有重大天灾人祸则全国停止一切娱乐活动。喜怒有常，真诚地表达哀思，既合礼，也合理！

7.11 临事而惧

子谓颜渊曰："用之则行，舍之则藏①，惟我与尔有是夫②。"

子路曰："子行三军③，则谁与④？"

子曰："暴虎冯河⑤，死而无悔者，吾不与也。必也临事而惧⑥，好谋而成者也。"

注 ①舍：舍弃，不用。藏：退隐。②夫：语气词，相当于"吧"。③三军：大国的军队。④与：动词，偕同。⑤暴虎：空拳赤手搏斗老虎。冯河：徒步过河。⑥临事而惧：遇事谨慎。惧，谨慎、警惕。

译 孔子对颜渊说："用我时就做事，不用我时就退隐，只有我和你才能这样吧。"

子路问孔子说："老师如统帅三军，打算和谁一起呢？"

孔子说："赤手空拳搏斗老虎，徒步涉水过河，死了都不会后悔的人，我不会和他一起共事。我要找的一定是遇事谨慎，善于谋划而能完成任务的人。"

心 读

孔子因材施教是建立在识人之明的基础上，他太了解子路了，遗憾的是尚未等到孔子改变子路的性格，子路就不幸因勇敢而牺牲，对孔子造成致命打击。

临事而惧，谋定而后动，为孔子首创，成了古往今来儒将的共同标识。抗日战争时期的国民党将领李宗仁、白崇禧、薛岳和共产党将领徐向前、刘伯承、粟裕都是临事而惧的儒将，其共同风格就是通过整体战略构思，缜密战役运作，精确的战术运用，将战争胜利的成数提高到最高值，将战役成本降低到最低。

7.12 欲哭无泪

子曰："富而可求也①，虽执鞭之士②，吾亦为之。如不可求，从吾所好。"

注 ①富：发财。求：指合于道而求。②执鞭之士：市场守门人。

译 孔子说："如果财富可以通过正当途径获得，即使是市场的看门人我也愿意做。如果财富不能通过正当途径获得，那么还是去做我喜好的事。"

心 读

孔子重义并不排斥利，正所谓"君子爱财取之有道"。君子爱财是本性，不失人格，不失道义，这样的财可以取；如果有失道义，还是应该保持本心本性，做自己喜欢的事情。

美国智库兰德公司为了证明中国是否对美国构成威胁，在中国最著名的三所大学（大陆两所、香港一所）做不记名问卷调查，让大学一年级新生在金钱、权力、真理、智慧、美五个选项中选择两项，除了香港大学有少量学生选择智慧和美，大陆的学生代表全都直奔权力、金钱而去，其中选择金钱的比例最高。在美国也找了三所著名大学做无记名问卷调查，美国大一新生绝大部分选择了真理、智慧，选择美的也不少——在美国青年一代看来，金钱是不可能直接获得的，权力是人民赋予的，因此，他们更重视智慧和真理！而在中国青年心中，权力和金钱是最重要的，而且最想不劳而获。因此，兰德公司的结论是：中国短期内不会对美国构成威胁，中国甚至不具备挑战美国地位的资格。

这才是中国教育最大的隐忧，也是中华民族最大的隐患。一个民族的未来一代都直奔权力和金钱的时候，这个民族的未来会光明而辉煌吗？每念于斯，欲哭无泪！

7.13 国之大事

子之所慎：齐^①、战、疾^②。

注 ①齐：同"斋"，斋戒。古人祭祀前沐浴更衣，禁荤，禁酒，禁房事，整洁身心以示虔诚。②疾：传染病。

译 孔子谨慎小心对待的是斋戒、战争和疾病这三件事。

心 读

斋戒、战争、传染病都是事关千家万户的生命财产的大事，儒家以人为本，以民为本，高度重视，理所当然。

现代何尝不是如此：敬畏上天，心有归依；慎重战争，避免伤亡；预防疾病，保证健康。现代中国最紧要的事莫过于让民众心有归依，这正是传统文化教育的追求，也是经典教育的追求，尤其是儒家文化教育的追求。

7.14 审美教育

子在齐闻《韶》^①，三月不知肉味，曰："不图为乐之至于斯也。"

注 ①《韶》：舜时古乐曲名。

译 孔子在齐国听到了《韶》乐，有很长时间尝不出肉的滋味，他说："想不到《韶》乐的美达到了如此的高度。"

心读

本章讲的是孔子鉴赏音乐的能力和痴迷程度，也是讲审美教育对人陶冶功能之强大。现代教育中的音乐、美术、舞蹈等相当于孔子时代"艺"的范畴，孔子教育高度重视。

澳大利亚中小学重视音乐、美术、舞蹈，丝毫不亚于我们对语文、数学、英语的重视程度。我向一所澳大利亚中学校长请教其原委，他们解释说："我们不时看到钢琴王子，但没有见过钢琴流氓；经常看到美术疯子，但没有见过美术痞子……"蔡元培先生曾经倡导以美育替代宗教，也是个不错的选择。

遗憾的是，现代中国大陆教育，音乐、美术等审美教育被严重边缘化，这不仅影响学生心智的发展（缺少艺术智能是不健全的智能），也影响健全人格的形成（缺少音乐熏陶是有缺陷的人格），实在是中国当代基础教育的严重失误。可惜，教育者束手无策。

7.15 互为知音

冉有曰："夫子为卫君乎[①]？"子贡曰："诺[②]，吾将问之。"

入，曰："伯夷、叔齐何人也？"曰："古之贤人也。"曰："怨乎？"曰："求仁而得仁，又何怨？"

出，曰："夫子不为也。"

注 ①为：帮助。卫君：卫出公辄，卫灵公的孙子。他的父亲因谋杀南子而被卫灵公驱逐出国。卫灵公死后，公元前492年辄被立为国君，其父回国与他争位。②诺：答应。

译 冉有问子贡说："老师会帮助卫国国君吗？"子贡说：

"好，我去问他。"

于是进去问孔子："伯夷、叔齐是什么样的人呢？"孔子说："古代的贤人。"子贡又问："他们有怨恨吗？"孔子说："他们求仁而得到了仁，为什么会怨呢？"

子贡出来答复冉有说："老师不会帮助卫君。"

心　读

卫国国君辄即位后，其父与其争夺王位，这件事恰好与伯夷、叔齐两兄弟互相让位形成鲜明对照。孔子赞扬伯夷、叔齐，而对卫出公父子相争自然不能赞同，由此，子贡判断孔子不会帮助卫国国君。

孔门师生，道义相期，师生或如父子，或如兄弟，或如朋友，彼此可谓知音。这种师生关系，自被汉代阴阳家董仲舒等伪儒异化，从此不见，甚为遗憾！

7.16 浮云富贵

子曰："饭疏食饮水①，曲肱②而枕之，乐亦在其中矣。不义而富且贵，于我如浮云。"

注　①饭：吃，动词。疏食：粗粮。②曲肱（gōng）：弯着胳膊。肱，胳膊，由肩至肘的部位。

译　孔子说："吃粗粮喝白水，弯着胳膊当枕头，乐在其中。用不正当的手段获取的富贵，对于我就像浮云。"

心　读

明儒王阳明认为：无所谓苦乐，全在于感受。你认为是苦才是苦，你认为是乐就是乐。这正是孔子"安贫乐道"境的明代阐释。安贫乐道，才能有出息。当今之世，知识改变命运，甘于寂寞，甘于暂时贫困，提升生命品质，才能最终摆脱贫困！

不义之财如浮云的价值取向，深深嵌入了中国知识分子的文化人格，也注入到中国普通老百姓的基因中。

遗憾的是，在有些人身上这基因也突变或坏死了，不少国人在富贵面前已经没有底线了。把德教传统抛弃殆尽，这是过去数十年中国教育百病的根源！也是中国社会百病的根源！

7.17 五十学《易》

子曰："加①我数年，五十以学《易》②，可以无大过矣。"

注 ①加：通"假"字，给予。②《易》：《周易》。

译 孔子说："给我几年时间，到五十岁学完《易》，可以不犯大错。"

心　读

五十学《易》，未为晚矣。孔子说自己"五十而知天命"，《易》连接人和天，融通人道、天道、命运和哲学，里面有做人的方法，做事的方法，把握命运的方法等等，所以说"五十以学《易》"可以"无大过"。孔子的体会告诉今人：学习哲学，把握人生。

7.18 雅言教学

子所雅言①，《诗》、《书》、执礼，皆雅言也。

注 ①雅言：周王朝的京畿之地在今陕西地区，以京畿之地的语音为标准的周王朝官话，当时被称作"雅言"，类似于今天我们所提倡讲的普通话。孔子平时谈话时用鲁国方言，但在诵读《诗》《书》和赞礼时，则以当时的陕西语音为准。

译 孔子有时讲雅言，读《诗》《书》和赞礼时，都用雅言。

心 读

孔子坚持用雅言教学和礼赞，令人钦佩。

我生在湖北黄冈，不讲黄冈话。后来区划调整到武汉，也不讲武汉话。南下广州二十年，至今不会讲广州话。坚持"雅言"——普通话教学和工作，或许有孔子的影响。

广东大多数地方电台、电视台都讲粤语，很多影视作品，十分优秀，十分精彩，经过粤语配音，却索然无味。改革开放之初，粤语席卷中华，是潮流。如今香港人和澳门人以讲普通话为时尚，是潮流；不远的将来，越来越多的外国人学讲普通话，也将是潮流！

一叶知秋，见微知著。从广东电台电视台对粤语的坚守，能看出广东正在从改革开放的前沿阵地逐步退化为保守阵地。广东教育成为全国最保守的教育，广东经济机制成为全国最缺乏活力的机制，广东的行政管理体制成为全国最僵化的管理体制，这是人们的普遍共识，而不是个人成见。

广东目前领先于全国优势最大的是商业文化成熟度，从业人员服务意识比较强，全国无二，海外无双。其余体制机制已经严重僵化固化，正在成为制约广东可持续发展的桎梏。改革势在必行，不改革断然不行！

7.19 乐以忘忧

> 叶①公问孔子于子路，子路不对。子曰："女奚不曰：其为人也，发愤忘食，乐以忘忧，不知老之将至云尔②。"

注 ①叶：旧音 shè。②云：代词，如此之意。尔：同"耳"，而已，罢了。

译 叶公向子路问孔子是个什么样的人，子路不回答他。孔子对子路说："你为什么不样说：他这个人，发愤用功甚至忘了吃饭，乐观豁达甚至忘了忧愁，心态年轻以致不知老了，如此而已。"

心　读

孔子自述心志和心态，我认为孔子是终身学习思想的首创者，也是终身学习的实践者，"发愤忘食，乐以忘忧，不知老之将至"是现实主义，更是乐观主义。

"发愤忘食"是学习的态度，是求道的态度。现代中国人的价值追求却背离这种态度，在中国的大学里，教室、图书馆读书学生的比例在逐年减少，为稻粱谋的学生比例越来越多。用心做学问，真心做学问的学者越来越少，而整日忽悠，贩卖知识甚至良知的学者越来越多。

"乐以忘忧"是悟道的境界，是求道的境界，道是知识分子的最高追求。相比现代知识分子，很少有人能够视学术如生命，很少有人把道作为人生的最高目标，这应该是中国人很少获得诺贝尔奖的一个重要原因。

"不知老之将至"是终身学习、终生求道、终生悟道的生命状态。很多人为即将退休而忧心忡忡，而有道者却心态依然年轻，创造力依然旺盛。

"发愤忘食，乐以忘忧，不知老之将至"是当今每个读书人和教书人应有的人生态度和生命状态。

7.20 性非好古

> 子曰："我非生而知之者，好古，敏以求之者也。"

译 孔子说："我不是天生就有知识，是因为我热爱古代典籍文化，勤奋敏捷探求而得到了这些知识。"

心 读

这是孔子勉励学生的话，从中我们可以看出，孔子"生而知之"并没有把握：天才出于勤奋，天才出于学习。

我亦有同感，以我的成长为例，我出生在仅有12户人家的小山村，能够在课堂上征服学生，在讲堂上征服听众，靠的就是几十年如一日的读书和研究。

正因为如此，我时常提醒每一位我认识的校长：有所为有所不为，把主要精力集中在学习和工作中。尤其是业余时间，尽量少一些应酬和忽悠，多一些学习，多一些研究，多一些追求。

7.21 怪力乱神

> 子不语怪、力、乱、神。

译 孔子不谈论怪异、暴力、叛乱、鬼神。

孔子是伦理学家，教育家，思想家，不语怪力乱神，那是因为要对受教育者负责任。教育者多言怪异，则学生必多行事古怪。教育者多言暴力，则学生必有暴力倾向。教育者多言叛乱，则学生多叛乱之心。教育者多言鬼神，则学生必多笃信鬼神。

明清之后，匪患横行，实则《水浒传》之流毒，试看哪个占山为王的土匪，出言吐气没有《水浒传》的影响和水泊梁山的影子？当今的色情、暴力、卡通、漫画以及圣诞的疯狂，何尝不是影视媒体多年"教育"的"成果"？如今许多官方媒体，用纳税人的钱，经常做些与民生毫不相关的"怪力乱神"的节目，实则不幸，实在不该。所以，人人读《论语》很有必要。

7.22 必有我师

子曰："三人行，必有我师焉。择其善者而从之，其不善者而改之。"

译 孔子说："几个人同行，其中必有人是我可以师从的。选择优点向他学习，他若有不足之处则我可以引以为鉴，改掉自己的缺点。"

心 读

孔子的"三人行，必有我师焉"这句话，对后世知识分子产生了无与伦比的深刻影响，对中国人的国民性格也产生了深远影响，中国人的谦虚与自信往往令西方友人无法辨别。这里也有儒家内省和内圣的功夫，有"反求诸己"的方法。

这一则可以与"吾日三省吾身"结合起来读，有助于正确理解"毋友不如己者"。

用心研读这一章，可以体悟至少三个结论：一是儒家的谦虚正是儒家包容的具体形态，因为谦虚，才有孔子问道老子，才会有孔子学琴于师襄子，才有儒学的流变与发展；二是儒家的谦虚是"内圣"的具体方法，只有谦虚才能知道自己的不足，才能学到别人的长处，目的是"择其善者而从之，其不善者而改之"，才能使自己的道德修养不断提升；三是儒家的谦虚发自内心，发乎真诚，发端于本心本性。虚怀若谷的人文精神，正是如今援西入儒的伦理基础。

7.23 自负天命

子曰："天生德于予，桓魋①其如予何？"

注 ①桓魋（tuí）：宋国主管军事行政的官，宋桓公的后代。

译 孔子说："上天把德赋予了我，桓魋能把我怎么样？"

心　读

公元前492年，孔子从卫国去陈国时经过宋国。桓魋带兵欲加害孔子。当时孔子正与弟子们在大树下演习周礼的仪式，桓魋砍倒大树，而且要杀孔子，孔子在包围之中，气定神闲，弹琴高歌，子路百思不得其解，问孔子何以如此镇定，孔子讲了本章这句话。孔子认为，自己身负天命，命运由天作主，这是儒家的自信和自负。

孔子的自信当然有理由：一则孔子对天命的独特体认，自身崇高的理想和历史使命感使其充溢了压倒一切的浩然正气，正气产生征服力量；二则孔子精通六艺，也精通武艺，孔子不仅身高

1.9 米以上，而且孔武有力，梁启超先生就称赞孔子是中国武士道第一人，孔子在外交场合折冲樽俎，维护国家利益，大智大勇，有自己精通武艺的自信。

存在即是合理，上苍既然选择我们从事教育事业，我们就要兢兢业业做好，不受世俗左右，不受流俗冲击，走自己的路，让别人说去吧。作为教育工作者，这种自负还是应该有的。

7.24 师生一体

子曰："二三子①以我为隐乎？吾无隐乎尔。吾无行而不与二三子者，是丘也。"

注 ①二三子：这里指孔子的部分学生。

译 孔子说："你们以为我对你们有什么隐瞒吗？我没有隐瞒。我所有的行动都向你们公开，这就是我孔丘的为人。"

心　读

孔子为坦诚君子，后世伪儒者却认为有所谓"孔门心法"。孔子的学生中有"二三子"怀疑有什么心法没有公开，只给了颜渊等少数人，孔子这段话有澄清是非的意图。

这也表明了孔子教育是一种开放式教育，是一种全人格教育，道义相期，人格影响，共同进步。

遗憾的是汉代阴阳家董仲舒将此传统异化为"设帐讲学"，从此师生空间距离加大，心理距离加大，感情距离加大，思想距离加大，流毒至今未肃清。

7.25 文行忠信

子以四教：文①、行②、忠、信。

注 ①文：文献、文学等。②行：指德行，也指社会实践方面的内容。

译 孔子以文、行、忠、信四项内容教授学生。

心 读

孔子是人类历史上最杰出的教育家，孔子的教育是全人格教育，也是全文化教育，也就是我们今天一直在提倡的素质教育。

"文"是广义的文章、文学、文艺、文献、典籍；"行"是实践，是动手，也是道德实践，更是社会实践；"忠"是对人、对事恪尽职守，尽职尽责；"信"是真实、诚实、守信。

两千五百年前，孔子关注全面发展的课程体系，实施全人格教育，实施养心的教育，实践因材施教，难能可贵，值得今天借鉴。

有必要澄清，全面发展是当今素质教育的最大伪命题，在这个伪命题下，用考试学科的总分衡量教师的教育水平和学生的学业水平，实在荒唐。

孔子的"全面发展"只体现在课程建构上，只体现在发展平台上，只体现在发展可能性上，而追求的是对生命的敬畏和个性的尊重，实践因材施教，获得了个性发展：孔门三千弟子，七十二贤人，没有听到有两个差不多的，全都是个性鲜明的人才。

当教育迷失了个性的时候，民族就缺少创造力。而今的高考改革，改来改去，没有改在根本上。如今的教育评价机制改革，改来改去，尽是变花样。

7.26 人贵有恒

> 子曰："圣人吾不得而见之矣。得见君子者，斯①可矣。"子曰："善人，吾不得而见之矣。得见有恒②者，斯可矣。亡而为有，虚而为盈，约而为泰③，难乎有恒矣。"

注 ①斯：就。②恒：恒心。③约：穷困。泰：奢侈。

译 孔子说："圣人我是看不到的，能够看到君子就可以了。"孔子又说："完善的人我是看不到的，能看到有恒心的人就可以了。因为没有变为有，空虚变为充实，穷困变为富足是很常见的，很难看到什么永恒的事物。"

心 读

圣人，具有修乎至德、达乎至道、通乎神明的理想化的人格；善人，是宅心仁厚、心性善良、爱护百姓的贤者；有恒者，是守候仁心、守候仁道、守候善道、力行善道，"不知老之将至"者。孔子看来，有恒者就是君子。

李泽厚先生认为这一章是对为政者说的，孔子所谓的"圣人"几乎都是上古为政者，如尧、舜、周公等，如此，此章针对为政者而言，就不足为奇了。言下之意就是为政者没有圣人，有君子就不错了；为政者没有善人，有持之以恒为民谋利者就不错了；为政者没有装作有，空虚装作充实，贫穷装作富裕，弄虚作假终究不可长久。

7.27 民胞物与

子钓而不纲①，弋不射宿②。

注 ①纲：绳子结成的密网。②弋（yì）：用带绳子的箭射鸟。宿：指归巢的鸟儿。

译 孔子只用钓竿钓鱼，而不用绳网捕鱼。只射飞鸟，不射巢中歇宿的鸟。

心 读

孔子是最早的环保自觉者：善待自然。孟子继承了这种"推恩"原则，提出了"推恩及禽兽"的主张，发展到张载成为"民胞物与"的生态情怀。"天人合一"是中国传统伦理长期追求的处理人与天、与自然、与神的关系的理想境界，这正是当今世界最稀缺的精神资源。

儒家也是最早的环保实践者，周公时代对捕猎已有约束，春季禽兽处于繁殖期，不许捕猎，捕猎的时期一般在秋冬之际。儒家不仅将仁心推己及人，也推己及物；如果坚持这种理念和心态善待自然，我们也不至于使地球落到即将毁灭的程度。

由仁心延伸到仁政就是反对竭泽而渔，反对横征暴敛。现代有些政治人物的作为，岂止是竭泽而渔，简直是透支自然，透支资源，为了短期政绩，可以牺牲环境，可以牺牲几代人甚至几十代人赖以生存的资源。人心变冷，地球会变暖；人心变暖，地球会变冷。天道和仁道二者须臾不可分离。

7.28 自知之明

子曰："盖有不知而作之者，我无是也。多闻，择其善者而从之，多见而识之。知之次也。"

译 孔子说："大概有人什么都不懂却冒充内行去做，我没有这样做过。多听，选择好的学习；多看，而不断积累。这就是人变得智慧的过程。"

心　读

无论古今，都有这样的为政者，什么都不懂，却自以为是，自以为行家——不排除可能是旁人阿谀逢迎误导所致，但是根源上却是领导者没有自知之明。为政绝不可不懂装懂，应当多听，择其善者而用；多观察，心中有数，有调查才有发言权。

7.29 功在教化

互乡①难与言，童子见，门人惑。子曰："与其进也②，不与其退③也，唯何甚？人洁己④以进，与其洁也，不保其往也⑤。"

注 ①互乡：地名。②与：赞许。进：进步。③退：退步。④洁己：洁身自好，努力修养成为有德之人。⑤保：保守，抓住。往：过去。

译 很难与互乡那个地方的人沟通，来自那里的一个孩子被孔子接见，学生们不解。孔子说："我是赞许他的进步，不是赞许他的倒退。何必大惊小怪呢？人家改正错误以求进步，我们肯定他的进步，不要死抓住他的过去不放。"

此章可见孔子的诲人不倦和宽容精神。后世儒者韩愈被贬谪到潮州后大兴教化，惠及子孙后代千年。《潮州韩文公庙碑》这篇文章是苏轼于1092年（元祐七年）三月，应潮州知州王涤的请求，替潮州重新修建的韩愈庙所撰写的碑文。其中写道："匹夫而为百世师，一言而为天下法。"又云："始潮人未知学，公命进士赵德为之师。自是潮之士，皆笃于文行，延及齐民，至于今，号称易治。信乎孔子之言：'君子学道则爱人，小人学道则易使也。'"由是可知，要改变今天的社会风俗，还需要从教育着手，需要从传统文化教育着手，方能"为天地立心，为生民立命，为往圣继绝学，为万世开太平"。

7.30　求仁得仁

子曰："仁远乎哉？我欲仁，斯仁至矣。"

译　孔子说："仁难道离我们很远吗？只要我想要做到仁，仁就到了。"

儒家是伦理哲学，也是人本哲学，非神本哲学，强调依靠人的自身努力，可以达到提升自我，完善自我的目标。仁是《论语》所承载的最重要的价值，可以从如下几个维度来理解。

首先，仁是本心本性的品质。在孔子看来，仁道来自仁心，仁心来自本心，发乎真诚，所以，教育的最重要责任是恢复本心仁心。

其次，仁是爱。恻隐之心是仁，泛爱众也是仁，恻隐之心或许源自本性，但是泛爱众却需要后天情感体验和积累，尤其是爱人及物，推恩及禽兽，民胞物与的情怀，需要情景体会，需要生命感悟。

第三，仁是目的也是过程。将仁作为个人修养的最高目标，甚至是终极目标，是因为成年人逐步受到世俗的尘染，要达到尽善尽美的仁，想复性如赤子，的确不容易。但是，仁作为一个过程，却是每个人都可以感受和追求的，求仁得仁的意思是当你追求仁，这一刻就恢复了本心仁心，但是未必有恒心，于是仁还会有一个努力实现的过程。

第四，仁是包容，包容不同类的思想和主张，包容学生的弱点，包容他人的缺点。

第五，仁是责任，儒家强调"仁以为己任"，所以追求仁道，实现王道，就"任重而道远"。仁者爱人，爱人就有责任，爱人就必须承担起以苍生为念的历史责任和使命。

7.31 闻过则喜

陈司败①问："昭公②知礼乎？"孔子曰："知礼。"

孔子退，揖巫马期而进之曰③："吾闻君子不党④，君子亦党乎？君取⑤于吴，为同姓⑥，谓之吴孟子⑦。君而知礼，孰不知礼？"

巫马期以告。子曰："丘也幸，苟有过，人必知之。"

注 ①陈司败：陈国主管司法的官。②昭公：鲁国的君主，名裯。③揖：作揖，行拱手礼。巫马期：姓巫马，名施，字子期，孔子的学生，比孔子小30岁。④党：偏袒、包庇。⑤取：同"娶"。⑥为同姓：鲁国和吴国的国君同姓姬。周礼规定同姓不婚，昭公娶同姓女，违礼。⑦吴孟子：鲁昭公夫人。

159

春秋时代国君夫人的称号。

译 陈司败问孔子："鲁昭公知道礼吗？"孔子回答："知道礼。"

孔子出来后，陈司败向巫马期作揖，请他走近自己，说："我听说，君子是没有偏私的。然而君子怎么还包庇别人呢？鲁昭公在吴国娶了一个同为姬姓的女子，称她为吴孟子。如果鲁国国君算是知礼，还有谁不知礼呢？"

巫马期把这番话告诉了孔子。孔子说："我真是幸运。如果有错，人家一定会知道。"

心 读

儒家主张"过而改之，善莫大焉"，所以，"闻过则喜"从来都会被视作优秀品质。

鲁昭公娶同姓女子为夫人，违反了礼的规定，而孔子却说他知道礼。孔子并非存心包庇，因为面对陈国官员问本国国君是否知礼，符合礼的回答只能是外交辞令："知礼。"但是孔子心里明白，这只是"为尊者讳"，并非事实。可贵的是孔子并不**掩盖**这个错误，而是敢于承认错误。子贡曰："君子之过也，如日月之食焉。过也，人皆见之；更也，人皆仰之。"

从这两章中，可以学习儒家对待自身错误的正确态度和方法。

另外，何以两千五百年前鲁国礼制规定近亲不能通婚，竟然与现代优生学的原理契合？此乃礼制契合天道。

7.32 音乐熏陶

子与人歌而善，必使反之，而后和之。

译 孔子与别人一起唱歌，如果唱得好，一定要请他再唱一遍，然后自己又和他。

心　读

孔子重视乐教，反复歌唱，酝酿真情，进入境界，感动自己，然后才能感动学生。两千五百年前孔子开创乐教，并且广泛运用于教育教学，尤其是将《诗经》三百多篇都"弦歌之"，教学生歌唱，这样的课堂是美的课堂，是艺术的课堂，是沁人心脾的课堂。

儒家乐教传统的前瞻性、科学性，在20世纪逐步为科学家所证实。最早是印度安纳马莱大学植物系教授Dr.Singh用录音机对着一组凤仙花，播放类似琵琶的音乐；另外一组凤仙花，得到完全相同的水和养分，但没有播放音乐。结果一个月以后，有音乐的凤仙花比没有音乐的凤仙花多出72%的叶子，超出20%的高度。Singh博士进一步给稻谷做实验，结果播放音乐的稻田比没有音乐的稻田高出25%—60%的产量。美国和加拿大的科学家也纷纷参与这个实验，其中美国丹佛大学研究员Dorothy Retallack太太所做的实验影响最大。她将相同植物种植在不同温室里，每个温室定期播放不同的音乐，结果：欧洲音乐一组，植物长势最为茂盛，几乎都像向日葵一样朝着音乐来源生长。尤其是播放巴赫名曲的植物，面向音乐源的倾斜度居然达到了60%，有的植物甚至直接环绕着扩音器生长。这个实验的结果是，欧洲音乐效果最好，其次印度音乐，再次爵士音乐，而摇滚乐最差——两周后枯萎死亡。

专家研究表明，中国古典音乐，其音质和旋律与欧洲古典音乐相似，Dorothy Retallack太太手头如果有中国古典音乐，也一样可以发现如巴赫名曲类似的效果。

无限感慨，遗憾的是这种乐教传统，在当代教育体制中被边缘化或者功利化。呜呼，无语！

7.33 躬行君子

> 子曰："文，莫①吾犹人也。躬行君子，则吾未之有得。"

注 ①莫：约摸、大概、差不多。

译 孔子说："对文献典籍的研究，大约我和别人差不多。但是像君子一样身体力行，我还没有做得很好。"

心 读

孔子的教育价值观非常重视实践。《论语》开篇说："学而时习之，不亦说乎？"强调的是学习与实践结合，才能达到理想的境界。说王阳明是"知行合一"哲学思想的原创，不如说是对孔子思想的传承。儒家一脉相承的"知行合一"并不是简单地言行一致，也不是兑现承诺的践约，而是植根于心，见之于行，行为自觉，是一种经历认同、实践、自觉三个阶段的道德生长过程。

读此章，我们可以清楚地知道，宋儒"无事袖手谈心性，临危一死报君恩"绝不是儒家的风格，因为儒家不主张袖手旁观，而是主张积极入世，积极造福社会。理论联系实际的思想，源头在此章。

7.34 圣仁可为

> 子曰："若圣与仁，则吾岂敢？抑为之不厌①，诲人不倦，则可谓云尔已矣。"公西华曰："正唯弟子不能学也。"

注 ①抑：转折语气词，只不过。为之：指圣与仁。

译 孔子说:"如果说到圣与仁,那我怎么敢当。不过向圣与仁的方向努力而不厌倦,教诲别人不觉疲倦,则可以这样说的啊。"公西华说:"这正是我们没学到的精神呀。"

心　读

孔子并不认为自己达到了圣人和仁人的境界,但是可贵的是执着地追求成为圣人与仁人。

儒家并不追求表面的逻辑一致,所以在不同的语境中,往往对"仁"有不同的理解,比如前面说"仁远乎哉?我欲仁,斯仁至矣",此处又讲"若圣与仁,则吾岂敢",看似矛盾,实则不然。前者说"仁"发自本性,源自本心,指的是刹那间的"仁"。后者说要达到"圣"与"仁"的永久境界,我还不敢当,只是不厌倦不疲倦地追求圣仁境界。前者是短暂的"仁",后者是永恒的"仁",二者境界并不一样,所以不矛盾,短暂的"仁"一念间即可达到,但是要保持恒久的"仁心",需要坚持不懈地努力。

7.35 唯心唯物

> 子疾病①,子路请祷②。子曰:"有诸③?"子路对曰:"有之。《诔》④曰:'祷尔于上下神祇⑤。'"子曰:"丘之祷久矣。"

注 ①疾病:重病。疾,生病。病,重病。②请祷:向鬼神祈祷。③有诸:有这样的事吗?④《诔(lěi)》:祈祷文。⑤神祇(qí):天神为神,地神为祇。

译 孔子生了很严重的病,子路请向天地神灵祈祷。孔子说:"有这回事吗?"子路说:"有的。《诔》文上说:'为你向天地神灵祈祷。'"孔子说:"我祈祷很久了。"

心　读

孔子言谈中，从来没有涉及鬼神是否存在的问题，只是客观表达，没有做回答。事实上孔子相信天命，否则怎么会有"泰山其颓乎！梁木其坏乎！哲人其萎乎！"（西汉戴圣《礼记·檀弓上》）的生命感叹！生命现象是教育和伦理学都无法回避的问题，王阳明在贵州龙场经历过一次死亡又活过来的生命体验，提出了"死亡是生命的过程，而不是生命的结束"的命题。这个命题在伦理哲学上的重大价值在于告诫活着的人：及时行乐、苟且偷生是错误的，每一个活着的人，不仅对活着的你负责任，而且要对永远的生命——灵魂负责任！从教育与伦理视域看，相信灵魂存在，相信生命永恒，未必是一件坏事。

7.36 奢则不逊

子曰："奢则不孙①，俭则固②。与其不孙也，宁固。"

注　①孙：同"逊"，恭顺。②固：简陋。

译　孔子说："奢侈了往往不恭敬，过分节俭了往往固执。与其不恭敬，宁可简陋。"

心　读

孔子对人性的洞悉不能不叫人佩服，骄奢淫逸，往往就走向傲慢。过于节俭，往往使人固执。

读了本章，不难理解为什么有些"富二代"如此傲慢，为什么有些"官二代"如此猖狂。也不难理解，为什么有些确有冤屈的上访者能够几十年如一日的执着。

这些社会现象很容易从儒家伦理哲学中找到解释和答案。富贵往往不过三代，那是骄奢淫逸所致。诚如孔子所言"富而不骄"，定会福泽绵绵。

7.37 君子坦荡

子曰："君子坦荡荡①，小人长戚戚②。"

注 ①坦荡荡：心胸宽广、开阔、容忍。②长戚戚：经常忧愁、抱怨的样子。

译 孔子说："君子永远襟怀坦荡，小人常常忧郁抱怨。"

心 读

君子之所以坦荡，因为君子"藏器于身，伺机而动"，有资本方能有自信。

如今官场，有些人除了做官，什么都不会，所以每天诚惶诚恐，唯恐领导不高兴，唯恐领导不信任，唯恐拂逆领导旨意，生活在惶惶不可终日的高压之下，要么转化压力去欺压群众，要么患上忧郁症。

我时常告诉校长朋友，不必用心讨好领导，要用心做人，用心做事，用心读书，用心研究，用心谋自己发展，用心谋教师发展，更用心谋事业发展。如是，则可以"坦荡荡"。

我之所以坚持做学问，一则是事业发展需要，二则是个人立命需要，虽不敢以君子自居，但也不至于落得"小人长戚戚"的凄惨。

7.38 君子气质

> 子温而厉，威而不猛，恭而安。

译 孔子温和而严厉，威严而不凶猛，庄重而安详。

心 读

"温而厉，威而不猛，恭而安"符合中庸之道，是君子境界。儒家强调修身，但是必须从修心开始。"相由心生"讲的就是通过正心而修身，进而改变人的骨相气质，心善而逐步面善，心中充满自信，气质中才有自信。"腹有诗书气自华"，强调的也是修心可以改变气质。

此章应与《论语·子张第十九》中"君子有三变：望之俨然，即之也温，听其言也厉"结合起来读，领会儒家修心、修身之学，体会儒家所倡导的君子形象、君子气质、君子风度。既然"人皆可以为尧舜"，师皆可以为孔孟也有可能，人皆可以为君子自然不成问题，关键在于我们愿不愿做君子。

8.1 政治形态

子曰："泰伯^①，其可谓至德也已矣。三^②以天下让，民无得而称焉。"

注 ①泰伯：周朝始祖古公亶父的长子。②三：多次。

译 孔子说："泰伯可以说是品德最高尚的人啊，几次把王位让给季历，百姓们找不到合适的词句来称赞他。"

心 读

传说中，中国上古周族领袖古公亶父因为三子季历的儿子姬昌有圣德，便有心传位给季历，但按照礼制应该传位给季历的兄长才对，于是很为难。长子泰伯知道后便与二弟仲雍一起避居到吴，以便父亲能够如愿。古公亶父死后，泰伯为把君位让给季历，宁可不回来奔丧，后来又断发文身，表示终身不返，后季历传给姬昌，即后世所称的周文王。周文王之子周武王，灭了殷商，统一了天下。

这一历史事件在孔子看来，值得推崇。周朝开创贤人政治，即是德治，经历几代人的努力，到武王伐纣拥有天下，以礼治国，拥有八百年历史，成为中国历史上最长的朝代，足以证明德治、礼治、民治有其无可否认的合理性；秦国开创法治，经过几代君王努力，到秦始皇取得天下，以法治国，仅仅拥有十五年的历史。礼治（以德治为主辅之以法治）显然优于单纯法治。

美国人对苏联的休克疗法，几乎打断了俄罗斯的民族脊梁，但是强人普京却能重振雄风，这是民主政治的功劳还是强人政治的成功呢？

历史发展到今天，社会资讯十分发达，德治＋法治＋民治才是最佳的社会形态。有人批评德治，有人批评法治，有人认为必须德治兼法治，我坚持认为德治、法治、民治有机结合才是最佳的社会政治形态。

8.2 礼为准绳

> 子曰："恭而无礼则劳①，慎而无礼则葸②，勇而无礼则乱，直而无礼则绞③。君子笃④于亲，则民兴于仁，故旧⑤不遗，则民不偷⑥。"

注 ①劳：辛劳，劳苦。②葸（xǐ）：拘谨，畏惧的样子。③绞：说话尖刻，出口伤人。④笃：厚待、真诚。⑤故旧：故交，老友。⑥偷：淡薄。

译 孔子说："恭敬而不明礼，则会辛劳无功；谨慎而不明礼，则会畏缩拘谨；勇猛而不明礼，则会发生动乱；直率而不明礼，则会尖酸刻薄。在上位者厚待身边的人，则民风趋向淳厚，百姓走向仁德；不遗弃老友，民众就不会冷漠。"

心　读

必须以"礼"来指导"恭""慎""勇""直"，使这些德的实施符合中庸的准则，否则会出现"劳""葸""乱""绞"，就不可能达到修身养性的目的。上位者对身边的人能够以礼相待，民风就会淳厚。礼遇故交旧友，民众就不会冷漠。

儒家解决社会问题的路径是修心修身，影响亲戚朋友，影响邻里故交，从而影响社会。无论是德治、法治还是民治，这种路径都有效。所以，修身修心，在哪种社会形态中都非常重要。

8.3 如临深渊

> 曾子有疾，召门弟子曰："启予足！启予手！《诗》云①：'战战兢兢，如临深渊，如履薄冰。'而今而后，吾知免②夫！小子③！"

注 ①《诗》云：以下三句引自《诗经·小雅·小旻》。②免：指身体免于损伤。③小子：对弟子的称呼。

译 曾子生病，把学生召集到身边说："抬起我的脚！抬起我的手！《诗经》说：'小心谨慎呀，好像站在深渊旁边，好像踩在薄冰上面。'从今以后，我知道如何避免错误了！弟子们！"

心　读

有学者说，《孝经》曾经记载孔子对曾参说过："身体发肤，受之父母，不敢毁伤，孝之始也。"此说不可信，因为《孝经》并非孔子或其弟子及再传弟子的作品，从其文风考究，大约属于汉代的作品，是汉朝"以孝治天下"的附会之作。

以这一章来证明孔子说过"身体发肤，受之父母，不敢毁伤，孝之始也"证据不足。以平常心读此章，属于典型的启发式教学，由避免身体受伤，延伸到如何避免犯错误：以"战战兢兢，如履薄冰"的谨慎持重对待事业，对待学术，对待人生。

现实中，大言不惭者比比皆是，没有研究过的领域，都可以随意大放厥词，哪有"战战兢兢，如临深渊，如履薄冰"的持重？信口开河者大有人在，没有调查研究，都可以随意指手画脚，哪有"战战兢兢，如临深渊，如履薄冰"的慎重？学术错误，误导苍生！决策错误，戕害百姓！

8.4 君子三贵

> 曾子有疾，孟敬子问之①。曾子言曰："鸟之将死，其鸣也哀；人之将死，其言也善。君子所贵乎道者三：动容貌②，斯远暴慢③矣；正颜色④，斯近信矣；出辞气⑤，斯远鄙倍⑥矣。笾豆之事⑦，则有司⑧存。"

注 ①孟敬子：鲁国大夫孟孙捷。问：探视。②动容貌：内心感动而见于容貌。③暴慢：粗暴、放肆。④正颜色：使脸色庄重严肃。⑤出辞气：出言，说话。辞气：辞严气正。⑥鄙倍：鄙，粗野。倍同"背"，背理。⑦笾（biān）豆之事：笾和豆都是祭祀和典礼中用的器具。⑧有司：主管官吏，这里指主管祭祀、礼仪的官吏。

译 曾子生病了，孟敬子去看望他。曾子对他说："鸟快死了，它的叫声悲哀；人快死了，他的话语充满善意。君子所重视的道有三个方面：容貌庄重可以远离粗暴、放肆；脸色正义可以接近诚信；说话辞严气正可以远离粗俗悖理。至于祭祀和礼节仪式，自有主管官吏来负责。"

心 读

曾子与孟敬子在政治立场上是对立的。曾子在临死以前，他还在试图改变孟敬子，所以他说："人之将死，其言也善。"这一方面表明他自己对孟敬子没有恶意，同时也告诉孟敬子，作为君子应当重视的三个方面。曾子临死前的劝诫，应该是肺腑之言。

我们记住"鸟之将死，其鸣也哀；人之将死，其言也善"，更重要的要记住曾子说的君子之道：容貌庄重，以远粗慢；脸色正义，以近诚信；辞严气正，远离鄙俗。儒家修行，皆在生活！

8.5 犯而不校

曾子曰："以能问于不能，以多问于寡，有若无，实若虚，犯而不校①。昔者吾友尝从事于斯矣。"

注 ①校（jiào）：同"较"，计较。

译 曾子说："有才能者向没有才能者请教，博学者向知识贫乏者请教，有学问却不自满，有实力却很谦虚，被人侵犯却也不计较。从前我的朋友曾经做到这样。"

心 读

尺有所短，寸有所长。人各有长短，能力强者有薄弱环节，知识渊博者也有盲区，比如孔丘种菜不如老农，种花不如老圃，可贵的是虚怀若谷，乐于学习，善于学习，不断进步，逐步成功。

犯而不校更是难能可贵，现代独生子女唯我独尊，很多人在分歧与争执中睚眦必报，不肯原谅别人，也无法解放自己。当前教育面临教师是独生子女、学生是独生子女、家长也是独生子女的"三独"问题，学会相处、学会交流、学会包容、学会谅解、学会放下，尤为重要，否则师生关系紧张，生生关系紧张，亲子关系紧张，教育无法形成合力。

8.6 大节不夺

曾子说:"可以托六尺之孤①,可以寄百里之命②,临大节而不可夺也。君子人与?君子人也。"

注 ①托六尺之孤:死去父亲的孩子叫孤。六尺一般指十五岁以下,七尺指成年。托孤,受君主临终嘱托辅佐幼君。②寄:寄托、委托。百里之命:指掌握国家政权和命运。

译 曾子说:"可以把年幼的君主托付给他,可以把国家的政权托付给他,即使面临生死存亡也不改变志向。这样的人是君子吗?是君子啊。"

心 读

大节不夺,是对君子的期待,是儒家的理想人格,也是现代为政者应有的人格追求。

儒者周公旦,负有托孤之重,辅佐周王室走向平稳,等成王成年即主动交出权力,最终不负使命;诸葛亮接受刘备白帝城托孤,毕生奉献汉室兴复之重,"鞠躬尽瘁,死而后已";文天祥国难当头,坚贞不屈,宁死不降。这些人都是典型君子。

一介书生,数十年如一日,融学习入生活,融学习入工作,使学习成为生活方式,成为工作方法,成为生命状态。如此,则"可以托六尺之孤,可以寄百里之命,临大节而不可夺也"。

8.7 任重道远

曾子曰:"士不可以不弘毅,任重而道远。仁以为己任,不亦重乎?死而后已,不亦远乎?"

译 曾子说:"士人不可以不弘大刚毅,因为责任重大而道路遥远。以实现仁道作为自己的责任,难道还不重大吗? 奋斗终生,死而后已,难道道路还不遥远吗?"

> **心 读**

成就人格或成就伟大事业,需要一辈子的执着,而临难变节往往在一念之间。汪精卫刺杀摄政王时曾有"引刀成一快,不负少年头"的豪迈,后来却不幸成了遗臭万年的头号汉奸。

振兴中华,仁以为己任,任重道远。知识分子不可不弘毅,不可不伸张正义,不可不坚守仁道,不可不以天下为己任,不可不悲天悯人,不可不积极入世,不可不只争朝夕。

8.8 全人教育

> 子曰:"兴于《诗》,立于礼,成于乐。"

译 孔子说:"《诗经》使人振奋,礼帮助立身,乐帮助成就完美人格。"

> **心 读**

孔子开全人格教育之先河。在孔子的课程体系中,《诗经》最重要,"可以兴,可以观,可以群,可以怨;迩之事父,远之事君"。涵盖了语言教育、文学教育、伦理教育、爱情教育、生命教育、政治教育等丰富的内容。"礼"是行为规范,是交往原则,是道德规范,是文化约束力,是人立足于群体、自立于人世的基础。"乐"包括音乐、舞蹈、美术等艺术教育内容,在孔子看来,只有系统接受了"乐"的熏陶,人的性格才算成熟。

由此章可知,孔子课程内容虽然包括六经或六艺,但是最重要的，处于基础性地位的是《诗》、礼、乐，因为这三种载体将思想、理念、追求植根于心，内化为素质，成为人格特征。

8.9 功在教化

子曰："民可，使由之；不可，使知之。"

译 孔子说："老百姓所为符合道义，就顺其自然；不符合道义，就教化使之明白。"

心 读

过去学者们几乎都把这句话翻译为"老百姓可以驱使去干，不能让他知道为什么"，并由此推断孔子主张愚民政策，维护统治阶级和既得利益者。我们只要拉开历史长焦镜头，就不难发现，这种理解大谬不然。

孔子如果主张愚民，那么他为何要开民办教育先河？为何要开贫民教育先河？为何要把教育从宫廷转移到民间？为何要招收类似于颜回这样穷得叮当响的学生？孔子是开启民智的自觉者。

孔子的教育行为是用教育改变人心，用教育改变人生，用教育改变社会。孔门七十二贤人绝大多数因为接受教育实现了从贫民到士甚至到大夫的社会地位转变，还有些优秀弟子用儒学改变社会，怎么可能主张愚民政策呢！孔子是以教育改良社会的实践者和力行者。

儒家以教为政的传统始于孔子，此章强调了教育的社会功能，说孔子主张愚民，其实根本没有读懂孔子。

8.10 动乱之源

> 子曰:"好勇疾①贫,乱也。人而不仁,疾之已甚②,乱也。"

注 ①疾:恨。②已甚:太过分。已,太。

译 孔子说:"喜好勇敢又痛恨贫穷,是祸害。对不仁之人过于痛恨,也是一种祸害。"

心 读

两千多年的王朝更替规律,证明了孔子这句话是正确的。中国历次农民起义,或多或少与贫穷有关。占山为王,基本上发生在贫穷的偏远地区。大城黑帮,其成员基本上也是穷人。如果大家都富裕了,谁去当土匪或黑帮?陈胜虽说是农民领袖,但是属于典型的"不仁之人",死于马夫之手,因其为人不宽厚。秦朝严刑峻法,把他们逼上绝路,造反是必然的。

孔子不仅对人性有着非凡的洞察力,对社会演变规律也有非凡的洞察力。当今社会矛盾如此尖锐,用发展来解决前进中的问题是明智之举,但是政治的清明仁厚也非常必要。

8.11 致命弱点

> 子曰:"如有周公之才之美,使骄且吝,其余不足观也已。"

译 孔子说:"就算有周公的才能和美德,假如骄傲自大而吝啬,其他方面就不值得看了。"

在上位如果骄狂傲慢，势必虐待下属和百姓。如果吝啬，势必不能施惠于民，势必与民争利，势必对下属和百姓刻薄寡恩。即使其余的方面有诸多可取之处，也不足道。儒家认为骄狂傲慢吝啬的背后，是内心缺乏仁。孔子说"其余不足观也已"的意思是：内心不仁厚是最致命的弱点，其它都不值一提。仁是儒家最高的道德标准和价值标准，也是人发展的最高境界，同时应该是教育的本质追求，是社会发展的理想形态。

8.12 以退为进

子曰："三年学，不至于榖①，不易得也。"

注　①不至于榖：心志没有转向做官。榖，古代以榖米作为官吏的俸禄，这里用"榖"字代表做官。

译　孔子说："学了多年，心志还没有转向做官，非常难得啊。"

心　读

有的学者认为本章应译为："学了三年，还不能做官，这比较少见。"显然属于望文生义，就像有人把"学而优则仕"惯性翻译成为"学习好了才能做官"一样。孔子主张"学而优则仕"，学有余力则应该做官，造福于社会。儒家重视道德，重视道义，重视学养，重视能力，学习多年还没有去追求俸禄，那是因为自觉功力未到，应该继续修炼。

现在社会日益浮躁，专心学术的人少之又少。果真有这种人，他一定会有机会实现自己的理想，或者能够推行自己的学术主张。事实上，只要不是书呆子，学习一定能够使自己成熟，一定能够成就自己。

经常听到年轻人抱怨，自己才高八斗，却总不能出人头地。对那些凭关系"进步"的人，十分鄙夷甚至于愤慨。我认为大可不必，只要还有口饭吃，就应当选择静下心来做学问做研究，"君子藏器于身"，方能"伺机而动"。再昏庸的领导，也要用贤人能人，除非他不要事业。再昏庸的企业主，也要用贤人能人，除非他不要企业。

基于这种认识，我在相对闲适的阶段，总是选择以退为进，集中精力做学问。我深知，当能力学养不胜任位置的时候，等待着你的必然是失败或不如意。当德行不够高尚的时候，就算是给你很高的位置，那也只是危楼入云，随时会轰然坍塌。

单纯从学术层面思考，如果知识分子读书做学问不为稻粱谋，那是民族之大幸也！儒家学术传承，需要这种求道者！中华民族复兴，更需要这种求道者！

8.13 进退由道

子曰："笃信好学，守死善道，危邦不入，乱邦不居。天下有道则见①，无道则隐。邦有道，贫且贱焉，耻也；邦无道，富且贵焉，耻也。"

注 ①见（xiàn）：同"现"。

译 孔子说："坚定信念，热爱学习，坚守正道，不入政局混乱的国家，不居社会动乱的国家。天下有道就出来做官，天下无道就选择隐居。国家有道而自己贫贱，是耻辱；国家无道而自己富贵，也是耻辱。"

心　读

儒家提倡慎独，讲究独善其身，维持人格独立，不随波逐流，不同俗自媚于众，不丧失自己的本心。所以，不去政局混乱的国家，不居社会动乱的国家。天下有道就从政，天下无道就隐居。

儒家的"隐"不同于道家的"隐"，道家的"隐"属于消极行为，儒家的"隐"则是以退为进，或者磨砺以须，修炼自己，或者以教为政，改变人心，改变社会。

当今社会，很多知识分子颇为迷茫：有道还是无道？该仕还是该隐？做官还是当教师？我认为：一要坚守本心，独善其身，出淤泥而不染；二要以退为进，潜心道德，潜心学问；三要积极作为，以个人影响他人，以教育改变社会。这就是儒家的入世情怀，这就是儒家的经世致用。

8.14 善于担当

子曰："不在其位，不谋其政。"

译　孔子说："不在那个职位上，就不随便谋划那职位上的事。"

心　读

孔子原意是：不在某个岗位，不在某个行业，就不要轻易谋划某个岗位或某个行业的事情。理由很简单：没有调查研究，就没有发言权。

很多地方的教育政策既不跟党走，也不遵循科学规律，而是跟"网"走。本来正确的决策，网络一炒作，为了避免麻烦，只好调整政策。我从事教育三十年，经常要面对不可理喻的质疑，做对牛弹琴式的解释，真的很累。并非人人都是教育家，但人人都是教育评论家。对教育一知半解者，常常左右中国的教育政策，真是民族和国家的悲哀啊！

但是，面对日益混乱的教育生态，面对日益残破的自然生态，面对日益腐败的政治生态，面对日益颓废的文化生态，我不在其位，能不谋其政吗？年轻一代，不在其位，能不谋其政吗？天下士人不在其位，能不谋其政吗？当然不能！

不在其位而欲谋其政，则需要学习，需要调查，需要研究。儒家不仅敢于担当，也要善于担当，这样理解这句话，才符合儒家精神。如果片面理解孔子这句话的意思，甚至借用这句话来推卸知识分子的社会责任，或作为良知泯灭的借口，那也真是不幸啊！

8.15 审美教育

子曰："师挚之始①，《关雎》之乱②，洋洋乎盈耳哉。"

注 ①师挚之始：师挚是鲁国的太师。"始"是乐曲的序曲。古代奏乐开端叫"升歌"，由太师师挚演奏，所以说是"师挚之始"。②《关雎》之乱："乱"是乐曲的终了。当合奏时奏《关雎》乐章，所以叫"《关雎》之乱"。

译 孔子说："从太师挚演奏的序曲开始，到最后演奏《关雎》作为结尾，丰富而优美的音乐在我耳边回荡。"

心读

孔子在赞美《关雎》的美妙音乐，我在思考如何加强审美教育。现在有些地方道教沦为扶乩算卦的工具，佛教沦为求财求色求发达的工具，甚至有人祭拜祖先的目的也在于求荫护。当灵魂无皈依，精神无寄托之时，以艺术陶冶净化灵魂，这是不错的选择，也是没有办法的选择。非常遗憾，中国大陆重视美育的学校并不太多，中小学音乐、美术课基本被边缘化，甚至被挤占，大学艺术课边缘化更严重。我期望艺术教育能够与语言、文学、文化教育融为一体，期待读过此章的中小学校长能在艺术教育上有所作为。

8.16 圣人无奈

子曰："狂①而不直，侗而不愿②，悾悾③而不信，吾不知之矣。"

注 ①狂：豪迈、激进。②侗（tóng）：幼稚无知。愿：谨慎、淳朴。③悾悾（kōng kōng）：诚恳的样子。

译 孔子说："激进而不正直，无知而不淳朴，貌似诚恳而不守信用，我真不知道这种人该怎么教育。"

心 读

"狂而不直，侗而不愿，悾悾而不信"都是性格中的极端方向：狂妄也罢了，偏偏又不正直。无知也就罢了，偏偏又不谨慎——可谓无知无畏。貌似忠厚也就罢了，偏偏没有诚信，不可信赖。上述情况都属于人格分裂，孔子不知道如何教育，不足为怪！放在两千五百多年后的今天，我也无可奈何！

教育改变命运，教育创造人生，但是教育也有无能为力的时候，也有无可奈何的时候，否则孔子不会有"人而无信，不知其可也""朽木不可雕也""唯上智与下愚不移"的迷茫。可贵的是孔子没有选择放弃，而是"知其不可而为之"。不放弃希望，不放弃信仰，不放弃责任，不放弃理想！

8.17 学习人生

子曰："学如不及，犹恐失之。"

译 孔子说："学习赶不上时代发展，恐怕会被时代遗弃。"

心 读

曾国藩"学如逆水行舟，不进则退"的思想恐怕源于此吧。从教育心理学的视域来理解孔子这句话，其意思是：学习的内容如果未达到巩固的程度，非常担心被遗忘掉。从社会学视域理解孔子这句话的意思是：学习如果赶不上时代的发展，就非常担心被社会所抛弃。两种理解孰是孰非，由读者取舍，我本人更趋向于后者，理由是孔子不仅是教育家，而且是哲学家、思想家，还是一个学而不厌者，曾经有过"逝者如斯夫"的沉重感慨。

8.18 德才匹配

子曰："巍巍①乎，舜、禹之有天下也而不与焉②。"

注 ①巍巍：崇高、高大。②舜、禹：禹是夏朝第一个国君。传说尧禅位给舜，舜禅位给禹。与：参与，引申为追求。

译 孔子说："多么崇高啊。舜禹得到天下，自己并未追求帝位。"

心 读

借古讽今，孔子所处时代弑君篡位成风，孔子反感，却无力阻止，更无力回天。所以，缅怀舜禹，赞美原始时代的禅让体制。

事实上，人生的发展遵循着德才匹配原则，德胜于才的人生可能是平淡的，才胜于德的人生可能是波折的，德才不胜的人生可能是平庸的，德高才俊的人生可能是精彩的。有天命的因素，有命运的因素，有努力的因素。努力的方向是加强自身的修为，努力为时代谋发展，努力为大众谋福祉，而不是不择手段地追求"进步"。

8.19 效法天道

子曰："大哉，尧①之为君也。巍巍乎，唯天为大，唯尧则②之。荡荡③乎，民无能名④焉。巍巍乎，其有成功也。焕⑤乎，其有文章⑥。"

注 ①尧：古代的圣明君主。②则：效法。③荡荡：广大。④名：形容、称赞。⑤焕：光辉。⑥文章：礼乐法度。

译 孔子说："伟大啊，尧作为君主。崇高啊，天最高大，尧效法天的高大。浩瀚啊，百姓们无法表达他的恩泽。伟大啊，他所建立的功绩；光辉啊，他所建立的礼乐法度。"

心 读

孔子再传弟子、孔子之孙子思评价孔子："祖述尧舜，宪章文武。"孔子怀着崇敬的心情，高度评价圣君尧的德行功业，既有对古人的向往，也有对现实的不满，还有对未来的期待。

"天何言哉，四时行焉，百物生焉"，尧之可贵在于"则天"，效法天道，用于政道，施与人道，造福百姓。虽然尧舜的故事都是传说，没有文字可考，但是并没有听说他们如何穷折腾百姓。

尧之成功也在于效法天道,他的功业,他的口碑,他的文化建树等,都是效法天道的成果。这对今天的政治家也颇有借鉴意义。

8.20 民治人治

舜有臣五人①而天下治。武王曰:"予有乱臣②十人。"孔子曰:"才难,不其然乎?唐虞之际③,于斯④为盛,有妇人焉⑤,九人而已。三分天下有其二⑥,以服事殷。周之德,其可谓至德也已矣。"

注 ①舜有臣五人:传说是禹、稷、契(xiè)、皋陶(yáo)、伯益五人。②乱臣:即"治乱之臣",治国之臣。③唐虞之际:史学家把尧在位的时代叫唐,把舜在位的时代叫虞。④斯:指周武王时期。⑤有妇人焉:指武王的乱臣十人中有妇人,即武王之妻邑姜。⑥三分天下有其二:《逸周书·程典篇》记载:"文王合九州之侯,奉勤于商。"相传当时天下分为九州,文王得六州,是为三分之二。

译 舜有五位贤臣,而天下被治理好。周武王也说过:"我有十个具备治理国家才能的贤臣。"孔子说:"人才难得,难道不是这样吗?尧舜以来,周武王时期人才最盛,贤臣中还有妇人,男的实际上有九人。天下九州,文王拥有三分之二,仍然事奉殷朝,周朝的德可算是最高境界了。"

心 读

孔子推崇原始氏族社会阶段的"公天下"的社会体制,从孔子重建民本思想、倡导民本政治、实践生本教育的路径看,孔子骨子里是民主主义者,而绝不是专制主义的始作俑者。原始氏族体制认真考究起来,既不是完全的专制,也不是完全的民主,而是专制民主的折中，是人治和民治的统一。

天下之治，关键在人。古今皆然：周文王渭水之滨礼姜尚，得天下；刘邦有"运筹帷幄之中，决胜千里之外"的张良，有"镇国家，抚百姓，给馈饷，不绝粮道"的萧何，有"连百万之军，攻必克，战必胜"的韩信，从而得天下；曹操聚天下英才得天下。反之不然：成汤数百年基业，毁在商纣王弃贤臣不用；项羽英雄盖世，百万军中取上将首级如探囊取物，可惜一个智者范增都不肯重用，江山易手，自刎乌江，结局必然。国外如是：林肯重用格兰特将军，获得南北战争的胜利，奠定美利坚民主政权的基础；普京总统让打断脊梁骨的俄罗斯重振雄风，而叶利钦却让庞大的苏联共和国大厦轰然坍塌。

我强调人才的重要性，不是推崇人治，更不是反对民治。恰恰相反，民治、人治本质上是统一的，甚至是同一的。民治的特点是充分发挥所有民众的聪明才智，让所有人才各有其位，各尽所能，各显其才。

中国教育事业的成败，关键在于人才。中国要解决当前诸多困难，关键在于人才。中华民族的复兴，关键在于人才。什么时候社会管理的体制机制，能够做到"人尽其才，物尽其用"，什么时候就是中华盛世。阶层固化、利益固化、人才通道固化的体制机制，恐怕造就的不是人才，而是成千上万的奴才。引用邓小平同志的话做结论："不改革，死路一条。"

8.21 领袖风采

子曰："禹，吾无间①然矣。菲饮食而致孝乎鬼神②，恶衣服而致美乎黻冕③，卑宫室而尽力乎沟洫④。禹，吾无间然矣。"

注 ①间：空隙。动词。②菲：菲薄，不丰厚。致：致力、努力。③黻（fú）：祭祀时穿的礼服。冕（miǎn）：这里指祭祀时戴的帽子。④卑：低矮。洫（xù）：沟渠。

译 孔子说："禹，我没有什么可挑剔。饮食很简单，而尽力祀奉祖先，平时衣着简朴，而祭祀时华美庄重。宫室很低矮，而致力于修治水利事宜。对于禹，我确实找不到毛病啊。"

心　读

饮食简单，祭祀祖先却丰盛。衣着简单，祭祀却华美庄重。住房低矮，却致力于兴修水利。孔子所描绘的大禹，我们似曾相识，令人肃然起敬。这因为伟大的传统必有深远的智慧，无论是政治的、伦理的，还是情感的优秀传统，都要传承、发扬、创新，民族才能走向辉煌。动不动就糟蹋和作践自己民族文化，尤其是糟蹋和作践优秀传统的民族文化，是没有希望的民族，更不要奢谈民族复兴！

9.1 仁也是利

子罕言利，与命与仁。

译 孔子很少谈到利益，却赞成天命和仁德。

心 读

"子罕言利"是因为当时天下"交相争利"，不能证明孔子不重视利。一定要取舍，可以认为孔子把"仁"看得比"利"更重要。

纵观《论语》全篇，孔子很少直接谈利益，很少讲利害关系，也正是因为孔子没有对周游列国见过的君王讲清楚利害关系，在眼前利益高于一切的春秋时代，孔子很难得到诸侯的重用，即便重用也因为遭到追名逐利者的排斥，不得不选择离开。其实，"仁道"对民众的利益，是国家的长远利益，所以，换一个角度讲，孔子只是很少谈眼前利益，但对民众和国家的长远利益，孔子十分执着。

现在追名逐利绝不亚于春秋时代，如果只讲仁义，不讲利益也很难生存。作为儒家研究者和教育研究者，假如不讲清楚儒家文化与现代教育的利害关系，很难让人心悦诚服地传承儒家精神和传统。

9.2 大哉孔子

达巷党人[1]曰:"大哉孔子。博学而无所成名。"子闻之,谓门弟子曰:"吾何执? 执御乎? 执射乎?吾执御矣。"

注 [1]达巷党人:古代五百家为一党。这是说达巷这地方的人。

译 达巷有人说:"孔子真伟大啊。他学问渊博,却并没有哪项专长名扬天下。"孔子听说了,对他的学生说:"我的专长是什么? 驾车呢? 还是射箭呢? 我驾车好了。"

心 读

孔子是巨人,不是巨匠。孔子谋划的是人的发展,是社会的进步,解决的是人类生存的精神问题而非物质问题。

孔子所处的时代,社会分工远没有今天这么精细,农业技术、生活技艺口耳相传就已经足够维持人类的生存,所以,劳动课程不够丰富,无可厚非。

孔子是中国传统文化,尤其是儒家文化的集大成者,起着承先启后的作用,所以,孔子是通才而不是专才。如果孔子执着于驾车,或者执着于射箭,他可能成为驾车高手或者射箭高手,而不会成为儒家学说的创始人。孔子的回答,没有鄙夷专才,倒有几分谦逊和幽默。

9.3 礼贤下士

子曰:"麻冕[1],礼也;今也纯[2],俭[3],吾从众。拜下[4],礼也;今拜乎上,泰[5]也。虽违众,吾从下。"

注 ①麻冕：麻制成的帽。②纯：丝绸，黑色的丝。③俭：俭省。麻冕费工，用丝则俭省。④拜下：礼遇下位者。与下文"拜上"正好相反。⑤泰：骄纵、傲慢。

译 孔子说："用麻制成帽，符合于礼；现在用黑丝绸制作帽子，比过去节省了，我认同众人的做法。古时君王礼遇贤士，这符合礼；今天君王只接受臣下的礼拜，君王对处于下位的贤士颇为傲慢。虽然大家习以为常，但我还是坚持认为君王应该礼贤下士。"

心　读

恐怕只有我做如此解读，但我坚持。孔子仰慕的是西周文化精彩，是上古文化精彩，西周文化抑或上古文化精彩之处在于以人为本，在于礼贤下士。

孔子最为称道的周文王，渭水之滨礼遇姜尚，在中国历史上传为美谈。孔子高度评价周公旦制礼作乐。周公求贤若渴"一沐三握发"，沐浴过程中，只要听说有贤才（肯定都在下位）到来，立即终止沐浴，手握头发出来与贤者相见，如是者三！也因为求贤若渴"一饭三吐哺"，一顿饭没有吃完，听说有贤者到，立即吐掉没有咽下的食物，以礼待贤者，如是者三！

"拜下"的传统传到汉代有传承：刘邦登台拜将、刘备三顾茅庐。可惜"犹恐失天下贤"的传统至今已不多见。

9.4 似易实难

子绝四——毋意①，毋必②，毋固③，毋我④。

注 ①意：同"臆"。②必：必定，主观武断。③固：固执，过分执着。

④我：自以为是。

译 孔子杜绝了四种弊病：不猜测臆断，不主观武断，不执着固执，不自以为是。

> **心　读**

不猜疑，不武断，不固执，不自负。果能如此，境界已高。现代人如果能做到这四点，不成功也潇洒。不猜疑，所以自己心不累；不武断，所以不会出现要命的判断失误或决策失误；不固执，所以条条大道通罗马；不自负，所以从善如流，所以驾驭局面于无形，诚如老子所言"太上，不知有之"，最高的管理境界，就是被管理者并不觉得有管理者的存在。反躬自问，似易实难，尚需努力。

9.5 文化自信

> 子畏于匡①，曰："文王②既没，文不在兹③乎？天之将丧斯文也，后死者不得与于斯文也④；天之未丧斯文也，匡人其如予何⑤？"

注 ①匡：地名。②文王：姬昌，古代圣贤，周文王。③兹：这里，孔子自己。④后死者：相对于周文王，指孔子自己。与：同"举"，掌握。⑤如予何：奈我何，把我怎么样。

译 孔子被匡人围困。他说："周文王死了以后，文化不在我这里吗？上天如果想要消灭这种文化，那我就不可能掌握这种文化了；如果上天不消灭这文化，匡人又能把我怎么样呢？"

> **心　读**

这一则应当与"天生德于予，桓魋其如予何"联系起来品读。

　　孔子是中国文化起承转合最重要的人物，富有强烈的历史使命感和文化使命感，因此也诞生了强烈的文化自信。这种自信，是中国文人宝贵的传统。类似于武术高手对武道的自信，围棋高手对棋道的自信，甚至有过之而无不及。

　　这种传统也是中国文化，尤其是儒家文化传承的精神动力。儒家文化经历了洋务运动、五四运动、资产阶级民主运动、新民主主义运动，文化大革命运动，脊梁骨都被打断了，但凭着马一浮、熊十力、梁漱溟、钱穆、唐君毅、牟宗三等一班儒者的文化自信，经历了花果飘零到返本开新的涅槃。除了文化自信外，我认同孔子的天命感，所以，我读《论语》，传播儒家精神，重构优秀文化传统。

9.6 君子多能

> 　　太宰①问于子贡曰："夫子圣者与？何其多能也？"子贡曰："固天纵②之将圣，又多能也。"
>
> 　　子闻之，曰："太宰知我乎？吾少也贱，故多能鄙事③。君子多乎哉？不多也。"

注 ①太宰：官名，掌握国君宫廷事务。②纵：不加限量。③鄙事：卑贱的事情。

译 　　太宰问子贡说："孔夫子是圣人吧？为何如此多才多艺呢？"子贡说："这本是上天让他成为圣人，而且使他多才多艺。"

　　孔子听到后说："太宰了解我吗？我少年时地位低贱，所以会许多技艺。这些技艺对君子来说是多余的吗？不是。"

心　读

　　孔子不认为自己天生聪明，孔子不认为自己是圣人，孔子也不认为圣人是天造就的，恰恰相反，是实践造就的，是积累而成的。这从孔子对舜的推崇可以看出来，舜命途多舛，成长过程中不断遭受挫折，不断蹉跌，最终成大业。

现实中，阶层固化严重，寒门难出贵子，读书无用，勤奋无用，拼搏无用，挫折不成财富，多才多艺也难改变命运，这倒是当今儒者必须思考、必须面对、必须想方法改变的局面。

9.7 资历财富

牢曰："子云：'吾不试①，故艺'。"

注 ①试：用。

译 牢说："孔子说：'我年轻时没有做官，所以会许多技艺'。"

心 读

年轻时没有做官，所以才多艺。孔子的资历决定了，孔子选择官员，宁愿选择贫民而不是贵族。

现在的有些公务员，除了"当官"什么都不会，这是百姓之大不幸。有些公务员，走的是从学校一步到机关的道路，没有基层经验，没有独当一面，没有做实事的历练，最终就是除了"当官"什么都不会。什么都不会倒不可怕，可怕的是还以为自己什么都会，固执己见，误人误己，误国误民！

9.8 叩其两端

子曰："吾有知乎哉？无知也。有鄙夫①问于我，空空如也②。我叩其两端而竭焉③。"

注 ①鄙夫：地位低下的人，或乡下人。②空空如也：指孔子心中茫然无知。③叩：询问。两端：两头，正反、始终、上下两方面。竭：穷尽、尽力追究。

译 孔子说："我有足够的知识储备吗？没有。有乡下人来问我，我对他的问题一无所知。我于是询问事情的来龙去脉，根据事情的本末、始终、正反探讨，才搞清楚这个问题。"

心 读

孔子虽然被称为博学之士，虽然被赞誉"何其多能也"，但并非生而知之。可贵的是孔子虽然没有足够的知识储备，但是却有诚恳谦逊的态度，有分析问题、解决问题的思路和方法，这是智慧。

孔子时代要穷尽一切知识不可能，现代社会，信息爆炸，知识爆炸，要穷尽某一学科的知识尚且不可能，更不用说全部。生也有涯，知也无涯。贵在有思想，有思路，有方法，尤其是要有态度。强不知以为知，谬种流传，误导苍生，圣人不耻，君子不为。

9.9 无力回天

子曰："凤鸟①不至，河不出图②，吾已矣夫。"

注 ①凤鸟：古代传说的神鸟。传说在舜和周文王时代都出现过，象征着"圣王"将要出世。②河不出图：传说上古伏羲氏时代，黄河中有龙马背负八卦图而出，象征着"圣王"将要出世。

译 孔子说："凤鸟不来了，黄河中也不出现八卦图了。我也无能为力了啊。"

心 读

我无法论证孔子是有神论者还是无神论者，但是我能分明感觉到孔子内心深处存在着天命感。孔子强调人的主观努力，逆势而上，拼了一生，却生不逢时，未能再造盛世。他不得不承认天命，把这归之于天命，感叹：凤鸟不至河无图，圣君不出无奈何。虽然"明知不可而为之"，但只因圣君未出现——遇到的诸侯不明白儒家为民之学本质上也是为王之学、为天下之学，所以理想无法实现。眼看无力回天，不免有沧桑之叹。

纵观孔子一生，虽然复兴使命没有完成，但是传承文化的成就却彪炳千秋，孔子所开创的人本思想、民本政治、生本教育、人道主义、仁道理念、王道理想，引导后来的中国逐步从蒙昧走向光明。

9.10 敬畏生命

子见齐衰①者，冕衣裳者与瞽者②，见之，虽少必作③，过之必趋④。

注 ①齐衰（zī cuī）：丧服，用麻布制成。②冕衣裳者：祭祀用的礼服。瞽（gǔ）：盲。③作：站起，表示敬意。④趋：快走，表示敬意。

译 孔子遇见穿丧服的人，穿祭祀服装的人和盲人时，即使这些人比自己年轻也一定要站起来，从他们面前经过时一定要快步走过以表示敬意。

心 读

古人认为生死是大事，生命对每个人只有一次，生命的消失殊为可惜，所以遇到穿丧服的人，悲从中来。出于对天、对神、对逝者的尊敬，遇到穿祭祀服装的人，肃然起敬。源于对弱者的同情，遇到盲人，油然而生怜悯之心。

孔子敬天、敬神、敬生命，孔子对天命和神的敬畏，最终落实到对生命的尊重。这是儒家精神的精髓，也是中国人文精神的要义，值得传承，也必须传承，否则我们拿什么去实现中华民族的伟大复兴？

9.11 人格教育

颜渊喟①然叹曰："仰之弥②高，钻③之弥坚，瞻④之在前，忽焉在后。夫子循循然善诱人⑤，博我以文，约我以礼，欲罢不能。既竭吾才，如有所立卓尔⑥。虽欲从之，末由⑦也已。"

注 ①喟（kuì）：叹息声。②弥：更加。③钻：钻研。④瞻（zhān）：看。⑤循循然：环环相扣。诱：引导。⑥卓尔：超群。⑦末由：没有办法。末，无。由，路径。

译 颜渊感叹地说："老师的道德学问，我抬头越仰望越觉得高，我努力钻研，越钻研越觉得深不可测，看见在前面，忽然又到后面去了。老师善于环环相扣引导我，用各种典籍来丰富我的知识，用各种礼节来约束我的言行，使我想停止学习都不可能。充分发掘我的聪明才智，使我建树超群。虽然我想要追随上去，却找不到路径啊。"

孔子对颜渊的道德、学问的影响至广至深，这种近距离的人格影响和学养熏陶，现在通过虚拟手段绝无可能达到如此效果。

人造大学城模式，配套跟不上，文化跟不上，管理跟不上，师生分处，除了上课，无法谋面，如何能够达到预期的教育效果？

教育的本质是精神活动，是净化灵魂的活动，是提升生命品质的活动，但是如果抛弃了精神追求，仅注重知识堆积与智力开发，仅注重职业技能技术训练，这样的教育，是最糟糕的教育，是误人子弟的教育，也是毁坏一个民族未来的教育。

孔子的教育塑造人格，养护灵魂，所以，发人深省，感人至深，催人奋进。

9.12 性情中人

子疾病，子路使门人为臣①。病间②，曰："久矣哉，由之行诈也。无臣而为有臣，吾谁欺？欺天乎？且予与其死于臣之手也，无宁③死于二三子之手乎！且予纵不得大葬，予死于道路乎？"

注　①臣：指家臣。孔子当时没有家臣，但子路叫门人充当孔子的家臣，准备安葬孔子之事。②病间：病情减轻。③无宁：宁可。

译　孔子患了重病，子路派了门徒去作孔子的家臣料理后事。病情有所好转了，孔子说："很久啦，仲由干这种弄虚作假的事情。我没有家臣却装作有，我骗谁呢？我骗上天吧？与其在家臣身边死去，毋宁在学生身边死去！况且即使我不能以大夫之礼安葬，难道就会死于道路吗？"

心　读

儒家重生死，重的是情义，而不是排场。与其讲排场，毋宁讲真情。孔子反对子路以大夫的规格葬自己，应该是本性使然，绝对不是出于对于礼的维护。有学者攻击说，孔子至死也要维护礼教，显然属于望文生义。

此外，孔子反对以大夫之礼葬自己，还有一个重要原因：孔子太爱自己的学生了，师生之情远深于主仆之情。

在此，读出了一个率真的孔子，一个诚实的孔子，一个节俭的孔子，一个热爱学生的孔子，也是一个深受学生尊敬的孔子。正因为如此，两千五百多年过去了，他依然活在中国人心中。

9.13 待贾而沽

子贡曰："有美玉于斯，韫椟①而藏诸？求善贾而沽诸②？"子曰："沽之哉，沽之哉。我待贾者也。"

注 ①韫椟（yùn dú）：柜子。②善贾：识货的商人。沽：卖出去。

译 子贡说："这里有块美玉，是收藏在柜子里呢？还是找识货的商人卖掉呢？"孔子说："卖掉吧，卖掉吧。我正在等着识货的人来买呢。"

心　读

孔子的学校是当时中国境内的最高学府，孔子是校长兼教师，孔门师生之间的对话，也常常充满幽默与含蓄。

子贡以美玉比恩师，老师哪里听不出来呢？孔子是真诚之人，是性情中人，当子贡问老师：这么好的美玉，是自家独自收藏起来呢，还是找个识货的人卖掉。孔子立即回答：卖掉吧，卖掉吧，我正等着好价钱！有人说从这里可以判断孔子一心想做官，其实这正是儒家积极入世的精神体现。"君子藏器于身，伺机而动"讲的是对机遇的把握，有道则仕，无道则隐。

"待贾而沽"体现了儒家在入世过程中的价值判断，要做官就做个能做事的官，做个能发挥自己长处的官，做个能够造福民众的官。如果在其位，无法谋其政，无法造福于民，纯粹被豢养，这样的官，孔子不屑去做。

9.14 何陋之有

> 子欲居九夷①。或曰："陋，如之何？"子曰："君子居之，何陋之有？"

注 ①九夷：古代对东方少数民族的通称。

译 孔子想到九夷居住。有人说："那里闭塞落后，怎能居住呢？"孔子说："君子住在那儿，就不再闭塞落后了。"

心 读

这一章要与"道不行，乘桴浮于海"结合起来理解，这是孔子主张久不被采纳的沉重感叹，也有可能是孔子在中原地区推行不了自己的主张，想去"九夷"尝试一下，毕竟孔子还是相信教化的力量。

后世韩愈被贬潮州、苏轼被贬海南、王阳明被贬贵州，都积极教化百姓，开风气之先，彻底改变了当地的文化环境，由此可见，孔子"何陋之有"的自信有道理、有把握。自立的学者，应当有用自己学术影响当世的自信！自信的儒者，应当有用学术和教育改变后生和社会的追求！

此外，此章也可以与刘禹锡的《陋室铭》联系起来研习，方能体会文化的力量，感受大师的魅力，"山不在高，有仙则名；水不在深，有龙则灵"就是"君子居之，何陋之有"的唐代注释。

9.15 各得其所

> 子曰："吾自卫反鲁①，然后乐正，《雅》《颂》各得其所。"

注 ①自卫反鲁：鲁哀公十一年冬，孔子从卫国返回鲁国。

译 孔子说："我从卫国返回到鲁国以后，整理乐曲，《雅》乐和《颂》乐各有所用。"

心 读

孔子周游列国十四年，对各地的音乐艺术进行了实地考证，回到鲁国有能力整理《诗经》的配乐，使《雅》乐、《颂》乐各有其用处。孔子因为周游列国，四处碰壁，才知道"凤鸟不至河无图"，英雄终无用武之地。所以回国之后，潜心文化，致力教育，最终完成了中国文化起承转合的重要使命，也成就了自己作为教育大家的地位。

周游列国于政治无所建树，于文化则大有裨益。假如没有周游列国的经历，孔子也成不了儒家学说的创始人，也成不了大师和文化巨人。正如梁启超、王国维不到日本，赵元任不到美国，陈寅恪不到欧洲，蔡元培不游学德国，他们成不了大师一样。所以，教师有条件，要经常出境游学，拓展视界。条件次一等，可以在国内游学，与同道交流切磋，开阔眼界。眼界决定境界，古今皆然。

9.16 平常功夫

子曰："出则事公卿，入则事父兄，丧事不敢不勉，不为酒困，何有于我哉？"

译 孔子说："在外尽忠，在家孝悌，治丧尽力，喝酒自控，我做到了哪些呢？"

心　读

细微之处见修养，平淡之中见功夫。儒家讲究积善成德，日常工作，平常生活，能够把持，危难之时，不失本色。君子不欺暗室，君子慎独，君子反求诸己，这就是儒家的修身路径。读到"不为酒困"，联系《论语·乡党第十》中"惟酒无量，不及乱"，可以判断孔子酒量很大，但是自控能力很强，不为酒困，不为酒乱。

我自己不胜酒力，有些场合免不了小酌，但是每次小酌至少浪费一个晚上，读书读不进，写作写不出，虚度光阴。我深知生命的唯一性，时间的不可逆性，即便是偶尔为酒所困，都会深深自责，如今几乎滴酒不沾，挤出了不少时间读书、思考、写作。

9.17 不舍昼夜

子在川上曰："逝者如斯夫，不舍昼夜。"

译 孔子在河边说："消逝的时光就像这河水一样，昼夜永不停息。"

一千个读者一千个哈姆雷特，一千个人读这句富有哲理的话，可能有一千种不同的感受。

消极理解：青春易逝，一如河水，一去不回！中性理解：时光易逝，一如河水，永不停息！积极理解：人生精彩，一如河水，永远向前！哪一种对呢？我觉得都对，不同的时候可能有不同的理解，心情使然，境况使然，境界使然。所以，人们读到这句无需注释的话，或怅然若失，或若有所思，或精神振奋。

我读到这句话，多数时候却是有些伤感和忧郁。少年时候，家境贫寒，读书勤奋，夜以继日，有一种恐惧，怕时间用不好！青年时候，边工作边学习，手不释卷，疲倦至极，不肯睡去，也是恐惧，怕时间不够用！中年之后，工作繁忙，负担繁重，学习时间越来越少，千方百计挤时间学习，更深一层恐惧，怕挤出时间也无法高效利用——视力、体力、精力都不如青年时期。品读此句，无限感慨：盛年难再，只争朝夕！

9.18　好德之难

子曰："吾未见好德如好色者也。"

译　孔子说："我没有见过如好美色一样好德的人。"

好色是人的本性，发乎真诚，普遍而容易。好德却不是人的本性，而是自我修为，需要外在的约束力量，更需要内在的控制力量。虽然仁德属于本心本性，但是经历世俗污染的心灵，要实现"复性"目标，也需要付出外在的努力。

随着年龄的增长，自己越来越包容，越来越平和，越来越谦和，主要得益于几十年如一日的读书，尤其是近十年研究儒家经典，每天"三省吾身"，逐步达到三十岁后心中无恨、四十岁后心中有爱的境界。

孔子讲这句话，期待的是人们对道德修养的执着一如对美色的执着，诚如是，则格物、致知、诚意、正心、修身、齐家、治国、平天下可为。遗憾的是，很多人在美色面前迷失了本性，迷失了信仰，迷失了理想，所以最终能够"治国、平天下"者寥寥。

9.19 成败由己

子曰："譬如为山，未成一篑①，止，吾止也。譬如平地，虽覆一篑，进，吾往也。"

注 ①篑（kuì）：土筐。

译 孔子说："譬如用土堆山，只差一筐未完成，这时停下来，那是我自己要放弃啊。譬如平地堆山，虽然只倒下一筐土，也决定继续下去，那是我自己要坚持啊。"

心 读

孔子以堆土成山设喻，说明功亏一篑还是持之以恒，往往在一念之间，成败由己不由人，成败由己不由天。

荀子更加晓畅地阐述了这种思想："骐骥一跃，不能十步；驽马十驾，功在不舍。锲而舍之，朽木不折；锲而不舍，金石可镂。"

儒家学说是修己之学，修养心性，率性修道，不断成长，不断成熟，直至成功。成败在己，不在他人，也不在天。

9.20 知行合一

子曰："语之而不惰者，其回也与。"

译 孔子说："我讲完之后，能毫不懈怠付诸实践的弟子，只有颜回一个人吧。"

心 读

学习后不倦地付诸实践，见诸行动，这就是孔子所谓"好学"。孔子强调知行合一，理论与实践的统一，德与行的统一，所以孔子评价颜回是好学者。知行合一，还必须是思想植根于心，实践见诸于行，并成为道德自觉、行为自觉。

当代道德教育最大的问题是两个。其一是道德与行为的脱节。道德不仅仅是精神范畴，而且是思想和行为的统一，是伦理精神与伦理规范的统一，是精神境界和社会实践的统一。其二是道和器的分离。儒家所推崇的应该是道和器的统一。以教师为例，勤奋是德的品质，但是仅仅勤奋不是道，如果没有先进的理念和方法，越勤奋越误人子弟。仁爱是道德品质，但是如果爱之失当，则变成溺爱，爱得越深，误人子弟也越深。

正因为如此，孔子提倡道德与行为的统一，道和器的统一。按照这样的路径修养，人才会走向成熟和成功。

9.21 坚持不懈

子谓颜渊曰："惜乎！吾见其进也，未见其止也。"

译 孔子谈到颜渊时说："可惜呀！我只见他不断前进，从来没有看见他停止过。"

┌─────────────────┐
│ **心   读** │
└─────────────────┘

人生苦短，当如颜子，好学不止。我曾经不止一次说过，孔子是终身学习思想的首创者。孔子描绘的"吾十有五而志于学，三十而立，四十而不惑，五十而知天命，六十而耳顺，七十而从心所欲不逾矩"其实就是终身学习的人生轨迹。教师需要终身学习，学生更需要养成终身学习的习惯。

9.22 不言放弃

子曰："苗而不秀①者有矣夫。秀而不实者有矣夫。"

注 ①秀：稻、麦等庄稼吐穗扬花叫秀。

译 孔子说："庄稼出苗而不能结穗，这种情况有。结穗而没有形成饱满的果实的情况也是有的。"

┌─────────────────┐
│ **心   读** │
└─────────────────┘

孔子在设喻，告诉学生：孜孜不倦地坚持才会有成果，才会获成功。积水成渊，积土成山，积善成德。道德修养如此，做学问亦如此。浅尝辄止，半途而废，将会一事难成。

9.23 后生可畏

子曰："后生可畏，焉知来者之不如今也？四十、五十而无闻焉，斯亦不足畏也已。"

译 孔子说："年轻人值得敬畏，怎么就知道后生不如前辈呢？如果到四五十岁时还没有成名，那就不值得敬畏了。"

心 读

老师敬畏生命，敬畏后生，敬畏学生，因为学生里或许就有毛泽东，有华盛顿，有爱迪生，有钱学森。

其次，年长者要敬畏年轻教师，因为年轻者虽然经验不如长者，但是他们有青春，有激情，有闯劲，有冲劲，有后发优势。"江山代有才人出，各领风骚数百年"是消极的表述，"后浪推前浪，新人胜旧人"是积极的表述。

在"人生七十古来稀"的古代社会，虽然有大器晚成者值得敬畏，但是四五十岁仍然没有接近道，那就真的不值得敬畏了。

在我看来，四五十岁没有接近道不可怕，可怕的是没有求道之心、求道之志，如果有，那也值得敬畏。因为现代人寿命长了很多，四五十岁不过是中青年而已。

9.24 贵在自知

子曰："法语之言①，能无从乎？改之为贵。巽与之言②，能无说乎？绎③之为贵。说而不绎，从而不改，吾末④如之何也已矣。"

注 ①法语之言：以礼法规则正言规劝。法，礼仪规则。②巽与之言：以恭顺赞许的话规劝。巽，恭顺，谦逊。与，称许，赞许。③绎：原义为"抽丝"，引申为分析，鉴别。④末：没有。

译 孔子说："符合礼法的规劝，能不听从吗？改正才可贵。恭维赞许的话，能不令人高兴吗？能鉴别才可贵。高兴而不加鉴别，听从而不改正，我不知道把这类人怎么办啊。"

心　读

《论语》能够流传至今，绝不是像我这样的研究者所能决定的，关键是《论语》源于生活，高于生活，所讲的都是平常的道，平常的理，平常的礼，设喻平常，说理平常，所以两千五百年过去了，即使不用注释，连小学文化程度的人也可以：多读几遍，其义自见。

9.25 过勿惮改

子曰："主忠信，毋友不如己者，过则勿惮改。"

（此章重出，见1.8。）

9.26 志不可夺

子曰："三军可夺帅也，匹夫不可夺志也。"

译　孔子说："军队，可以夺去主帅，百姓，不可以强迫其改变志向。"

心　读

学者尤其要有自己的独立人格和独立的学术品质。不唯上，只唯实。不畏权势，只为真理。如是，则中华民族可以走出今天的困境。

讲到百姓不可以强迫其改变志向，很多人或许不认可。但是，历史的事实就是如此，任何时候如果强迫老百姓接受违背人本或天理的思想观念，统治者可以威风一时，不可威风一世。

比如暴秦之焚书坑儒，以法家之思想为统摄，以法家之法律为准绳，弄得社会没有人情，没有仁义，没有人性，结果可想而知。太平天国中天王可以结婚，可以三宫六院，百姓夫妻同住都不行，这样的王朝能够维持很久？结局已经成为历史。

此则可以从两个方面去理解：即使是百姓，其志向坚定，也不容易改变；作为统治者，不应当、也不可以逆民意而动。

9.27 向道而生

子曰："衣敝缊袍①，与衣狐貉②者立而不耻者，其由也与！'不忮不求，何用不臧③？'"子路终身诵之。子曰："是道也，何足以臧？"

注 ①衣：穿。敝缊（yùn）袍：破旧的丝棉袍。敝，坏。缊，旧的丝棉絮。②狐貉：裘皮衣服。③不忮（zhì）不求，何用不臧：见《诗经·邶风·雄雉》。忮，嫉妒。求，贪求。臧，善，好。

译 孔子说："穿着破旧的丝棉袍子，与穿着狐貉皮袍的人站在一起而不自卑，大概只有仲由才可以吧！'不嫉妒，不贪求，哪能说不好呢？'"子路终身诵读这诗句。孔子又说："仅仅如此，怎么能够好起来呢？"

心 读

表扬子路的进步，又鞭策其继续前进，自强不息。儒家教育立足于生活，前面对子路的肯定，选择了一个非常具体的形象：子路破衣烂衫，站在衣着华丽的人群中，也不觉得自卑。这不是阿Q精神，而是一种人格独立，精神独立，信仰独立。

儒家教育是终身教育，既有他教，也有自觉。在没有离开学校的时候，当然是他教。孔子教诲子路就是这样，有了进步及时予以肯定；当自我感觉良好时，及时予以鞭策。此外，子路终身诵读《诗经》中的"不忮不求，何用不臧"，其实就是一种自我教育，是道德自觉。

9.28 松柏后凋

子曰："岁寒，然后知松柏之后凋也。"

译 孔子说："天气寒冷了，才知道松柏最后凋谢啊。"

心 读

君子如松柏，岁寒依然绿。这是哲学智慧，可依此类推：疾风知劲草，患难见真情，国难思良将……这已经成为中国文化传统。知识分子中的精英，往往在乱世之中可以守护心田，保持节操，维持信仰。儒者的坚持可歌可泣，可敬可佩。

9.29 儒家道德

子曰："知者不惑，仁者不忧，勇者不惧。"

译 孔子说："智慧者不迷惑，仁德者不忧虑，勇敢者不恐惧。"

心 读

"智、仁、勇"是儒家道德传统范畴，可见儒家道德内涵丰富，其中包含"智"，这恐怕是现代很多人没想到的。

儒家传统中的"道德"二字是"道"＋"德"的整体境界。以教师而论，所谓"道"就是教师在教育理想、教育思想、教育理念以及教学思想、方法、技能等方面的修养境界。所谓"德"就是教师在教育教学行为中表现出的相对稳定心理惯性、品质和人格特征。"道"和"德"二者相互依存，互为整体，须臾不可分。

怎样理解"道"和"德"二者的不可分离性呢！比如教师的道德，如果仅仅理解为师德那就失之偏颇，甚至会误导教师，如果教师"道"的修炼不够，没有理想，没有思想，没有理念，没有学识，仅有热爱不成其为德——可能会成为溺爱。仅有勤奋不成其为德——可能做得越多错得越多。仅有严谨不成其为德——可能是窒息与压抑、压制。

本章可以理解为：道德高尚者不会迷惑，因为他充满智慧。不会忧虑，因为他仁厚包容；不会恐惧，因为他坚定勇敢！

9.30 儒学权变

子曰："可与共学，未可与适道①；可与适道，未可与立②；可与立，未可与权③。"

注 ①适道：志于道，追求道。适，往。②立：坚持道。③权：秤锤。引申为权衡轻重。

译 孔子说："一起学习的人，未必都能悟道；能够悟道的人，未必能够坚守道；能够坚守道的人，未必能够随机应变。"

心 读

儒家并非如宋代伪儒学那样僵化，面目可憎，而是随机应变，甚至是与时俱进。孟子说"嫂溺，援之以手，权也"，此之谓也。

我认为，儒家以人为本，尊重人性，弘扬人道；只要没有违背儒家根本，儒家思想就应当随着时代发展而发展。

本着实用理性追求，"援西入儒"是儒家思想现代化的正确路径。因为原生态儒家治世路径中，有人道、有民本，但是没有民主路径，没有实际操作层面的经验，这正是现代文明所需要的。董仲舒"君为臣纲、父为子纲、夫为妻纲"是儒学的异化。程颐、朱熹的"存天理灭人欲"更是儒学的反叛；程颢、陆象山、王阳明心学一脉是对原始人本儒学的发展，而马一浮、熊十力、梁漱溟三位倡导"援西入儒"是儒学发展的标志，意味着真正进入新儒学时代。

9.31 天涯比邻

"唐棣①之华，偏其反而②。岂不尔思？室是远而③。"子曰："未之思也，夫何远之有？"

注 ①唐棣：一种植物。②偏其反而：形容花摇动的样子，捉摸不定的样子。③室是远而：住的地方太远。

译 "唐棣花啊，翩翩摇摆。岂能不想念呢？只因家住得太远了。"孔子说："他没有真想念，如果真想念哪会有什么遥远呢？"

心　读

学界认为此则最为晦涩，其实不然，借民歌抒发感慨，只要真心真情，共振共鸣，就无所谓远近！这种体认被初唐四杰之一的王勃写成了千古名句："海内存知己，天涯若比邻。"

孔子被后世人誉为圣人，但孔子公开谦称"若圣与仁，则吾岂敢"，孔子有正常人的情感，有真情，真心，真诚，所以置《关雎》于《诗经》卷首。无需知道这四句古诗的源头，孔子编撰《诗经》仅收录了305篇，于散佚的多数诗篇中，还记得几句，由此起兴，有感而发，意味深长。

人生只有两样永恒：一是思想，二是情感。思想以理性方式流传后世，情感以艺术方式流芳百世。

10.1 儒者风度

孔子于乡党，恂恂①如也，似不能言者。其在宗庙、朝廷，便便②言，唯谨尔。

注 ①恂恂（xún xún）：温和谦恭有礼。②便便：善于辞令。

译 孔子在家乡显得很温和恭敬，像个不善于辞令的人。他在宗庙里、朝廷上，却能很流畅明白而严谨地说话。

心　读

儒者风度：本乡本土，面对乡亲，温和恭顺，是传统。宗庙朝廷，谨慎持重，静观默察，是境界。

生活中，我常常选择沉默；工作中，我常常选择倾听；学术上，我常常选择执着。这种处世态度，有《论语》的影响。

所谓儒者风度，有多维度的内涵：首先，要有使命感和责任感；其次，要有爱心和包容心；再次，要有温文尔雅的态度。

本章侧重于温文尔雅的态度，主要表现为对人的尊重，待人的谦和，处事的慎重。

10.2 言语之礼

朝，与下大夫言，侃侃①如也；与上大夫言，訚訚②如也。君在，踧踖③如也，与与④如也。

注 ①侃侃：平和而自信。②訚訚(yín yín)：正直而诚恳。③踧踖(cù jí)：恭敬而不安的样子。④与与：谨慎、威仪适中的样子。

译 孔子上朝，同下大夫说话，平和而自信；同上大夫说话，正直而诚恳；国君来了，恭敬谨慎。

心 读

礼是"起于仁、发乎诚"的行为规范，是儒家重要的道德范畴，也是德治的核心路径。鲁迅等所攻击的"吃人礼教"，并非原生态儒学所提倡的礼教。孔子尊重周礼，维护的不是等级，而是社会的秩序，证据就是孔子虽然曾经贵为大夫，但是与人交往，却始终平和、诚恳、恭敬、谨慎，孔子几乎尊重一切人，并无后世官场上过分的媚上欺下的丑态。

礼治介乎于人治与法治之间，是儒家中庸思想在社会治理中的管理方式。东西方礼仪形式不同，但本质都是对人的尊重。比如横过马路，行人优先，有没有斑马线，西方人都习惯这么做，已约定俗成，其实就是西方的"礼"，法律当中并没有规定开车必须让行人先过马路，但是西方人基本上都做到了，换句话说，西方不仅法治健全，礼治也成熟，成熟到"大道无形"的境界。

遗憾的是中国现代因为反对礼教，反对礼治，不认识不承认西方礼治！号称礼仪之邦，但是对人尊重却远远不如西方。惭愧之后，应该学习！

10.3 待客之道

君召使摈①，色勃如也②。足躩③如也。揖所与立，左右手，衣前后，襜④如也。趋进，翼如也⑤。宾退，必复命曰："宾不顾矣。"

注 ①摈（bìn）：动词，接待宾客。②色勃如也：神情立即端庄起来。③躩（jué）：脚步稳健轻快的样子。④襜（chān）：整齐之貌。⑤翼如也：如鸟儿展翅一样。

译 国君召孔子接待外国宾客，孔子神色立即庄重起来，脚步也快起来，他向和他站在一起的人作揖，手向左边或向右边分别作揖，衣服前后摆动却整齐不乱。快步走的时候，像鸟儿展开双翅一样。宾客走后，必定向君主回报说："客人已不再回头了。"

心 读

同时能兼顾所有人，表达了对所有人的尊重，包括国君、同僚、外宾，这就是儒家之礼。孔子礼送宾客，必定要等客人远走，不再回头，方才报告国君。

如今情侣相送，可能有十八里长亭的缠绵。下级送上级，或许有无可奈何的等待与忍耐。普通人送客，大概人未走门已关。

20世纪50年代，刘亚楼、罗瑞卿等高级将领陪同周恩来送西哈努克亲王，飞机刚起飞，将军们一下子觉得解脱了，迅速离开准备去看一场足球赛。周恩来满面春风目送专机起飞、绕场一周并做过振翅告别礼仪后，勃然大怒，让秘书叫回即将离开机场的各位将军，狠狠地教训了15分钟，让将军们牢牢记住外交场合不能失掉礼节。周恩来能够赢得世界的尊重，很大程度上是因为深得儒家真传。

由此可见，儒家礼的精神解释为"和为贵"，贵在体现了对人的尊重。如今社会不讲法，不讲理，更不讲礼。"知我者，谓我心忧！"

10.4 人臣之礼

入公门，鞠躬①如也，如不容。立不中门，行不履阈②。过位，色勃如也，足躩如也，其言似不足者。摄齐③升堂，鞠躬如也，屏气似不息者。出，降一等④，逞⑤颜色，怡怡如也。没阶⑥，趋进，翼如也。复其位，踧踖如也。

注 ①鞠躬：恭敬持重。②阈（yù）：门槛。本句意为脚不能踩门槛。③摄齐（zī）：提起衣服的下摆。摄，提起。齐，衣服的下摆。④降一等：从台阶上往下走一级。⑤逞：舒展开，松口气。⑥没阶：走完台阶。

译 孔子走进宫廷大门，恭敬持重仿佛无容身之地一样谨慎。不站立在门中，不踩踏门槛。经过国君座位时，神情立刻庄重，脚步立刻加快，说话压低声音仿佛中气不足。提起衣服下摆向堂上走的时候，恭敬持重，气息匀细。退出来，走下台阶，神情舒展怡然。走完台阶，快步向前，如鸟展翅。回到位置，仍保持恭敬的状态。

心 读

许多人觉得这些繁文缛节，没有时代意义。我2002年去台湾，一出飞机场，偌大台北，华灯初上，车水马龙，但城市氛围十分平和静谧，除了汽车驶过的沙沙声，很少别的声音。在酒店吃饭，无论是数十人的大厅，还是上百人的大厅，绝无喧哗者，偶有高谈阔论者，十之八九是大陆访客。旁若无人地喧哗，无所顾忌地嬉闹，在世界各国，几乎成为中国游客的标志。礼仪之邦，不知礼，不重礼，不讲礼，源自于对传统的全面反叛和践踏。

对长者、长官尊敬而仪态庄重，对后生、对下级温厚而仪态平和，这种分寸，应该是东西方文化都认同的吧。有人或许认为孔子入公门这些礼仪过分了一些，以我之见，礼仪没有要不要的问题，只有建构怎样的礼仪问题，原生态儒学中的《礼记》阐述礼的精神值得借鉴。

10.5 外交礼仪

执圭①，鞠躬如也，如不胜。上如揖，下如授。勃如战色②，足蹜蹜③，如有循④。享礼⑤，有容色。私觌⑥，愉愉如也。

注 ①圭：一种上圆下方的玉器，举行典礼时，君臣都拿着，且不同身份的人拿着不同规格的圭。②战色：战战兢兢。③蹜蹜（sù sù）：小步走。④如有循：好像沿着一条直线往前走一样。循，沿着。⑤享礼：指向对方贡献礼物的仪式。使者受到接见后，接着举行献礼仪式。享，献上。⑥觌（dí）：会见。

译 （孔子出使别的诸侯国时）拿着圭，恭敬谨慎，好像举不起来一样。向上举好像在作揖，往下放时仿佛在递东西。神色庄重，战战兢兢，小步快走，仿佛沿着预定线路。给别国献礼时和颜悦色，和国君私下会见时轻松愉快。

心　读

孔子外交场合的礼仪，并不迂腐，规范而有度：手执圭，恭敬谨慎。向上举起，如同作揖一般郑重。往下放落，如同递交一般慎重。容貌端庄，神色隆重，小步快走，不逾规矩。私下进见国君，神态轻松愉快。

礼仪的过程是对人尊重的过程，是对人和事表态的过程，严谨的背后是尊重郑重持重隆重，国事之礼，理当如是。如今，东西方国际间的交往礼仪，莫不如此。伟大的传统必有深远的智慧，传统礼仪是建构当代礼仪的基础。

10.6 服饰礼仪

　　君子不以绀緅饰①，红紫不以为亵服②。当暑，袗绤绤③，必表而出之④。缁衣⑤，羔裘⑥；素衣，麑⑦裘；黄衣，狐裘。亵裘长，短右袂⑧。必有寝衣⑨，长一身有半。狐貉之厚以居⑩。去丧，无所不佩。非帷裳⑪，必杀之⑫。羔裘玄冠不以吊。吉月，必朝服而朝。

注　①绀（gàn）：深青透红，斋戒时服装的颜色。緅（zōu）：黑中透红，丧服的颜色。②红紫不以为亵服：古人认为，红紫是很贵重的颜色，便服不宜用红紫色。亵服，平时在家里穿的衣服。③袗（zhěn）：单衣。绤（chī）：细葛布。绤（xì）：粗葛布。④必表而出之：把麻布单衣穿在外面，里面还要穿着衬衣。⑤缁衣：黑色衣服。⑥羔裘：羔皮衣。⑦麑（ní）：小鹿。⑧短右袂（mèi）：右袖短一点，做事方便。袂，袖子。⑨寝衣：睡衣。⑩狐貉之厚：厚毛的狐貉皮。居：坐。⑪帷裳：上朝和祭祀时穿的礼服，用整幅布制作，不裁剪，只折叠而缝成。⑫必杀之：一定要裁去多余的布。杀，裁。

译　君子不用深青透红或黑中透红的布镶边，不用红色或紫色的布做常服。夏天穿粗的或细的葛布单衣，但里面一定要有衬衣，而且要把衬衣露在外面。黑色的羔羊皮袍，配黑色的罩衣；

白色的鹿皮袍，配白色的罩衣；黄色的狐皮袍，配黄色的罩衣。平常在家穿的皮袍做得长一些，右边袖子短一些。睡觉一定要有睡衣，要有一身的一倍半那么长。用狐貉的厚毛皮做坐垫。丧服期满，脱下丧服后，便佩带上各种各样的装饰品。如果不是上朝和祭祀的礼服，一定要加以剪裁，裁去一些布。不穿着黑色的羔羊皮袍和戴着黑色的帽子去吊丧。每月初一，一定要穿着礼服去朝拜君主。

心　　读

儒学传承重在精神而不在形式。礼是约定俗成的规范，周礼是周代约定俗成的规范，在当时肯定有存在的依据和理由，以服饰表达对神的尊重，对君的尊重，对人的尊重，但是过于烦琐，缺乏延续的生命力。这可能是服饰礼仪传承不多的原因。

现代社会进步，生活节奏加快，服饰礼仪，应当与时俱进，追求的是简洁、适度、得体。教师的服饰语言蕴含教育元素，或端庄，或优雅，或浪漫……无一不起着"此时无声胜有声"的熏陶作用。教授艺术作品，更是需要根据教学内容来确定服饰的品类和色彩。

以服饰定尊卑，不是原始儒家的主流追求，汉代阴阳家之流才是始作俑者。

10.7 净化心灵

齐①，必有明衣②，布。齐，必变食③，居必迁坐④。

注　①齐：同"斋"。②明衣：斋前沐浴后穿的浴衣。③变食：改变平常的饮食。④居必迁坐：指从内室迁到外室居住，不和妻妾同房。

译 斋戒，一定要有浴衣，布做的。斋戒，一定要改变饮食，一定要另搬住房（不与妻妾同房）。

心　读

孔子斋戒，必须沐浴，必须穿布做的浴衣，必须改变喝酒、吃刺激性食物的习性，必须与妻妾分房居住，这是敬畏。斋戒的过程，是一种人神沟通的过程，是一种心灵净化的过程，是修炼灵魂的过程。

10.8 饮食习惯

　　食不厌精，脍①不厌细。食饐而餲②，鱼馁而肉败③，不食。色恶，不食。臭恶，不食。失饪④，不食。不时⑤，不食。割不正⑥，不食。不得其酱，不食。肉虽多，不使胜食气⑦。唯酒无量，不及乱⑧。沽酒市脯⑨，不食。不撤姜食，不多食。

注 ①脍（kuài）：切细的鱼或肉。②饐（yì）：陈旧。食物放置时间长了。餲（ài）：变味了。③馁（něi）：鱼腐烂，指鱼不新鲜。败：腐烂，肉不新鲜。④饪：烹调。⑤不时：不应时，不时鲜。⑥割不正：肉的来路不正，切割方法不对。⑦气（xì）：同"饩"，即粮食。⑧乱：酒醉。⑨脯（fǔ）：熟肉干。

译 粮食不嫌舂得精，鱼或肉不嫌切得细。粮食放置陈旧和变味了，鱼肉腐烂了，不吃。食物颜色变了，不吃。食物气味变了，不吃。烹调不当，不吃。不应时的东西，不吃。肉的来路不明，不按固定的方法分解的肉，不吃。佐料放得不适当，不吃。席上肉虽多，但吃的量不超过米面的量。只有酒没有限制，但不喝醉。从集市上买来的肉干和酒，不吃。每餐必须有姜，但也不多吃。

礼是一种规范，上述内容是孔子的日常行为习惯，被弟子们奉为准则，也自然具备"礼"的价值。以现在科学的眼光看，孔子坚持的是一种健康的饮食习惯和饮食原则。"割不正，不食"历来争议颇大，我认为是肉的来路不正不吃，孔子的饮食中，肉应当主要是猪肉、鸡肉之类，但是家禽家畜之外的野味，应当属于来路不正的肉，当然不吃，本人也如是。

《论语》每一则，都是孔门弟子及其再传弟子，反复讨论，以"会议纪要"的方式记载下来的，能够经得起讨论和推敲，自然有其独到的价值，这些价值仁者见仁智者见智，但是我从这里读出两千五百年前的饮食卫生教育。何其周全，何其科学！今天依然不过时。

10.9 礼在生活

祭于公，不宿肉[1]，祭肉不出三日。出三日，不食之矣。

注　①不宿肉：不使肉过夜。大夫参加国君祭祀以后，可以得到国君赐的祭肉。但祭祀活动一般要持续两三天，超过三天，就不能再过夜了。

译　孔子参加国君祭祀典礼时分到的肉，不能留到第二天。祭祀用过的肉不超过三天。超过三天，就不吃了。

既是礼，也是习惯，而且是科学的习惯。国君赏赐的祭肉，不吃肯定不符合礼。超过一定的时间，肉变质了，再吃肯定有害健康。儒家有"实用理性"的传统，所以，把这些有益于健康的习惯记录下来，供后人参考和学习，也是儒家礼治精神的生活化。礼在何处？在心中，在生活中，在习惯中，在交往中，在政治实践中。

10.10 寝食不言

食不语，寝不言。

译 吃东西的时候不说话，睡觉的时候也不说话。

心 读

有人认为这一章不属于礼的范畴，而应当属于叙事性质的，是孔子生活习惯的实录。其实，孔子在学生心中的地位就是楷模，生活习惯往往影响弟子，久而久之，就会成为学生们的习惯。如是，就已经具备"礼"的价值。"食不言，寝不语"，我小时候接受的就是这样的家庭教育。

比较中西方饮食行为习惯，中国人喜欢吃饭时谈话，享受的主要不是食物的味道，而是氛围。西方人吃饭则静悄悄，享受食物的美味。二者比较，我觉得"食不言"更科学，更有益于健康。"寝不语"则既是良好的习惯，也符合科学睡眠的要求，如果睡觉前，海阔天空，高谈阔论，必然会导致兴奋，影响睡眠质量。

10.11 贵在心诚

虽疏食菜羹①，瓜祭②，必齐③如也。

注 ①菜羹：菜汤。②瓜祭：吃饭前，把席上各种食品分出少许祭祖。
③齐：同"斋"。

译 即使是吃粗米饭、蔬菜汤，饭前也要取些祭祖，神情要像斋戒一样严肃恭敬。

心　读

有人说儒家是宗教，或许有道理，虽然儒家没有"彼岸"的设计，不能许诺来生，不能许诺死后，不能许诺未来，但是，儒家提倡"慎终追远"，如此，则"民德归厚矣"。即便粗茶淡饭，也要祭祀祖先，然后自己再吃，这是"追远"，唤醒对先祖的怀念和感激，类似于西方有些宗教，饭前祷告，却又不尽相同。儒家十分强调道德体验，在祭祀的行为中缅怀、体验、感悟，净化灵魂，提升道德。

10.12 终身受益

席①不正，不坐。

注 ①席：古代习惯于坐在铺于地面的席子上。

译 席子放得不端正，不坐。

心　读

席不正不坐，无论是迂腐还是讲究，只要能将这种生活礼仪坚持下来，就会养成严谨的生活方式，迁移到学问和事业，必然有正能量。生活上十分邋遢，但是学术或者事业上很有成就，世界上或许有这种人，但是绝对是少数。

有人问一位诺贝尔获奖者："您在哪所学校，哪个实验室学到了您认为最有价值的东西？"出人意料的是，这位学者回答说是在幼儿园。"在幼儿园学到什么呢？"学者答："把自己的东西分一半给小伙伴。不是自己的东西不要拿。东西要放整齐。饭前要洗手。做错了事要表示歉意。午饭后要休息。要仔细观察大自然。从根本上说我学到的东西就是这些。"这位学者的话代表了当届获得诺贝尔奖科学家的普遍看法。

这位诺贝尔奖获得者的回答或许令很多人很失望。但是，我却深信不疑，因为生活中的好习惯可以直接迁移到学术上和事业上，好习惯使人终身受益。

10.13 尊老传统

乡人饮酒①，杖者②出，斯出矣。

注 ①乡人饮酒：行乡饮酒礼。②杖者：拿拐杖的人，指老年人。

译 行乡饮酒的礼仪结束后，一定要等老年人先出去，然后自己才出去。

心 读

尊老是中华民族的美德。部落时期，有的人曾经视老弱为累赘，碰上灾年，老者自觉孤独地走向深林，走向沙漠，走向大海，把"口粮"留给后生，把生存权利留给后生。在世界其他文明中，均有类似记载。中国的文字记载中，我没有发现这种情况。人类从弃老到尊老，是历史的飞跃，是人文精神的飞跃。

现代饮食礼仪，当摒弃官本位，以长者为尊，但是，要做到也不容易：一则官本位太过强势，尊官媚官的惯性十分顽固；二则为官者往往不自觉，非政务场合也喜欢官味，喜欢官派头，甚至喜欢摆官架子。

虽然困难重重，但是由我做起，由小事做起，比如在公交车上主动给老弱病残孕让座，排队主动让老人先行，吃饭让父母长辈先吃，可以带动社会恢复尊老、敬老的优良传统。

10.14 为人敬神

> 乡人傩①，朝服而立于阼阶②。

注 ①傩（nuó）：迎神驱鬼的宗教仪式。②阼（zuò）阶：主人立在东面的台阶欢迎客人。阼，东面的台阶。

译 乡里人举行迎神驱鬼的仪式时，孔子穿着朝服站在东边的台阶上。

心 读

以人为本，以民为本，是儒家传统的根本。此章读出的不是神本，而是人本。何以见得？首先，孔子至少曾经以大司寇摄相事，贵为大夫，入乡随俗，尊重风俗，尊重民众；其次，乡里人举行迎神驱鬼宗教仪式，目的在于祈求平安，祈求风调雨顺，祈求延年益寿，这是民生，孔子如此重视，有"敬鬼神"的虔诚。此时此刻孔子没有选择"远之"，因为重视的是人而不是神。我之所以强烈批评汉代儒学和宋明理学，因为在人本精神上，他们都严重背叛了原始儒家精神。

10.15 情礼融合

> 问①人于他邦，再拜而送之②。

注 ①问：问候。古人在问候时往往赠送礼物。②再拜而送之：送别客人时，两次拜别。

译 （孔子）托人问候在其他诸侯国的朋友，向受托者拜两次送行。

| 心　读 |

如此郑重其事有对异国他乡朋友的尊重，有对知己之间友情的珍惜，有对托付的重视。这种态度与其说是礼的要求，还不如说是对情的珍重。原始儒家对礼的形式虽然重视，但更重视礼的内容，情礼融合，这种礼才有生命力。后世学者研究儒家礼学，往往忽视了儒家的人本情怀、仁者情怀，殊为可惜。

读这一章，使我联想到唐代边塞诗人岑参的《逢入京使》："故园东望路漫漫，双袖龙钟泪不干。马上相逢无纸笔，凭君传语报平安。"情景不同，礼的表现方式不同，但是对感情的珍重珍惜相同。

10.16　善待自己

康子馈药，拜而受之。曰："丘未达，不敢尝。"

译 季康子送药，孔子拜谢后接受了，却说："我不了解药性，不敢尝。"

| 心　读 |

按照周代的礼仪，季康子作为鲁国的重臣，给生病的孔子赐药，孔子拜谢之后，应该当面尝一尝，孔子却选择变通，明确告诉送药者："因为不了解药性，所以不敢尝。"从这里很容易读出如下意味：一是儒家礼仪具有权变的精神，孟子"嫂溺，援之以手"是"权变"的经典，这种权变精神增强儒学的包容，促进儒学的

发展，是儒学的生命力所在，是儒学的创新力所在；二是儒家礼仪服从于真诚，孔子没有当面尝药，但是当面讲出了原因；三是孔子或者认为负有天命，要善待和珍惜生命。

10.17 儒家根本

厩焚。子退朝，曰："伤人乎？"不问马。

译 马棚失火。孔子退朝回来，先问："伤人了吗？"却不问马的情况。

心　读

儒学以人为本，人本、人道、人文是儒家的根本特质。我们看看先秦儒家三圣的表现：首先是孔子面对马厩失火，孔子问人不问马。奴隶主把人当牲口，孔子把奴隶当人。再则，面对殉葬恶习，孔子痛骂："始作俑者，其无后乎？"这是孔子对人的态度。对人的爱，对人权的尊重，对生命的敬畏，这就是儒家创始人对人的态度。再看孟子所言："君之视臣如手足，则臣视君如腹心；君之视臣如犬马，则臣视君如国人；君之视臣如土芥，则臣视君如寇仇。"这是对君臣关系的论述。"民为贵，社稷次之，君为轻。"这是对人民、国家、君主关系的论述。再看荀子的观点："水则载舟，水则覆舟。"

衡量是否是儒家，衡量是否属于儒学，关键得看是否以人为本，看是否以民为本，看是否具有人文情怀。何以汉代以后，历代伪儒反叛了儒家精神，却自称儒家？或者被称之为儒家？匪夷所思！

10.18 礼的分寸

君赐食，必正席先尝之。君赐腥①，必熟而荐②之。君赐生，必畜之。侍食于君，君祭，先饭。

注 ①腥：生肉。②荐：供奉。

译 国君赐给熟食，孔子一定摆正座席坐好先尝一尝。国君赐给生肉，一定煮熟了，先供奉给祖宗。国君赐给活物，一定要饲养起来。同国君一道吃饭，在国君举行饭前祭礼的时候，自己先吃米饭不吃菜。

心 读

国君赐熟食，正席而尝是礼。国君赐生肉，煮熟先供奉祖先是礼；国君赐活物，养起来是礼；陪同国君吃饭，等国君饭前祭祀后，才能吃菜，这也是礼。礼不仅规范生活，也规范政治。本章谈了孔子在饮食中如何遵循君臣之礼，看不出半点过头的东西，看不到半点奴性，只看到真诚。

10.19 病重之礼

疾，君视之，东首①，加朝服，拖绅②。

注 ①东首：头朝东，这里指孔子病卧在床时，国君来探视他。②绅：束在腰间的大带子。

译 孔子病了，国君来探视，他便头朝东躺着迎接君主，身上披盖着朝服，拖着大带子。

孔子病中，国君来探视，孔子依照礼节，头朝东方，身盖朝服，束着腰带，尽人臣之礼。如果把眼光仅仅停留在"朝服"和"绅"上，可能觉得孔子迂腐，但是，我们做一个相反的设想，假如国君来探视，孔子穿着便服或穿着睡衣如何呢？显然不够严肃和尊重，即便是对待友人，也不妥。我们需要学习和传承的是对天地人的恭敬心，对礼仪规范的尊重，而不是具体的条条框框。

10.20 心存敬畏

君命召，不俟驾行矣。

译 国君召见（孔子），他等不及车马套好就先步行走去了。

国君召见，自己先行，命令马车随后追来。从中读出的是对国君的尊重，对事业的敬畏，对岗位的忠诚，绝不是奴性。对上位者尊重、敬畏、忠诚符合周礼的要求，也是现代礼仪的要求。因为处于上位者往往承担更大的责任，依照层级管理原理，处于上位者召见下级，下级也应尽可能快速赶到，怠慢迟缓不仅误事，也是失礼。这是东西方文化共同的礼仪价值标准。

10.21 谦虚是礼

入太庙，每事问。

（此章重出，见3.15。）

10.22 重情重义

朋友①死，无所归，曰："于我殡②。"

注 ①朋友：指和孔子志同道合的人。②殡：停放灵柩和埋葬都可以叫殡，这里应该是泛指丧葬事务。

译 （孔子的）朋友死了，没有负责敛埋的人，孔子说："丧事由我来办。"

心　读

一帮臣子陪同周文王巡察，碰到一具尸首，周文王命随从查看，尸体的家主是谁家，为什么没有人安葬。随从经过一番周折，答复道："这是无主的尸首，所以没有人安葬。"周文王十分愤慨地说："谁说无主？我就是这具尸体的家主。"于是，文王命随从郑重安葬死者。

为教亦当如是，只有尊重所有的学生，才有可能实现有教无类。这里有对友情的珍重，有对生命的敬畏，儒家也重情义，具有悲天悯人的情怀！

10.23 重礼轻物

朋友之馈，虽车马，非祭肉，不拜。

译 朋友馈赠的物品，即使是车马这样贵重的，只要不是祭肉，孔子在接受时也不拜。

心　读

就经济价值而言，车马远重于祭肉，但是，就精神价值而言，祭肉远重于车马，因为祭肉里面有对接受者的尊重和信任。鲁国国君举行宗庙祭祀活动后，没有把祭肉分给孔子，我们没有证据证明，国君是忘记了还是有意不将祭肉分给孔子，依照当时的政务礼仪，孔子没有得到国君赐的祭肉，就判断国君不再信任自己，于是选择离开，选择周游列国，选择颠沛流离，选择换一个环境推广自己的主张。

10.24 张弛有道

寝不尸，居不客。

◈译◈ （孔子）睡觉不像死尸一样挺着，做客或待客时庄重而不箕踞地蹲着。

心　读

儒家礼仪具有坚实的生活基础。"己所不欲，勿施于人"，孔子虽然有"君子不欺暗室"的主张，但是，生活中却张弛有度。政务中的孔子，严格遵守政务礼仪。交往中的孔子，严格遵守生活礼仪。但是，在日常生活中却善于做减法，怡然自得，悠然自乐，超然自在。

10.25 敬重人神

见齐衰者，虽狎①，必变。见冕者与瞽者②，虽亵③，必以貌。凶服者式之④。式负版者⑤。有盛馔⑥，必变色而作⑦。迅雷风烈必变。

注 ①狎（xiá）：亲近。②瞽者：盲人。③亵（xiè）：常见、熟悉。④凶服：送寿衣的。式：同"轼"，古代车前横木，这里是遇见地位高的人或家有丧事的人，驭手身子向前微俯，伏在横木上，以示尊敬或同情，这是当时的礼节。⑤负版者：背负国家图籍的人。当时用木版来书写。⑥盛馔（zhuàn）：盛大的宴席。馔，饮食。⑦作：站起。

译 看见穿丧服的人，即使关系亲密，也肃然起敬。看见祭祀者和盲人，即使是很熟悉的关系，也一定非常礼貌。在乘车时遇见穿丧服的人，便俯在车前横木上行礼；遇见背负国家图籍的人，也要这样行礼。如果有人以丰盛的筵席接待，就神色庄重，站起来致谢。遇见迅雷大风，必然神色庄严肃穆。

心 读

敬丧者，敬先人，敬弱者，敬大人，敬天神。这一章足以证明原始儒家敬重的是所有的人和神，后世伪儒学者只提倡敬畏大人（上位者）、圣人（道德高尚者）和神明，认真读《论语》才发现并非如此，儒家也敬重丧者，敬重弱者。这就是儒家，以人为本的儒家。

10.26 行为心理

升车，必正立，执绥①。车中，不内顾②，不疾言③，不亲指④。

注 ①绥：上车时扶手用的索带。②内顾：回头看。③疾言：大声说话。④不亲指：不用自己的手指划。

译 上车时，一定先直立站好，然后拉着扶手带上车。在车上，不回头，不高声说话，不用自己的手指指点点。

心　读

孔子乘车尊礼而为，大家都可以读出，最值品味的是"不疾言，不亲指"。现代行为心理学，可以从行为中判定人的心理，甚至人格特征。从孔子行为中，感受到对驾车人的尊重，感受到鲜明的角色意识。

我曾亲历一位朋友，在长达三个半小时的车程中，不断指挥司机看红灯、减速、加速、避让、刹车、看倒视镜，如此穷折腾司机，作为同车人，我深感不安。当我了解到司机是位驾车经验丰富的老司机时，更是觉得这位朋友的行为匪夷所思。我判断：他绝对是控制欲望、征服欲望很强的人。因此，我选择保持距离。

10.27　身心疲惫

色斯举矣①，翔而后集②。曰："山梁雌雉③，时哉④！时哉！"子路共⑤之，三嗅而作⑥。

注　①色：脸色。举：鸟飞起来。②翔而后集：飞翔一阵后降落到树上。鸟群停在树上叫"集"。③山梁雌雉：在山梁上的母野鸡。④时哉：得其时呀。感叹野鸡时运好，可以自由飞翔。⑤共：同"拱"。⑥三嗅而作：嗅，应为狊（jú）字。狊，鸟张开两翅。

译　孔子在山谷中行走，看见一群野鸡在飞，神情一动，野鸡飞翔一阵落在树上。孔子说："山梁上的野母鸡，可以自由自在，真是得其时呀！得其时呀！"子路拱拱手，野鸡张开两翅飞走了。

心　读

身心疲惫不堪的孔子，在山谷中艰难行走，目睹野鸡自由飞翔，怡然自乐，顿生庄子羡鱼的况味，发出由衷的感叹。个中酸楚，孔子自知。自古英雄孤独，其实圣人也孤独。

很多人认为孔子的政治主张不被接受，是因为他的主张属于过去时，落伍于时代。事实恰恰相反，孔子的思想属于将来进行时，他不能唤醒自己的时代，但是，他能引导中华民族走向复兴，走向辉煌。孔子的思想具有永恒的价值！

先进第十一

11.1 建构秩序

子曰："先进于礼乐^①，野人^②也；后进于礼乐^③，君子^④也。如用之，则吾从先进。"

注 ①先进于礼乐：先学习礼乐而后再做官的人。②野人：乡野平民。③后进于礼乐：先做官后学习礼乐的人。④君子：这里指在上位者。

译 孔子说："先学习礼乐而后再做官的人，是原来没有爵禄的平民百姓；先当了官然后再学习礼乐者，是在上位的君子。如果要选用人才，我主张选用先学习礼乐的人。"

心 读

在西周时期，人们因社会地位和居住地的不同，就有了贵族、平民和乡野之人的区分。孔子认为，那些先当官，即原来就有爵禄的人，在为官以前，没有接受礼乐的系统教育，还不知道怎样为官，便当上了官，这样的人是不可选用的。而那些本来没有爵禄的平民，他们在当官以前已经全面系统地学习了礼乐，然后就知道怎样为官，怎样当一个好官。

此章足以证明，孔子并不是奴隶制度的维护者，不是等级制度的维护者，而是秩序的维护者，秩序的建立者——新秩序的建立者。孔子开民办教育先河，开贫民教育先河，以教育改变平民的命运，以教育打破奴隶社会的等级制度，其教育理想和实践，足以证明孔子是新秩序的倡导者、创造者、维护者。

我真不明白，为何在两千五百年的历史中对老人家有如此深的误会、误解、误读，由此可见，伪儒学、反儒学之可恶与可怕。

11.2 无限伤感

子曰："从我于陈、蔡①者，皆不及门②也。"

注 ①陈、蔡：均为国名。②不及门：不在跟前受教。门，受教场所。

译 孔子说："曾跟随我在陈国、蔡地受困的学生，现在都不在我身边受教。"

心 读

公元前489年，孔子和他的学生从陈国到蔡地去。途中，他们被陈国的人们所包围，绝粮七天，许多学生饿得不能行走。当时跟随他的学生有子路、子贡、颜渊等人。公元前484年，孔子回鲁国以后，子路、子贡等先后离开了他，颜渊也死了。

孔子非常想念他们，故有此感叹，感叹之中有对门人的怀念，有对自己命运的感伤，有对时局的无奈，有对未来的迷茫！

11.3 因材施教

德行①：颜渊、闵子骞、冉伯牛、仲弓。言语②：宰我、子贡。政事③：冉有、季路。文学④：子游、子夏。

注 ①德行：具备孝悌、忠恕等道德。②言语：善于辞令，能从事外交工作。③政事：能处理好政治事务。④文学：通晓诗书礼乐等古代文献。

译 德行美好的弟子有：颜渊、闵子骞、冉伯牛、仲弓。善于辞令的弟子有：宰我、子贡。擅长政事的弟子有：冉有、季路。通晓文献的弟子有：子游、子夏。

心　读

孔子是人类教育史上第一个提出因材施教的人。不少学者认为孔子是分科设班教学：德行科、言语科、政事科、文学科，我不以为然。

此章是对学生学业特长的分类评价，孔子在教育过程中发现了弟子们各有特长，有的以德行服人，有的善于辞令，有的长于政事，有的擅长文献，不一而足。

因材施教是源于对生命的尊重，对个性的尊重，对教育规律的尊重，对人才发展规律的尊重。

遗憾的是，求同教育已经成为中国教育的绝症，从小学开始到高中，以同一把尺子——分数去衡量每个孩子的成长过程和结果，这样的教育如何能够发现个性？如何能够张扬个性？如何能够成就个性？因此，每年数百万学生高考，三十年过去不见大师，不见巨匠，也就不足为怪了。

11.4 亦褒亦贬

子曰："回也非助我者也，于吾言无所不说。"

译 孔子说："颜回不是对我有帮助的人，他对我所说的话没有不高高兴兴心悦诚服的。"

服服帖帖，毕恭毕敬，对先生所讲深信不疑。这到底是赞美还是批评呢？大多数人认为是赞美颜渊。我认为是略带惋惜的批评，充其量理解为亦褒亦贬。大多数人认为孔子喜欢"老老实实"的学生，或者喜欢不质疑老师学说的学生。其实大谬不然，孔子也十分喜欢卓尔不群的子路，孔子更坚信"后生可畏，焉知来者之不如今也"。

11.5　子孝母慈

子曰："孝哉闵子骞！人不间^①于其父母昆弟之言。"

注　①间：非难、批评。

译　孔子说："闵子骞真孝顺！人们对他的父母兄弟称赞他的话没有异议。"

"鞭打芦花"这则典故的主人公就是闵子骞。

闵子骞小时候，父亲续弦再娶的后母带来两个弟弟。后母厚此薄彼，为自己的儿子做了里面是棉花的棉衣，为闵子骞做了一件外表又厚又柔软看上去很暖和，但是里面装的是芦花的"芦花衣"。闵子骞驾车与父亲外出时，冻得直打哆嗦，以至于无法抓住缰绳，父亲生气，夺过鞭子就打闵子骞，结果衣服破了，露出的是芦花而不是棉花，芦花随着鞭子的扬起而纷纷飞起落下，父亲明白了真相后大怒，欲休妻。闵子骞却为继母求情："母在一子寒，母去三子单。"大孝行为感动了继母，从此改过自新成了慈母。

孔子认为闵子骞至孝。可贵的是闵子骞的孝，可以让父亲变得宽容，让继母变得慈爱。

11.6 白圭之玷

南容三复白圭①，孔子以其兄之子妻之。

注 ①白圭：取自《诗经·大雅·抑》中的诗句："白圭之玷，尚可磨也，斯言之玷，不可为也。"意思是白玉上的污点可以磨掉，但是言论有错，却无法挽回。告诫人们要谨慎说话，慎重表态。

译 南容反复诵读"白圭之玷，尚可磨也；斯言之玷，不可为也"的诗句。孔子把侄女嫁给了他。

心 读

"一言兴邦，一言丧邦。"儒家从孔子开始，极力提倡"慎言"，孔门课程也设有言语科，足见儒家对言语的重视。白玉被玷污了，还可以把它磨去，而说错了的话，则无法挽回。孔子把自己的侄女嫁给了南容，表明他很欣赏南容的慎言，并由南容的慎言中，看到了他的人品与潜质。

慎言是一种美德，也是一种处世的方法。说话要谨慎，用语不当，或伤害人，或误导人，或惹是非，或酿大错，或惹大祸……三思而言，言之有物，言之有据，言之成理，于己、于人、于事，都有好处。慎言成就人格，也有益于事业。

11.7 学习人生

季康子问："弟子孰为好学？"孔子对曰："有颜回者好学，不幸短命死矣，今也则亡。"

译 季康子问孔子："学生中有谁好学？"孔子回答："有个叫颜回的学生很好学，不幸短命死了。现在没有像他那样好学的学生了。"

心 读

以好学而论，颜渊排第一。这不是孔子偏心，而是事实。儒家提倡终身学习，儒家认为学习可以改变命运。对儒家所倡导的仁、义、礼、智、信等的理解和把握，是学习。付诸实践，内化成人的品格也是学习。所以，学习可以使生命个体实现从自然人向社会人的深度转化，可以超凡脱俗，达到人生圣境！孔子将教育从宫廷转移到民间，追求的就是以教育或学习改变人的命运，并通过改变人来改变社会。

生命因学习而精彩，学习并非单指读书或看书，学习是一切促使人自我更新、自我提升的读书、写作、调查、研究等认知与实践行为的总和。有句网络名言："如果你平均每天坚持学习两个小时，那么你的命运已经在学习中悄悄改变。"我深以为然，我本是1981届的中师生，能够读到博士，靠的是几十年如一日的学习。能够在学术上占有一席之地，靠的是几十年如一日的学习。能够在事业上获得一个可以施展的舞台，靠的也是几十年如一日的学习。可惜很多学习越来越功利化了，为了谋生，为了官职，为了财富，这是学习的异化。

学习的价值在于修炼人格，提升境界，增进德行，成就君子，并因之改变社会。

11.8 师徒父子

颜渊死，颜路请子之车以为之椁①。子曰："才不才，亦各言其子也。鲤②也死，有棺而无椁。吾不徒行以为之椁。以吾从大夫之后③，不可徒行也。"

注 ①颜路：颜无繇（yóu），字路，颜渊的父亲，也是孔子的学生。椁（guǒ）：古人所用棺材，内为棺，外为椁。②鲤：孔子的儿子，字伯鱼，死时50岁，当时孔子70岁。③从大夫之后：孔子在鲁国曾任司寇，是大夫一级的官员。在这里他说跟随在大夫们的后面，意即当过大夫的谦虚的说法。

译 颜渊死了，颜路请求孔子卖掉他的车子给颜渊买外椁。孔子说："颜渊和鲤或有才或无才暂且不论，只从他们分别是我两个人的儿子而论。孔鲤死时，是有棺无椁的，我并没有卖车步行而给他买椁。因为我曾经担任大夫，不可以步行啊。"

心 读

颜渊是孔子的得意门生。孔子多次高度称赞颜渊，认为他有很好的品德，又好学上进。颜渊死了，他的父亲颜路请孔子卖掉自己的车子，给颜渊买椁。尽管孔子十分悲痛，但他却不会卖掉车子为爱徒买椁，理由很朴实，很简单，很真诚：颜渊、孔鲤一个为爱徒，一个为爱子，爱子去世没有卖掉车子买椁，爱徒去世却卖车子买椁，于情于理说不过去，如果真卖车买椁，如何对得起孔鲤啊！至于孔子说，曾为大夫一级官员，不可以徒步。这是托辞。因为孔子不能明说：卖车给颜回做椁，内心深处如何能克服对孔鲤的歉疚呢。

11.9 千年一叹

颜渊死，子曰："噫！天丧予！天丧予！"

译 颜渊死了，孔子说："咳！上天要我的命呀！上天要我的命呀！"

心　读

一声叹息传响两千多年，时至今日，依然能感觉那种无与伦比的沉重。之所以沉重，是因为师徒情深，是因为颜渊好学，是因为忧虑道统失传。在孔子看来，颜渊是能够传承儒家道统的最佳传人。天命未竟，传人先去。子虽圣人，情何以堪，心何以安！

11.10 千年一哭

颜渊死，子哭之恸①。从者曰："子恸矣。"曰："有恸乎？非夫②人之为恸而谁为？"

注 ①恸：过于悲痛。②夫（fú）：指示代词。

译 颜渊死了，孔子哭得极其悲恸。跟随孔子的人说："您悲痛过度了。"孔子说："是悲伤过度了吗？我不为这个人悲伤过度，还能为谁呢？"

心　读

孔子提倡"乐而不淫，哀而不伤"，颜渊之死，孔子却哀而伤，哭得死去活来。门人说："先生悲伤过度了！"孔子却反问："我悲伤过度了吗？我不为这样的人悲伤，又为谁悲伤呢？"悲伤里有师生情义的真诚，有白发人送黑发人的悲凉，有道统失传的忧虑、无奈、怅惘。一声悲哭，传响千年！

11.11 真情无价

> 颜渊死，门人欲厚葬之，子曰："不可。"门人厚葬之。子曰："回也视予犹父也，予不得视犹子也。非我也，夫二三子也。"

译 颜渊死了，学生们想隆重安葬他，孔子说："不可以。"学生们仍然隆重地安葬了他。孔子说："颜回待我如父，我却不能待颜回如子。不是我想这样做，是几个弟子们做的啊。"

心 读

在孔子看来，对颜回的丧事应当与孔鲤一样，否则就没有与儿子同等待遇。有人说儒家提倡厚葬，其实是历史的误会。儒家追求的是合礼，但更重视情义，颜回死了，子哭之恸，其实已经体现了情重于礼的情感取向。门人要求厚葬，表达的是对同门的深情。孔子要求与孔鲤下葬规格一致，表达的是对儿子一样的真情！"非我也，夫二三子也"是对九泉之下孔鲤的一个交代。

11.12 实用理性

> 季路问事鬼神。子曰："未能事人，焉能事鬼？"曰："敢问死。"曰："未知生，焉知死？"

译 季路问孔子怎样奉事鬼神。孔子说："没能奉事好人，怎么能去奉事鬼呢？"季路说："请问死是怎么回事？"孔子回答说："还不知道活着的道理，怎么能够知道死呢？"

儒家学说具有典型的实用理性取向。儒学是人学，是人伦之学，是人本之学，以人为本，以民为本，民生为重。神的传说，佛的传说，上帝的传说，都有数千年以上的历史。心中有佛，佛就存在；心中有上帝，上帝就存在。神佛离人遥远，所以儒家主张"敬鬼神而远之"，感觉"祭神如神在"，假如鬼神比人智慧，那么绝对不会跟人做功利性的交易。正因为如此，儒家坚持认为，要尊重人，要尊重活着的人，然后才敬重鬼神。为天地立心，为生民立命，为百姓谋福祉，这才是儒家首要的追求！

11.13　一语成谶

闵子侍侧，訚訚[1]如也；子路，行行[2]如也；冉有、子贡，侃侃[3]如也。子乐。"若由也，不得其死然。"

注　①訚訚（yín yín）：正直恭敬，而又能直言进谏。②行行（hàng hàng）：刚烈坚强。③侃侃：温和快乐。

译　闵子骞侍立在孔子身旁，恭敬而正直、和悦温顺的样子；子路，正直刚强；冉有、子贡，气定神闲、温和快乐的样子。孔子高兴了。同时也感叹说："像仲由这样，只怕不得善终啊。"

表象背后是本质：性格决定命运。子路有勇无谋，非常刚烈、刚强甚至于鲁莽。孔子从子路的性格特征，预测其命运的结局。一语成谶，不是诅咒，而是推理。性格决定命运，是人格心理学的结论，改变性格，方能改变命运。

11.14 文化深度

> 鲁人为长府①。闵子骞曰："仍旧贯②，如之何？何必改作？"子曰："夫人③不言，言必有中。"

注 ①鲁人：鲁国的执政大臣。为：改建。长府：鲁国国库名。府，仓库。②仍旧贯：惯例，沿袭老样子。③夫（fú）人：这个人。

译 鲁国大臣改建长府的国库。闵子骞说道："沿袭老样子，不是也可以吗？何必要改建呢？"孔子道："闵子骞这个人平日不说话，说出来就很中肯。"

心 读

文化虚无主义通常表现为激进主义，激进主义者打着建构的旗帜进行破坏。能够作为国库，其建筑艺术，其实用艺术，均有特色，均有可取，大规模改建，不仅劳民伤财，也是一种文化毁灭，文明破坏。文化的继承，不是思想保守，而是一种有序发展，稳步发展。

城市化或城镇化是中国走向现代的一次历史机遇，但是现代也应有深度，不可以把现代理解为高楼林立，而应该是人文复苏，人文关怀和文化多元，文化纵深才是城镇化、城市化的本质追求、精神主导。

11.15 登堂入室

子曰："由之瑟①，奚为于丘之门②？"门人不敬子路。子曰："由也升堂矣，未入于室也③。"

注 ①瑟（sè）：弦乐器，与古琴相似。②奚为于丘之门：为什么在我这里弹呢？奚，为什么。为，弹。③升堂、入室：堂是正厅，室是内室，用以形容学习程度的深浅。

译 孔子说："仲由为什么在我这里弹瑟呢？"学生们因此（以为子路弹得不好）都不尊敬子路。孔子便说："仲由嘛，学习已上到厅堂的程度，只是还没有进入室内罢了。"

心 读

《孔子家语》中说："子路鼓瑟，有北鄙杀伐之声。"由此可知，孔子批评子路为何在门下鼓瑟，不是因为子路鼓瑟艺术差，而是子路鼓瑟的声音没有达到"中和"的境界。因为孔子的批评引得门人对子路不敬，孔子又急忙补充："子路的修养已经到了升堂境界，只是没有入室。"这里"登堂入室"的"堂""室"境界之分，到底是指鼓瑟艺术，还是指儒学修养，抑或是指道德境界，学界一直有分歧。我认为这是一个借喻手法，以子路鼓瑟的艺术境界，评价其道德修养境界，并揭示了学习的"入门—登堂—入室"的发展过程。这是作为教育家对于学习理论的原创性贡献。

11.16 中庸之道

> 子贡问:"师与商也孰贤①?"子曰:"师也过,商也不及。"曰:"然则师愈②与?"子曰:"过犹不及。"

注 ①师:颛孙师,即子张。商:卜商,即子夏。二者皆为孔子学生。②愈:胜过,强些。

译 子贡问孔子:"子张和子夏二人谁更好呢?"孔子回答说:"子张过分,子夏不足。"子贡说:"那么是子张好一些吗?"孔子说:"过分和不足一样。"

心 读

"过犹不及"的中庸思想源于此。可从三个方面理解儒家中庸:

第一,中庸是实学,"终身用之,有不能尽者也"。事实上,中庸思想用于社会管理:在年薪6000万元的企业高管和年薪6万元的员工之间,选择一个平衡点,企业的发展前景应该会更好;在广厦千万间的开发商与上无片瓦下无立锥之地的赤贫者之间,选择一个平衡点,社会矛盾不会如此尖锐;在教与学二者之间,选择一个平衡点,很多教育的问题就会迎刃而解。以教育为例,过度的教与过度的学,不及的教与不及的学,都不是科学教育。

第二,中庸也是儒家推崇的人格特征,做到了可能是完人、伟人甚至圣人,至少可以成为受欢迎的人。孔子说:"君子中庸,小人反中庸。君子之中庸也,君子而时中。小人之反中庸也,小人而无忌惮也。"翻译成为白话文就是:"君子恪守中庸,小人经常背离中庸。君子之所以能够恪守中庸,是因为君子行事遵循中庸原则。小人之所以不能恪守中庸,是因为小人行事无所顾忌。"

第三，中和是一种美妙的情感境界。《中庸》云："喜怒哀乐之未发，谓之中。发而皆中节，谓之和。"感情如此，方可谓美妙。如果不及，往往情不深不真，不动人也无追求的价值。如果过了，等待的一定是悲剧，普希金的决斗是悲剧，特洛伊战争是悲剧。这种美妙的境界，可以用音乐作品的艺术境界来类比，古今中外，大凡历久弥新的音乐作品均符合中庸原理，接近或达到中和境界，《平沙落雁》《阳关三叠》《春江花月夜》《高山流水》《苏堤春晓》《蓝色多瑙河》等莫不如是。因为中和，所以永恒。

11.17 鸣鼓攻之

> 季氏富于周公[①]，而求也为之聚敛而附益之[②]。子曰："非吾徒也。小子鸣鼓而攻之可也。"

注 ①季氏富于周公：季氏的财产比周朝公室还要富有。②聚敛：积聚和搜刮钱财。益：增加。

译 季氏已经比周朝公室还富有了，而冉求还帮他搜刮以增加他的钱财。孔子说："他不是我的学生，你们可以大张旗鼓地攻击他。"

心 读

鲁国的三家曾于公元前562年将公室，即鲁国国君直辖的土地和附属于土地上的奴隶瓜分，季氏分得三分之一，并用封建的剥削方式取代了奴隶制的剥削方式。公元前537年，三家第二次瓜分公室，季氏分得二分之一。由于季氏推行了新的政治和经济措施，所以很快富了起来。孔子的学生冉求帮助季氏积敛钱财，搜刮人民，所以孔子很生气，表示不承认冉求是自己的学生，而且让其他学生打着鼓去声讨冉求。多数注者认为此章证明孔子十分执着地维护礼制，其实不然：孔子生气的不是冉求支持季氏违礼的行为，而是违背中庸之道对民众的巧取豪夺，对贫民的敲骨吸髓。

11.18 中庸教育

柴也愚，参也鲁，师也辟，由也喭。

译 高柴愚直，曾参迟钝，颛孙师偏激，仲由鲁莽。

心 读

孔子认为，他的这些学生各有所偏，不合中庸原则，偏离中庸境界太远，对他们的品质和德行必须适当矫正和引导。这种矫正和引导非常有必要，兴趣方面的特长应当保留和强化，性格方面的极端行为和偏差，不矫正不控制，就容易走极端。所以，必要的矫正和引导，是必须的，也是教育的重要范畴。

中庸是一种折中调和思想，折中调和是事物发展过程中的一种状态，这种状态是相对的、暂时的，却是和谐的、渐进的。孔子揭示了事物发展过程的这一状态，并概括为"中庸"，对中国古代哲学史有着杰出的贡献。把中庸思想运用于教育，针对偏离中庸的境界因材施教，在中国教育史上是第一人。

11.19 尊重本性

子曰："回也其庶①乎，屡空②。赐不受命，而货殖③焉，亿④则屡中。"

注 ①庶：庶几，差不多，这里指颜渊的学问道德接近于完善。②空：贫困、匮乏。③货殖：做买卖。④亿：同"臆"，猜测。

译 孔子说："颜回的学问道德几乎接近于完善了吧，可是他却常常贫困。端木赐不听从天命的安排，去做买卖猜测行情，竟然往往能猜中。"

心　读

从中我们读出孔子的教育是尊重本性的教育，《中庸》开篇写道："天命之谓性，率性之谓道，修道之谓教。"大意是："上天赋予的叫做本性，尊重本性就是道，依照本性的规律加强修养修炼就是教育。"安贫乐道是儒家提倡的境界，颜回是安贫乐道的典型。经营商业是当时下等的行业，但是符合"君子爱财，取之有道"的价值取向。

孔子之可贵在于称道颜回的安贫乐道，也称道子贡的生财有道，"赐不受命，而货殖焉，亿则屡中"，对有如巴菲特一样才能的子贡，孔子何其自豪啊，褒扬之词溢于言表！

后世伪儒者强不知以为知，硬说儒家重义轻利，殊不知孔子也说过"富而可求也，虽执鞭之士吾亦为之"，他对财富的渴望竟如是。

11.20 传承创新

子张问善人①之道，子曰："不践迹②，亦不入于室③。"

注 ①善人：使人完善。②迹：脚印，前面有人走过的路径。③入于室：喻学问修养达到了精深地步。

译 子张问使人完善的途径。孔子说："如果不沿着正确的路走，学问修养就不能登堂入室。"

心　读

本章不能说明孔子守旧，恰恰说明创新必须以传承为基础，发展以守成为基础。人的修养如是，社会发展亦如是。两千年后物理学家牛顿也说过类似的话："如果说我比别人看得更远，那是因为我站在巨人的肩膀上。"东西方文化表述有差异，核心价值却相同或相近。学术的创新基础是传承，如果不研究前人积累的素材或成果，如何能超越创新呢？

11.21 追求真诚

子曰："论笃是与^①，君子者乎？色庄者乎？"

注　①论：言论。笃：诚恳。与：赞许。

译　孔子说："总是被赞许为笃实诚恳的人，到底是真君子？还是仅仅容貌庄重的伪君子呢？"

心　读

孔子认为言行一致才是君子，骂了"宰我"之后，归纳出了"听其言而观其行"的鉴人方法。"论笃"也就是讲话态度稳重，内容实事求是。孔子认为说话稳重，实事求是，言之有据，言之有物，当然重要，更重要的是说话者是"表里如一"的持重还是仅仅容貌的庄重。

现代社会很多人戴着面具生活，因为领导很多时候不喜欢听真话、实话，在单位不敢讲真话，不敢讲实话，否则不知道什么时候会被穿小鞋。竞争对手之间更不能讲真话、实话，否则不知道什么时候会遭到诬陷和陷害。甚至夫妻之间也难讲真话，说不准夫妻反目，死无葬生之地。世道何至如此？绝学不继，道之不传。儒家提倡真诚，仍有现实意义。

11.22 因材施教

> 子路问："闻斯行诸①？"子曰："有父兄在，如之何其闻斯行之？"
>
> 冉有问："闻斯行诸？"子曰："闻斯行之。"
>
> 公西华曰："由也问：'闻斯行诸'，子曰：'有父兄在'；求也问：'闻斯行诸'，子曰：'闻斯行之'。赤也惑，敢问。"
>
> 子曰："求也退，故进之；由也兼人②，故退之。"

注 ①诸："之乎"的合音。②兼人：勇敢、果敢。

译 子路问："听到了就要行动起来吗？"孔子说："有父兄在，怎么能听到就行动起来呢？"

冉有问："听到了就要行动起来吗？"孔子说："听到了就要行动起来。"

公西华说："仲由问：'听到了就行动起来吗？'您回答说：'有父兄健在'，冉求问：'听到了就行动起来吗？'您回答：'听到了就行动起来'。我被弄糊涂了，大胆地来再问个明白。"

孔子说："冉求总是退缩，所以我鼓励他；仲由好勇过人，所以我约束他。"

心 读

孔子之因材施教，注重个人兴趣特长，追求本性张扬，正如他一面赞扬颜回的安贫乐道，一面为子贡生财有道深感自豪。但是在德行修养上，却坚持中庸之道，针对各人性格差异，视其偏离中庸境界的距离，进行因人而异的矫正和引导，这也是因材施教。在人格修养上的因材施教，是儒家教育特色。

11.23 心息相通

> 子畏于匡，颜渊后。子曰："吾以女为死矣。"曰："子在，回何敢死？"

译 孔子在匡地受到当地人围困，颜渊和孔子失散了，最后才逃出来。孔子说："我好担心你已经死了。"颜渊说："夫子还活着，我怎么敢死呢？"

心 读

人之相知，贵相知心！孔子对颜回格外喜欢，格外厚爱，格外欣赏，作为学生岂能不知道！颜回的话绝非阿谀之词，而是发自肺腑。

从情感维度看：感情是双向的，心灵是相通的。相互仰慕的人，都有过发自内心的无声赞美。如果没有这种体验，说明相互之间并非相互仰慕。现代心理学家的研究发现：园丁以憎恶的心态对待近距离的花朵，花朵会黯然失色。园丁以欣赏与喜爱的心态善待近距离的花朵，花朵会灿然鲜艳。物尚如此，人何以堪？

本章读到了孔子和颜渊海一样的深厚情谊，情感成为教育的生命线，情感贯穿教育始终，这是孔子教育成功的重要原因。因为有爱，才有教育！有真情，才有真正的教育！有激情，才有成功的教育！

11.24 君臣之道

> 季子然①问："仲由、冉求可谓大臣与？"子曰："吾以子为异之问，曾由与求之问。所谓大臣者，以道事君，不可则止。今由与求也，可谓具臣矣。"曰："然则从之者与？"子曰："弑父与君，亦不从也。"

注 ①季子然：鲁国季氏的同族人。

译 季子然问："仲由和冉求可以算是大臣吗？"孔子说："我以为你是问别人呢，原来是问由和求呀。所谓大臣是能用君臣之道来事奉君主，否则就宁可辞职。现在由和求两人，可以算是称职的臣子了。"季子然说："既然这样，他们会跟着季氏干所有的事情吗？"孔子说："杀父亲、杀君主，他们就不会跟着干。"

心 读

原始儒家孔、孟、荀三家的君臣之道，绝不是后世伪儒学者所谓的"君要臣死，臣不得不死"。孔子说："君使臣以礼，臣事君以忠。"孟子说："民为贵，社稷次之，君为轻。"又说："君之视臣如手足，则臣视君如腹心；君之视臣如犬马，则臣视君如国人；君之视臣如土芥，则臣视君如寇仇。"荀子说："从道不从君。"

原始儒家的君臣之道，被后世伪儒学严重歪曲，对中国历史产生了不可估量的负面影响，并严重迟滞中国民主化进程。假如历史按照原始儒家君臣之道的逻辑发展，诚如孟子所言"君有大过则谏，反覆之而不听，则易位"（当代西方民主政治对总统的约束也不过如此），估计中国会先于西方进入民主社会。可惜，汉董仲舒一套阴阳五行、君权神授的歪曲和附会，让中国在专制黑暗中跌跌撞撞走了两千多年，直到"五四"运动，国民才知道何为民主。

从本章也可以判断出，孔子认同的社会发展模式是渐进而非革命，"弑父与君，亦不从也"是明摆着的底线。

11.25 学而后仕

> 子路使子羔为费宰。子曰："贼夫人之子①。"子路曰："有民人焉，有社稷②焉，何必读书，然后为学？"子曰："是故恶夫佞者。"

注 ①贼：害。夫人之子：指子羔。孔子认为他没有经过很好的学习就去从政，德才不配位，这会害了他自己的。②社稷：社，土地神。稷，谷神。国都及各地都设立社稷坛，分别由国君和地方长官主祭，故社稷象征着国家政权。

译 子路让子羔去作费地的长官。孔子说："这简直是害了人家的儿子。"子路说："那个地方有老百姓，有土地和五谷，难道一定要读书才算学习吗？"孔子说："所以我讨厌你这样花言巧语狡辩的人。"

心 读

到底是学好了再做官呢，还是有官先做再学习？儒家认为"学而优则仕"，学好了，心有余力再做官。这该如何理解呢？关键是看学什么。孔门课程体系有言语、有道德、有政治、有文献、有文学（《诗经》）、有礼仪、有音乐、有体育、有劳动（御即驾车，应当算是劳动技术教育）、有数学或术数。

一个人是成为道德高尚者再去做官，还是做了官再修养道德？数千年官场历史中，很难找到做了官再修养好道德的例子，很容易在大染缸里成了贪官污吏。人一旦迷失了本性，再想回头，谈何容易！

所以，儒家主张学好了，有余力，再去做官。如此，方可造福一方，造福于民。

11.26 生本课堂

子路、曾晳①、冉有、公西华侍坐。

子曰："以吾一日长乎尔，毋吾以也②。居③则曰：'不吾知也。'如或知尔，则何以④哉？"

子路率尔⑤而对曰："千乘之国，摄⑥乎大国之间，加之以师旅，因之以饥馑，由也为之，比及⑦三年，可使有勇，且知方⑧也。"

夫子哂⑨之。

"求，尔何如？"

对曰："方六七十⑩，如⑪五六十，求也为之，比及三年，可使足民。如其礼乐，以俟君子。"

"赤，尔何如？"

对曰："非曰能之，愿学焉。宗庙之事，如会同，端章甫，愿为小相焉⑫。"

"点，尔何如？"

鼓瑟希，铿尔，舍瑟而作⑬，对曰："异乎三子者之撰。"

子曰："何伤乎？亦各言其志也。"

曰："莫春者，春服既成，冠者五六人，童子六七人，浴乎沂，风乎舞雩⑭，咏而归。"

夫子喟然叹曰:"吾与点也!"

三子者出,曾晳后。曾晳曰:"夫三子者之言何如?"

子曰:"亦各言其志也已矣。"

曰:"夫子何哂由也?"

曰:"为国以礼,其言不让,是故哂之。"

"唯⑮求则非邦也与?"

"安见方六七十如五六十而非邦也者?"

"唯赤则非邦也与?"

"宗庙会同,非诸侯而何?赤也为之小,孰能为之大?"

注 ①曾晳:曾点,字子晳,曾子的父亲,也是孔子的学生。②以吾一日长乎尔,毋吾以也:不要因我年龄大一些,而不敢说话。③居:平日里。④何以:即何以为用。⑤率尔:轻率、急切。⑥摄:迫于、夹于。⑦比(bì)及:等到。⑧方:方向。⑨哂(shěn):讥讽地微笑。⑩方六七十:纵横各六七十里。⑪如:或者。⑫宗庙之事:指祭祀之事。会同:诸侯会见。端:古代礼服的名称。章甫:古代礼帽的名称。相:赞礼人,司仪。⑬希:同"稀",指弹瑟的速度放慢,节奏逐渐稀疏。作:站起来。⑭莫:同"暮"。冠者:成年人。古代子弟到20岁时行冠礼,表示已经成年。浴乎沂:在水边洗头面手足。沂,水名,发源于山东南部,流经江苏北部入海。舞雩(yú):地名,原是祭天求雨的地方,在今山东曲阜。⑮唯:语首词,没有什么意义。

译 子路、曾晳、冉有、公西华四个人陪孔子坐着。

孔子说:"虽然我年龄比你们大些,但是不要因此而不敢说。你们时常说:'没有人了解我呀。'假如有人知道你们的才能了,那你们打算怎样去做呢？"

子路赶忙回答："一个拥有一千辆兵车的国家，被夹在大国中间，常受到其他国家侵犯，国内又闹饥荒，让我去治理，只要三年，就可以使人们勇敢善战，而且懂得礼仪。"

孔子听了，微微晒笑了一下。

孔子又问："冉求，你会怎么样呢？"

冉求答道："一个国土纵横各六七十里或五六十里的国家，如果让我去治理，三年以后，就可以使百姓丰衣足食。至于礼乐教化，就要等君子来施行了。"

孔子又问："公西赤，你会怎么样呢？"

公西赤答道："我不敢说能做得好，但是我愿意学习。在宗庙祭祀的活动中，或者在同别国的盟会中，我愿意穿上礼服，戴上礼帽，做一个小小的赞礼人。"

孔子又问："曾点，你会怎么样呢？"

此刻曾点弹瑟的声音逐渐减慢，"铿"的一声结束，放下瑟站起来，回答说："我想的和他们三位不一样。"

孔子说："那有什么关系呢？各人讲自己的志向而已。"

曾晳说："暮春三月，已经穿上了春装，我和五六位成年人、六七个少年，去沂河里洗洗澡，在舞雩台上吹吹风，一路唱着歌走回来。"

孔子长叹一声说："我和曾晳想的是一样的！"

子路、冉有、公西华三个人都出去了，曾晳最后走。他问孔子说："他们三人的话怎么样？"

孔子说："各自谈谈自己的志向罢了。"

曾晳说："夫子为什么晒笑仲由呢？"

孔子说："治理国家要礼让，可他一点也不谦让，所以我笑他。"

曾皙又问："那么冉求讲的是治理国家吗？"

孔子说："怎么说方圆六七十里或五六十里的地方就不是国家呢？"

曾皙又问："公西赤讲的是治理国家吗？"

孔子说："宗庙祭祀和诸侯会盟，不是诸侯之间的大事又是什么？像赤这样的人如果只能做一个小司仪，那谁又能做大司仪呢？"

心　读

这一章重点从课堂教学模式上解读。这是一堂以生为本的自由讨论教学模式。自由讨论模式建立在人格平等基础上，老师不摆架子，学生畅所欲言。这段对话充溢着民主教学氛围，师生共同无拘无束地谈论志向，孔子并不一一点评，而是有所保留，充分尊重个性，除了表示自己的志向与曾皙一致外，并没有说谁的志向合理或不合理。这比当今标准答案的制式化教育显然不知道要高明多少。假如不是以生为本的自由、民主、宽松，很难想象我们民族有《论语》这部旷世奇作。

此外，从这一章里，我们读到了孔子所主张的治国主张，孔子赞成曾点的主张，曾点的主张好像是洗洗澡，吹吹风，唱唱歌，如此怎么能算是治国？如此怎么能算是积极入世？岂不与儒家的责任感、使命感相悖离？答案没有那么简单。儒家主张"化民成俗"，以教化治国，如果老百姓都教育好了，有了礼法，"民可，使由之"（老百姓所为符合道义，就顺其自然），还要今天一个主张，明天一个措施干什么？这种治国理念与老子"太上，不知有之"的境界不谋而合。

12.1 克己复礼

颜渊问仁。子曰:"克己复礼为仁。一日克己复礼,天下归仁焉。为仁由己,而由人乎哉?"

颜渊曰:"请问其目[①]。"子曰:"非礼勿视,非礼勿听,非礼勿言,非礼勿动。"

颜渊曰:"回虽不敏,请事[②]斯语矣。"

注 ①目:条目。②事:实行。

译 颜渊问如何做到仁。孔子说:"克制自己的言行,遵照礼的要求去做,就是仁。一旦这样做到了,天下称之为仁。能实行仁德与否,完全在于自己,难道还在于别人吗?"

颜渊说:"请问实行仁的条目。"孔子说:"不合乎礼的不要看,不合乎礼的不要听,不合乎礼的不要说,不合乎礼的不要做。"

颜渊说:"我虽然迟钝,也要照您的这些话去实行。"

心 读

礼是什么?

第一,礼是秩序,也是文化,相对于孔子时代来说周礼是传统文化。孔子以礼来规定仁,依礼而行就是仁的根本要求。礼以仁为基础，以仁来维护。仁是内在的，礼是外在的，二者融为一体，互为表里。这是孔子思想的核心内容，贯穿于《论语》始终。

第二，礼制精神实质在于自我约束，属于"内律"，不同于法律的"外塑"。"非礼勿视，非礼勿听，非礼勿言，非礼勿动"是自我约束，是"为仁由己"，是主观努力，而不是靠外因和外力，这与后世儒学研究者王阳明的"反求诸己"的心法相似，以自己的心力约束自己，不合礼的东西不看、不听、不说、不做，久而久之，也就符合礼的要求。

第三，"克己复礼"倡导的是恢复传统文化精神，而不是礼的行为方式。礼的精神，传统文化的精神，具有永恒的价值，但是礼的行为方式可以与时俱进。

12.2 勿施于人

仲弓问仁。子曰："出门如见大宾，使民如承大祭。己所不欲，勿施于人。在邦无怨，在家无怨。"仲弓曰："雍虽不敏，请事斯语矣。"

译 仲弓问怎样做才是仁。孔子说："出门办事如同去接待贵宾一样端庄有礼，管理百姓如同祭祀时一样恭敬谦和。自己不愿意的，不要强加于别人。在国事中没有怨恨，在家事中没有怨恨。"仲弓说："我虽然迟钝，请让我遵照您的教诲去做吧。"

心读

怎样才是"仁"呢？孔子做了全面的阐释。从待人接物上讲，出门就像接待重要宾客一样严谨。在管理百姓过程中，仿佛举行宗庙祭祀一样敬畏。在价值判断上坚持"己所不欲，勿施于人"，自己不愿意的事情，不能强加于别人。在道德行为的结果上看，如果能做到"仁"，那么在国事公事中不会有怨恨，在家事中也不会有怨恨。

现代人如能用这些准则要求自己，也可以做到公事家事中不怨天尤人，为自己创造一个和谐的工作和生活氛围。

12.3 言为心声

> 司马牛①问仁。子曰："仁者，其言也讱②。"曰："其言也讱，斯③谓之仁已乎？"子曰："为之难，言之得无讱乎？"

注 ①司马牛：姓司马，名耕，字子牛，孔子的学生，《史记·仲尼弟子列传》云："牛多言而躁，问仁于孔子。"②讱（rèn）：说话谨慎。③斯：就。

译 司马牛问怎样做才是仁。孔子说："仁人说话慎重。"司马牛说："说话慎重，这就叫做仁了吗？"孔子说："真做到说话慎重很困难，你刚才不就没有做到说话慎重吗？"

心 读

行为表现性格，性格决定命运。从人的行为习惯中，不难看出其性格特征。很多人，说话高声，语调尖刻，语速偏快，往往映射心地不善，心胸狭窄。语调平稳，内容严谨，语速适中，往往映射其宅心仁厚，心胸宽广。不完全准确，但八九不离十。

在学术界，有两种极端表现：一种是凭借语言的暴力，来一场疾风暴雨式的轰炸，热热闹闹，轰轰烈烈，结果是除了"痛快"，没有收获。另一种是平心静气，娓娓道来，言之有物，言之成理，以情感人，以理服人。语言暴力倾向者，往往奸佞狡诈，缺乏内力，虚张声势。语言中正平和者，内心多数坦荡仁厚，多数内功深厚，以人格和学识征服人。

12.4 君子不忧

> 司马牛问君子。子曰："君子不忧不惧。"曰："不忧不惧，斯谓之君子已乎？"子曰："内省不疚，夫何忧何惧？"

译 　司马牛问什么是君子。孔子说："君子不忧也不惧。"司马牛说："不忧愁，不恐惧，就能算是个君子吗？"孔子说："问心无愧，有什么可忧愁、恐惧的呢？"

心　读

很多注释说司马牛是宋国大夫桓魋的弟弟，说桓魋在宋国"犯上作乱"失败，全家被迫出逃，司马牛逃到了鲁国，拜孔子为师学习。但是，杨伯峻先生的《论语译注》中说这里的司马牛和《左传》里桓魋的弟弟并非一人，因为若是同一个人，司马迁应该会在《史记·仲尼弟子列传》中交代。

孔子回答司马牛怎样做才是君子的问题，这是针对性的回答，即不忧不惧、问心无愧。显然，孔子的回答也是针对司马牛此时的处境和心境给出了最佳答案：君子当心忧天下，心忧生民，心忧"德之不修，学之不讲"，而不是忧虑自己的处境、得失。北宋范仲淹精准地描述了"君子之忧"的境界："先天下之忧而忧，后天下之乐而乐。"

12.5 四海兄弟

司马牛忧曰："人皆有兄弟，我独亡。"子夏曰："商闻之矣：死生有命，富贵在天。君子敬而无失，与人恭而有礼，四海之内，皆兄弟也。君子何患乎无兄弟也？"

译 司马牛忧愁道："别人都有兄弟，唯独我没有。"子夏说："我听说过：'死生有命，富贵在天。'君子慎重无过失，对人恭敬有礼，那么，五湖四海都有兄弟。君子何愁没有兄弟呢？"

心 读

如上章所说，孔子劝司马牛不要忧愁，不要恐惧，只要内心无愧就是君子。本章子夏同样劝慰司马牛，说只要自己的言行合"礼"，就会赢得天下人的称赞，就不必发愁自己没有兄弟，"四海之内皆兄弟也"。

现代都市生活，同住一栋楼，甚至同住一层楼且同一单元，邻居之间老死不相往来，如今，"远亲不如近邻"应该翻转为"近邻不如远亲"。城市化、城镇化的现代社会，如何交朋友呢？独生子女如何交朋友呢？

孔子给出的答案仍然有积极意义：忠于职守而无过失，与人交往恭敬而有礼节、有分寸，如此，则"四海之内皆兄弟"也。

12.6 何谓明智

子张问明，子曰："浸润之谮①，肤受之愬②，不行焉，可谓明也已矣。浸润之谮，肤受之愬，不行焉，可谓远也已矣。"

注 ①浸润之谮（zèn）：像水那样一点一滴地渗透的、不易明显觉察到的谗言。谮，谗言。②肤受之愬（sù）：这是说像皮肤感觉到疼痛那样的诬告，即当面诽谤。愬，诬告。

译 子张问怎样才算明智。孔子说："像水润物细无声的暗中挑拨，像切肤之痛的诽谤，在你那里都行不通，可证明你明智。暗中挑拨的坏话和赤裸裸的诽谤，在你那里都行不通，可证明你有远见。"

心 读

暗中挑拨之言，直接诽谤之语，都不能影响自己的判断，就是明智。这样的智者自古很少，现实生活中也难找到，无论是熟人圈子、同事圈子，总有部分人心术不正，挑拨是非，造谣诽谤，从中获利。

俗话说："来说是非者，便是是非人。"拨弄是非者不是什么好人，尽管十之八九披着关心别人的外衣，其内心却十分龌龊。对付这种人和这种事的做法，就是不轻易相信，不轻易表态，不轻易理睬。俗话说："谣言止于智者。"源出于此。

12.7 诚信无价

子贡问政。子曰："足食，足兵，民信之矣。"子贡曰："必不得已而去，于斯三者何先？"曰："去兵。"子贡曰："必不得已而去，于斯二者何先？"曰："去食。自古皆有死，民无信不立。"

译 子贡问怎样治理政事。孔子说："使粮食充足，使军备充足，老百姓就信任统治者。"子贡说："如果不得已必须去掉一项，在三项中先去掉哪一项呢？"孔子说："去掉军备。"子贡说："如果不得不再去掉一项，这两项中该去掉哪一项呢？"孔子说："去掉粮食。自古以来，人都是要死的，如果失去了民众的信任，国家就难以存在了。"

心　读

读此章心情十分沉重。儒家认为，民众对政权的信任是国家存在的根本，离开了这种信任，国家将不复存在。经历30多年改革开放，粮食有了充足的保障，军备有了很大改善，但是却丢掉了民众对政府的信任。

信访愈演愈烈，就是政府公信力降低的证明。信访是因为对基层政府不信任，对基层执政者的公正缺乏信心，对执法者的合理性产生怀疑，通过信访或谋求公平，或谋求正义，或谋求利益最大化。

目前，这种状况有望得到缓解，依法治国，依法执政，依法行政，依法办事，正在成为社会治理能力现代化的主旋律。随着民主、法治、自由、诚信等核心价值体系的建立，民众对公务员、对政府、对法律的信任有望逐步增强，权大于法、情大于法、人大于法的恶习有望逐步荡除。

如果民众与政府不能信任，国家就处在危险中；对此，为政者和为教者不可熟视无睹。

12.8　表里如一

棘子成①曰："君子质而已矣，何以文为？"子贡曰："惜乎！夫子之说君子也。驷②不及舌。文犹质也，质犹文也，虎豹之鞟③犹犬羊之鞟。"

注 ①棘子成：卫国大夫。古代大夫都可以被尊称为夫子，所以子贡这样称呼他。②驷：拉一辆车的四匹马。③鞟（kuò）：去掉毛的动物皮，即革。

译 棘子成说："君子本质好就行了，追求那些表面纹饰干什么？"子贡说："真遗憾！先生竟这样谈论君子，一言既出，驷马难追啊。本质就是文采，文采就是本质，一样的重要啊。去了毛的虎、豹皮，就如同去了毛的犬、羊皮一样啊。"

心 读

文质彬彬必须达到内心与外表的统一，思想与文采的统一，情感与情态的统一。大而言之，作为人格特征，儒家认为内心的仁爱，要通过外在的礼仪表达出来。内外统一，文质彬彬，然后君子。小而言之，作为文章，儒家追求思想与文采的统一。再好的思想，没有精彩的形式，也不能传承，也无法传播——"言之无文，行之不远"。好的思想情感，好的文采词章，二者融为一体，方能成就千古绝唱。

于生命状态而言，儒家追求真诚，虽然没有在"真诚"之下在把感情细化，但是可以肯定，儒家的情感态度是：爱就是爱，恨就是恨，敢爱敢恨。儒家知识分子针砭时弊的勇气风气都源于真诚和责任。

12.9 民富国足

哀公问于有若曰："年饥，用不足，如之何？"有若对曰："盍彻①乎？"曰："二②，吾犹不足，如之何其彻也？"对曰："百姓足，君孰与不足？百姓不足，君孰与足？"

注 ①盍：何不。彻：西周的一种田税制度，"十一而税谓之彻"。②二：抽取十分之二作为税收。

译 鲁哀公问有若说："遇到了饥荒年，国家用度不足，怎么办？"有若回答说："为什么不实行彻法，只抽十分之一的田税呢？"哀公说："现在抽十分之二，我都还不够，怎么能只抽十分之一呢？"有若说："如果百姓用度够，您怎么会不够呢？如果百姓用度不够，您怎么又会够呢？"

心 读

儒家思想的根本在于以人为本，以民为本，体现在经济思想上就是富民思想和富民政策。由于生产力水平局限，儒家关注技术进步不够，但是儒家却重视民生，重视休养生息。儒家在社会管理上，提倡让利于民，反对与民争利。儒家的国家管理战略有三项：富民、足食、足兵。富民第一，民生第一。

当今社会的弊端，莫过于官与民争利，企业管理者与员工争利，既得利益集团与弱势群体争利。

12.10 忠信不惑

子张问崇德辨惑①。子曰："主忠信，徙义②，崇德也。爱之欲其生，恶之欲其死，既欲其生，又欲其死，是惑也。'诚不以富，亦祗以异'③。"

注 ①崇德：提高道德修养的水平。惑：迷惑，是非不明。②徙义：向义靠拢。徙，迁移。③诚不以富，亦祗以异：这是《诗经·小雅·我行其野》中的最后两句。此诗表现了一个被遗弃的女子对其丈夫喜新厌旧的哀怨情绪。

译 子张问怎样提高道德修养，如何辨别是非。孔子说："忠信为主线，逐步接近道义，这样可以提高道德修养。爱某个人，渴望他活得好。厌恶某个人，恨不得他立即死去。既要他生，又要他死，自己迷惑。正如《诗经》所说'即使不是嫌贫爱富，也是喜新厌旧'。"

心　读

儒家不仅有实用理性的传统，也有情感理性的追求。情感属于道德的维度，情感高尚是人格高尚的基础。很多人对孔子这一章引用《诗经·小雅·我行其野》中的诗句"诚不以富，亦祗以异"觉得莫名其妙。其实引用这两句诗的意思非常明确，儒家反对喜新厌旧，认为这有悖于"忠信"的价值追求，正因为如此，所以迷惑。感情如此，道德亦如此！

12.11 角色强化

齐景公①问政于孔子。孔子对曰："君君，臣臣，父父，子子。"公曰："善哉！信如君不君，臣不臣，父不父，子不子，虽有粟，吾得而食诸？"

注 ①齐景公：名杵臼（chǔ jiù），公元前547年—公元前490年在位，是齐国历史上在位时间最长的国君。"崔子弑齐君"里面的大夫崔子杀了齐庄公后，立齐庄公年幼的弟弟作国君，是为齐景公。

译 齐景公问孔子治理国家的方法。孔子说："做君主的要像君主的样子，做臣子的要像臣子的样子，做父亲的要像父亲的样子，做儿子的要像儿子的样子，各正本位。"齐景公说："对呀！如果君不像君，臣不像臣，父不像父，子不像子，即使粮食很多，我能吃得上吗？"

心　读

孔子的意思是，君主像君主，臣子像臣子，父亲像父亲，儿子像儿子，那么这个国家就得到治理了。孔子这句话用现代管理学阐释就是定位好角色，把握好角色，扮演好角色。

中国现在社会的乱象之一，就是角色的混乱，比如说教授越来越像商人，商人越来越像教授……以教育为例，角色错位也非常厉害，教育厅长干局长的活，教育局长干校长的活，校长干副校长或中层的活……

整个社会体制中，最严重的整体角色错位表现为，权力越来越上移，责任越来越下推。站在上位的人把自己想要的全部拿上去，不想要的如责任等全部推给下位者，这样的机制真的太可怕，这样的社会真的太可怕。

后世统治者或者伪儒学者，把"君要臣死，臣不得不死，父要子亡，子不得不亡"这样的糟粕强加给儒家和孔子，实在对不起儒家，对不起孔子，对不起良心。

12.12　片言折狱

子曰："片言可以折狱者①，其由也与②？"子路无宿诺③。

注　①片言：片面之辞，也叫"单辞"。打官司一般都要有原告被告，叫做"两造"。折狱：断案。②其由也与：大概只有仲由吧。③宿诺：拖了很久而没有兑现的诺言。

译　孔子说："只听了单方面的供词就可以判决案件的，那就是仲由吧？"子路许下诺言必定急急忙忙去履行。

心　读

仲由可"片言"而"折狱"，这是为什么？有学者说子路明决，仅凭单方面的陈述就作出判断。有学者说子路为人忠信，人们都信服他，有了纠纷在他面前不讲假话，所以凭一面之辞就可以明辨是非。但无论哪种解释，都认同子路在刑狱方面才能卓越。从儒家的道德追求和德治理念上深入思考，有一种更准确的理解是：子路忠信，百姓忠信，断辞忠信，所以听了一方陈述，即可简明断案。

此外，此章评价"子路无宿诺"，孔子肯定是褒扬他的忠信精神，诚信态度。但是，现代社会，却需要多一些沉默，少一些承诺。

12.13　无讼境界

子曰："听讼，吾犹人也。必也使无讼乎。"

译　孔子说："审理诉讼案件的方法，我同别人是一样的。关键是必须使诉讼的案件根本不发生。"

心　读

孔子这段话是说，审理案件我跟别人差不多，区别在于我追求的是：按照先王之道治世，诉讼案件就没有了。

道家提倡无为而治，认为治理天下的至高境界是"太上，不知有之"，百姓不需要管理，不知道管理者是谁，不知道管理者的存在，作为一种理想可以，要实现则很难。

儒家则走相反路径，通过教育感化，提升百姓的道德修养水平，让百姓懂礼、守节、遵法，而不需要通过诉讼的形式解决民事、经济纠纷。其实，也如道家追求的理想一样，是很难达到的境界。

12.14 忠于职守

> 子张问政。子曰："居之无倦，行之以忠。"

🔵 **译** 🔵　子张问如何治理政事。孔子说："居官位不懈怠，执行政策忠实。"

心　读

在岗位上不倦怠，忠实履行职责，做好本职工作。为政应如此，从教亦应如此。

教育行业内部最大的难题是校长、教师的职业倦怠。校长们因为不得不承受年复一年的考试、竞赛的压力，早已被迫迷失了教育的本质追求，舍本逐末，校长不敢有个性，学校难有个性，办学鲜有特色，如此，不倦怠才怪呢！一国、一省、一市的教师，在同一学科，使用相同的教材，使用相同的教参，甚至相同的教学辅导资料，目标的追求也单一，就是考试成绩。教育教学过程缺失了个性，缺失了创新，缺失了精神，缺失了情感，缺失了情怀，缺失了信仰，如此，不倦怠才怪呢！

此外，中国学术缺乏自由之思想机制，缺乏自由之发表空间，学术会议由领导掌控，专业杂志由学霸垄断，教师群体失去了张扬生命激情和学术创新成果的机制、舞台、空间，这也是教师职业倦怠的一个无法回避的深层次原因。所以，消除职业倦怠需要从体制根本上动手术。

12.15 博学尊礼

子曰:"博学于文,约之以礼,亦可以弗畔矣夫!"

(此章重出,见6.27。)

12.16 成人之美

子曰:"君子成人之美,不成人之恶。小人反是。"

译 孔子说:"君子成全别人的美好,而不助长别人的罪恶。小人与此相反。"

心 读

君子,在儒家教育体系中,是完美人格,是典范人格,是理想人格。在两千五百多年的历史长河中,君子人格已经浸润到中国人的世俗生活、政治生活和教育范畴中。在世俗社会里,人们以君子来称赞德高望重者。在政治体制内,人们以君子称赞官员高尚的人格和官德。在教育范畴中,君子是一种理想人格,是一种具有激励作用的人格范式。

"成人之美,不成人之恶",在教育上就是:用扬善强化人的优点,以隐恶来淡化人的缺点。做到了这一点,教育就非常成功。例如,当一个学生称赞同桌的成绩,又很嫉妒同桌的成绩时,教师受"君子成人之美"的启示,对其嫉妒心理和行为故意视而不见、听而不闻,甚至是故意装糊涂,不断表扬其"见贤思齐"的种种苗头和动向,不用太久,学生的嫉妒心理将会逐步淡化以致消失,其羡慕、追慕、学习的心理将得以强化,朝着"见贤思齐"的方向前进。

12.17 以身作则

> 季康子问政于孔子。孔子对曰："政者，正也。子帅以正，孰敢不正？"

译 季康子向孔子问政治之道。孔子回答说："政就是正。您以身则走正路，谁敢不走正道呢？"

心 读

"为政以德"并没有错误，更不是跟法治对立。目前，日本、新加坡、台湾等儒家文化地域，为政者若是徇私枉法，一旦公之于众，则必引咎辞职。因为民众要求为政者必须以身作则。中国大陆的这种舆论力量如能早日形成，无德、无才、无能且劣迹斑斑者，不敢赖在位上，不敢打击贤能者，不敢消灭异己，不能继续往上爬。如是，则社会走向清明，恐怕不会是美梦吧？

12.18 季子之忧

> 季康子患盗，问于孔子。孔子对曰："苟子之不欲，虽赏之不窃。"

译 季康子苦于盗匪成患，问孔子怎么解决这个问题。孔子回答说："如果您不贪，即使奖励，他们也不会偷盗。"

心 读

本章同样是孔子谈论为官从政之道。季康子如果自己不贪财物，即使奖励偷盗也不会有人干这行当。上位者做出了榜样，百姓则知道偷盗的耻辱。"窃国者侯，窃钩者诛"确实是历史的逻辑。如果上位者不知廉耻，却要求下位者讲廉耻，何其荒唐！如果上位者贪得无厌，却要求下位者廉洁从政，何其荒唐！季子之忧应当不是盗贼，而是心中贪婪之贼！

12.19 君子德风

> 季康子问政于孔子曰："如杀无道，以就有道，何如？"孔子对曰："子为政，焉用杀？子欲善而民善矣。君子之德风，小人之德草，草上之风①，必偃②。"

注 ①草上之风：风吹之于草上。②偃：倒。

译 季康子问孔子如何治理政事，说："如果杀掉无道的人，重用有道的人，怎么样？"孔子说："您治理政事，哪里用得着杀戮呢？您想行善，老百姓就会跟着行善了。居于上位者的品德好比是风，居于下位者的品德好比是草，风往哪个方向吹，草就跟着往哪个方向倒。"

心读

本章的君子指上位者，在儒家的理想政治中，处于上位的君子应当是道德高尚者，应当是民众的楷模。孔子的"君子之德风""小人之德草"都是比喻，强调的是上位者的道德示范和教化作用，仿佛春风拂面，教育者让人如沐春风。

无论是民主政治还是非民主政治，上位者的示范作用非常重要，有了示范作用才有外塑能力，仅仅依靠外力塑造理想人格，并赖此改变社会绝无可能。

如何改变中国当代社会面临的难题呢？仅仅依靠传统儒学，只能解决人本、人文、人心、人性的问题，可以解决中国人信仰迷失与缺失的问题，可以为中国人建立精神家园，但是却不能从操作层面解决中国面临的社会问题，这就需要走新儒学三圣"援西入儒"的路径，在民主政治上有所作为。所幸，今天民主、自由已成为中国社会的核心价值观。

如果继承传统儒学的精神，借鉴西方社会管理的方法，二者能够有机结合，将不仅开创儒学新境界，也将开创中国社会的盛世局面。

12.20 闻达邦家

> 子张问："士何如斯可谓之达矣？"子曰："何哉，尔所谓达者？"子张对曰："在邦必闻，在家必闻。"子曰："是闻也，非达也。夫达也者，质直而好义，察言而观色，虑以下人。在邦必达，在家必达。夫闻也者，色取仁而行违，居之不疑。在邦必闻，在家必闻。"

译 子张问："士怎样做才可以算成功呢？"孔子说："你说的成功是什么意思？"子张答道："在国内有名望，在族内有声望。"孔子说："这是虚名，不是通达。所谓通达，那是品质正直，遵从礼义，认真倾听且温和看着倾诉者，善待下人。这样的人，在国家通达，在族内也通达。至于有虚名的人，外表装出仁而行为却违背仁，以仁人自居不惭愧。这样的人，在国家浪得虚名，在族内也赢得虚名。"

心 读

孔子提出了相互对立的"闻"与"达"。"闻"是虚假的名声，并不是通达；而"达"则要求士大夫必须从内心深处具备仁、义、礼的德性，注重自身的道德修养，而不是追求虚名。"闻""达"合起来，就是道德修养境界很高，社会贡献很大，在社会和宗族获得广泛认可。如此境界，何其艰难！若能闻达，何其荣耀！

由于体制的局限，很多人讲话做事，不用负责任，什么话都敢说，什么牛皮都敢吹，什么坏事都敢做，因为无需对历史负责，也无法追究历史责任，更不会自觉追究良心的责任。

12.21 实事进德

> 樊迟从游于舞雩之下，曰："敢问崇德、修慝①、辨惑。"子曰："善哉问。先事后得②，非崇德与？攻其恶，无攻人之恶，非修慝与？一朝之忿，忘其身以及其亲，非惑与？"

注 ①慝（tè）：邪念。②先事后得：先致力于做事，利禄是自然而然会有。

译 樊迟陪着孔子在舞雩台下游玩，说："请问如何提高品德、改正邪念、辨别迷惑。"孔子说："问得好啊。做实事积累经验，不就是提高品德吗？纠正自己的缺点，而不攻击别人的缺点，这不就是改正自己的邪恶吗？因一时气愤，忘记了自己的身份，不顾及亲族，不就是迷惑吗？"

心　读

这一章讲的是做实事、长才干、增德行。

第一，做实事可以增进德行。无论是道德认知的体悟，道德情感的培养，道德意志的强化，道德行为的端正，都需要实践强化。比如热爱劳动的品质，如果自身没有享受过劳动的快感和欢乐，如何有热爱劳动的道德修养和境界？

第二，纠正缺点，同时不攻击别人的缺陷，才能去掉邪恶的念头。读到这里，可以印证"攻乎异端，斯害也已"的正确理解是"攻击其他学派的学说，那是非常危险的"，而非"学习其他学派的学说，那是非常危险的"。理由很简单，孔子认为去掉邪念必须改正缺点，同时不能攻击别人的缺陷。

第三，作为社会人，要有责任感。对自己负责，对亲人负责，然后才会对社会负责。做实事增进德行，改正缺点不指责别人的缺陷，克服冲动不至于迷惑。

这三件事，不容易。

12.22 仁与智

樊迟问仁。子曰："爱人。"问知。子曰："知人。"樊迟未达。子曰："举直错诸枉①，能使枉者直。"

樊迟退，见子夏，曰："乡②也，吾见于夫子而问知，子曰'举直错诸枉，能使枉者直'，何谓也？"

子夏曰："富哉言乎！舜有天下，选于众，举皋陶③，不仁者远矣。汤④有天下，选于众，举伊尹⑤，不仁者远矣。"

注 ①错：同"措"，放置。诸：之于。枉：与"直"相对，邪恶。②乡（xiàng）：同"向"，过去。③皋陶（gāo yáo）：传说是舜时掌握刑法的大臣。④汤：商朝的第一个君主，名履。⑤伊尹：商朝第一个国君汤的宰相，曾辅助汤灭夏兴商。

译 樊迟问如何做到仁。孔子说："爱人。"樊迟问什么是智，孔子说："识人。"

樊迟还是不明白。孔子说："选拔正直的人放在邪恶的人的上位，能使邪者归正。"

樊迟退出来，见到子夏说："刚才，我求见老师，问他什么是智，他说'选拔正直的人放在邪恶的人的上位，能使邪者归于正直'，这是什么意思啊？"

子夏说："这话说得深刻啊！舜得天下，在众人中挑选人才，选拔了皋陶，不仁的人渐渐少了。汤得天下，在众人中挑选人才，选拔了伊尹，不仁的人渐渐少了。"

心　读

教导樊迟两个问题：仁和智。

关于仁，孔子对樊迟的解释与别处不同，说是"爱人"，实际上孔子在各处对仁的解释都有内在的联系。他所说的爱人，包含有古代的人文主义精神，把仁作为他全部学说的对象和中心。正如学者张岂之先生所说，儒学即仁学，仁是人的发现。

关于智，孔子认为是识人，选拔贤才，罢黜邪才。但在历史上，许多贤能之才不但没有被选拔，反而受到压抑，而一些奸佞之人却平步青云。

仁不容易，智也不容易！

12.23 不可则止

子贡问友。子曰："忠告而善道之，不可则止，毋自辱焉。"

译 子贡问朋友之道。孔子说："忠诚地劝告他，好好地引导他，如果他不肯听从，就先停止规劝，不要自取其辱。"

心 读

在人伦关系中，"朋友"一伦最松弛。朋友之间讲求一个"信"字，这是维系双方关系的纽带。

对待朋友的错误，坦诚劝导，推心置腹，讲明利害，如果朋友坚持不听，也就作罢。如果别人不听，你一再劝告，就会自取其辱。这是交友的基本准则。

清末志士谭嗣同认为朋友这一伦最值得称赞，他甚至主张用朋友一伦改造其他四伦。

其实，孔子所讲，蕴含了对人的主体性的承认和尊重，儒家的政治理念和教育理念、教育思想，都是建立在这种对人作为主体承认和尊重的基石上。劝勉朋友出于友谊和道义，听与不听却是朋友的权利和责任。

仔细思考，这句话中还有君子人格的自律："无固。"不要太固执，太执着，要相信朋友。

12.24 以文会友

曾子曰："君子以文会友，以友辅仁。"

译 曾子说："君子以文章学问来和朋友交流，以朋友辅助自己提高仁德修养。"

心 读

曾子继承了孔子的思想，主张以文章学问作为结交朋友的载体，以互相帮助培养仁德作为结交朋友的目的，这是君子所为。

以文会友，以文交友，道义相期的朋友在现实社会已经成为奢侈品。体制内外，有的是利益博弈。成人世界，多的是利益交换。群体之内，追求的是利益增生。人际之间，琢磨的是利益多少。

这样的社会，单纯依靠教化改变，非常困难。所以，寄希望于未成年人，寄希望于基础教育，寄希望于人文教育，寄希望于优秀传统文化经典教育。

13.1 为政要诀

> 子路问政。子曰："先之①，劳之。"请益②。曰："无倦③。"

注 ①先：引导，先导。之：指老百姓。②益：增加，多。③倦：厌倦，松懈。

译 子路问政治。孔子说："以身作则，使老百姓勤劳。"子路请求多讲一点。孔子说："不要懈怠。"

心　读

孔子强调"政者，正也"，所以为官者有做出榜样的职责。"先之，劳之"，为官者有一个职责就是通过引导和示范使百姓勤劳。除此之外，永远不懈怠。

儒家管理思想与道家管理思想本质上的相同点是把复杂的问题简单化。依照孔子的主张，管理一个领域，管理一个地方，做好三件事情就可以了：一是自己做出榜样；二是使下属或百姓勤劳；三是认准的道路坚持不懈走下去，不能朝令夕改。

真的那么简单吗？是的。比如校长管理好学校：首先是校长率先垂范，要求教师做到的自己先做到；其次，想办法让教师忠于职守，勤于学习、思考、研究、教学；三是自己和教师享受教育的快乐，永无职业倦怠。

比较遗憾的是，现代中国社会管理的弊端与孔子的主张正好相反，选择的是把简单的问题复杂化的路径，把社会管理职责泛化，所以公职人员不堪重负。体制内一些人面对某些领域的"自然"状态，本能反应："缺位了，失控了。"所以，要去管理那些原本不需要管理的领域，在不需要权力的地方建立权力，用权力去经营利益。

孔子是开民办教育的先驱。让教育独立于体制之外，让教育摆脱陈腐体制、机制的制约，让教育奏响人本主义、人道主义、人文主义的旋律。孔子是校长，也是教师，孔子之上没有教育局长，没有教育厅长，没有教育部长，真正是教育家办教育。正因为如此，才成就了孔子作为伟大教育家的地位。

中国大学发展的黄金时代，与政府的放养有一定关系：蔡元培主政北京大学、梅贻琦主政清华大学、张伯苓创办和主持南开大学等，都是因为军阀混战，无暇顾及大学，大学获得高速发展。八年抗战是中国大学发展的第二个高峰，政党、政府集中力量抗战，把办学自主权完全交给了学校，所以才有西南联大的奇迹，才有东方剑桥——浙江大学的诞生和发展。

每思于斯，心情总是不能平静。

13.2 管理要诀

仲弓为季氏宰，问政。子曰："先有司①，赦小过，举贤才。"曰："焉知贤才而举之？"子曰："举尔所知。尔所不知，人其舍诸？"

注 ①有司：具体负责的官吏。

译 仲弓做了季氏的家臣，问怎样管理政事。孔子说："先责成手下各负其责，赦免他们的小过错，选拔贤才。"仲弓又问："怎样认识贤才并选拔出来呢？"孔子说："选拔你所知道的，你不知道的贤才，别人难道就会埋没他们吗？"

心　读

子路问的是政治，仲弓问的是管理。如何当好季氏的家臣呢？一是明确职责，各在其位，各谋其政，各司其职，各负其责。二是不计小过，"水至清则无鱼，人至察则无徒"，想部下个个完美无瑕，称心如意，那就只好什么事情都自己做了。三是选拔贤才，选择贤能君子，天下归心。

13.3 名正言顺

子路曰："卫君①待子而为政，子将奚②先？"子曰："必也正名③乎。"子路曰："有是哉，子之迂④也。奚其正？"子曰："野哉，由也。君子于其所不知，盖阙⑤如也。名不正，则言不顺，言不顺，则事不成，事不成，则礼乐不兴，礼乐不兴，则刑罚不中，刑罚不中，则民无所错手足。故君子名之必可言也，言之必可行也。君子于其言，无所苟而已矣。"

注 ①卫君：卫出公，名辄，卫灵公之孙。②奚（xī）：什么。③正名：即正名分。④迂：迂腐。⑤阙：同"缺"，存疑的意思。

译 子路对孔子说："卫国国君想要用您治理国家，您打算先做哪些事情呢？"孔子说："必须正名分啊。"子路说："这样行吗？

太迂腐了吧。怎么正名分呢？"孔子说："粗野啊，仲由。君子对不知道的事情，常常存疑沉默。名分不正，说话就不顺理成章。说话不顺理成章，事情就不能成功。事情办不成，礼乐就不能复兴。礼乐不能复兴，刑罚就不能适当。刑罚不当，百姓就不知所措了。所以，君子（上位管理者）在其位必能讲出道理来，讲出道理就一定行得通。君子对自己的言行从不苟且。"

心　读

本章讲述儒家管理学。

"名"在那个时代的含义是"字"，"名不正"即是说"字的含义不明确"，引申为角色定位不清，职责不明，事权不明。"正名"的具体内容包括"君君，臣臣，父父，子子"在内的明确对象、内涵和相关职责等，只有"名正"才可以"言顺"，接下来的事情就迎刃而解了。

孔子这段话的核心思想，在现代语境中可以简单理解为：治理国家首先要做的事情，就是明确各级主管部门的岗位角色和所要推进的工作。如果角色混乱，责任界限不明确，协调交流就不顺，就无法推进相关工作，就无法复兴礼乐，刑法执行就不当。

处在上位的君子，要注意明确角色和责任界限、事项分类，部署的工作能够讲出道理，能够行得通；处在上位的君子，要慎言慎行，不可以信口开河。

13.4 樊迟学稼

樊迟请学稼。子曰："吾不如老农。"请学为圃①。曰："吾不如老圃。"樊迟出。子曰："小人哉，樊须也。上好礼，则民莫敢不敬；上好义，则民莫敢不服；上好信，则民莫敢不用情②。夫如是，则四方之民襁负其子而至矣，焉用稼？"

注 ①圃：菜地。②用情：以真心实情来对待。

译 樊迟请教如何种庄稼。孔子说："我不如老农。"樊迟又请教如何种菜。孔子说："我不如老菜农。"樊迟退出以后，孔子说："樊迟是个小人。在上位者只要重视礼，老百姓就不敢不敬畏；在上位者只要重视义，老百姓就不敢不敬服；在上位的人只要重视信用，老百姓就不敢不真诚待人。做到这样，四面八方的老百姓就会背着自己的小孩来投奔，哪能靠在上位的人亲自去种庄稼呢？"

心 读

孔子认为，社会管理的关键在于做好三件事。

一是讲礼仪。礼仪是约定俗成的行为规范，是族群文明素质的最重要的标志，某一族群是否文明，未必是看他们是否懂法律，也未必是看他们读了多少书，而是看其遵守礼仪的状况。中国号称礼仪之邦，却完全丢失了礼仪传统，以至于国人出境旅游，成了西方人规避、嘲笑、批判的对象，实在难堪，实在不该。令人担忧的是，现在依然看不到我们重建东方礼仪的正确路径。

二是讲诚信。人与人之间要讲诚信，族群与族群之间要讲诚信，个人与族群之间要讲诚信，集团与集团之间要讲诚信，民众与国家之间也要讲诚信。只有诚信，才有信任。中国人对国家政权的不信任，源于执政过程中缺失了诚信。

三是讲正义。公平、正气、同情和照顾弱者等都是正义的范畴。现代社会讲公平，也倡导正义，但是对弱者的同情、照顾却做得非常差。南方某大城市，立交桥底下原本有很多流浪者过夜，暂避风雨，但是，不知何时开始，逐步浇筑了水泥三角桩。我不明白了为何连流浪者睡立交桥底的这点可怜的机会也要剥夺？城市的文明不在于高楼，不在于生产总值，而在于人文关怀！试问中国之大，有几个城市能包容和关怀这种弱势群体呢？

樊迟问稼，不能证明孔子轻视劳动技术。一是农耕文明初级阶段，农业技术不需要以教学方式传授。需要传授的，如驾车，孔子已经列入学校必修课。二是孔子批评樊迟"小人"，也只是说他胸无大志，并不能说明种庄稼、种菜就是"小人"。

孔子办学，不是培养农民，不是培养菜农，而是培养精英，以精英传承文化，传播文化，改变社会。在孔子看来，学好礼仪，讲求信义，天下归心，大事可成。

13.5 诗教追求

子曰："诵《诗》三百，授之以政，不达①；使于四方，不能专对②。虽多，亦奚以③为？"

注 ①达：通达，即会运用。②专对：独立对答、应对。③以：用。

译 孔子说："就算《诗经》三百篇熟读成诵，但是让他处理政务，却办不成；让他出使别国，却不能独立地与对方交涉。那么背得再多，又有什么用呢？"

心 读

《诗经》，是孔子教授学生的主要内容之一。《诗经》属于言语科的内容，但是，孔子传授《诗经》的目的，却不全在于言语，主要在于"兴、观、群、怨"和"迩之事父，远之事君"，翻译成现代汉语，目的在于培养学生高尚的情感（兴）、拓展视野（观）、学会与人相处（群）、批评社会（怨），同时也通过《诗经》培养忠君孝亲精神。所以，诗经涵盖内容甚广，包括爱情教育、伦理教育、政治教育、历史教育、责任教育、国情教育（国风部分可以了解民情风俗，为外交活动做铺垫）等。孔子开诗教先河，目标追求却是人格培养。

13.6 身教为重

> 子曰："其身正，不令而行；其身不正，虽令不从。"

译 孔子说："自身正了，即使不发布命令，老百姓自然会去做；自身不正，即使发布命令，老百姓也不会服从。"

心 读

无论古代抑或当代，无论东方抑或西方，也无论是教育系统抑或非教育系统，孔子的这种观念具有永恒的价值。自己正派，不发命令，下属也会尊道、尊礼而行。自己不正派，发布命令也没有人执行。要"言传"，更要"身教"，"身教"重于"言传"。"言传身教"结合起来，效果最佳。对教师的教育，对学生的教育都是如此。

20世纪90年代初期，我曾经被安排到一所较差的区属中学做校长，别人问我用多长时间可以改变学校的面貌，我说：物质面貌可能需要两到三年，精神面貌只需要一个学期。也是这个时候，我在中国校长中较早敢于公开许诺和倡导"我的任何一堂课，对任何人开放"，同时也宣布"各位老师的任何一堂课，允许校长随堂学习"，结果一年之内，教育质量在区内名列前茅。

教师之于学生也是如此，师生近距离接触，近距离交流，学生接受的不仅是"言传"的知识，而且还有"身教"，更有教师的情感、态度、价值观等多维的辐射，有教师人格磁场、生命磁场对学生的磁化和滋养。所以，中学教师像大学教授那样"裸教"，是基础教育的误区。疯狂建大学城，盲目扩招，剥夺了师生互动的机会，更是中国高等教育的悲剧。

13.7 兄弟之国

子曰："鲁卫之政，兄弟也。"

译 孔子说："鲁和卫两国的政治，就像兄弟之间的事情一样。"

心 读

鲁国是周公旦的封地，卫国是康叔的封地，周公旦和康叔是兄弟，当时两国的政治情况有些相似。所以孔子说，鲁国的国事和卫国的国事，就像兄弟一样。

孔子的感叹至少有三重意味：

一是感叹周王朝的没落，有"黍离之悲"。

二是哀其不幸，覆巢之下无完卵，两国如同兄弟，处境亦如兄弟，每况愈下。鲁国遭遇了三家瓜分之后，又遭遇齐国、宋国、楚国的觊觎，内忧外患，国无宁日。卫大同小异，成公时险些被晋国灭掉，卫献公又被大臣驱逐，随后卫庄公、卫出公父子之间又争位。

三是怒其不争。孔子感叹鲁国、卫国既没有传承周朝文化，也没有改革创新，走出一条新路。孔子赞扬管仲，赞扬的就是管仲的改革精神，认为管仲属于"仁人"，就是对改革的肯定。

"兄弟之国"哀叹声中充满对改革的期盼。

13.8 适可而止

> 子谓卫公子荆①："善居室②。始有，曰：'苟合矣③。'少有，曰：'苟完矣。'富有，曰：'苟美矣。'"

注 ①卫公子荆：卫国大夫，字南楚，卫献公之子。②善居室：善于管理经济，居家过日子。③苟：差不多。合：足够。

译 孔子谈到卫国的公子荆时说："他善于管理经济，居家理财。刚开始有点财物，他说：'差不多够了。'稍微多点时，他说：'差不多完备了。'更多点时，他说：'差不多完美了。'"

心 读

本章内涵有二：一、儒家并不崇尚奢华，适可而止，符合中庸之道；二、儒家崇尚精神生活，物质生活始终处第二位。

人是精神的动物，思想的交流，思想的创造，思想的传播始终占有重要地位。人是情感的动物，情感的发生，情感的交流，情感的共振，情感的愉悦享受，在人的生活中也占有重要地位。人是社会的动物，人的被认识，被认可，被尊重，是最大的满足与成功。这就是为什么孔子赞扬卫国公子荆"适可而止"的家庭经营管理原则的深层原因。

儒家适可而止的治家理念，可以遏制现代人无限的贪欲。反贪肃贪，"苍蝇""老虎"一起打，效果不错，但要标本兼治，尚需时日，因为剔除心中的贪欲，非一夕之功。

13.9 富民教民

子适卫，冉有仆①。子曰："庶②矣哉。"冉有曰："既庶矣，又何加焉？"曰："富之。"曰："既富矣，又何加焉？"曰："教之。"

注 ①仆：驾车。②庶：众多。

译 孔子到卫国去，冉有为他驾车。孔子说："人口真多呀。"冉有说："人口众多了，又该做什么呢？"孔子说："使他们富裕。"冉有说："富裕后又要做些什么？"孔子说："教化他们。"

心 读

富民为先还是教民为先，显然儒家认为必须先富民，然后才是教民，正所谓"仓廪实而知礼节"，大家都饿着肚子，知礼节可以，讲礼节恐怕连体力都没有。在今天的语境中，儒家富民教民其实就是"物质文明是基础，精神文明是追求"。

改革开放三十多年，人均国民生产总值已经接近发达国家。如果按照美国人的估价——美元对人民币约为1:3，中国已经进入中等发达国家水平。富民的任务基本完成了，教民却任重而道远，因为我们付出的道德生态代价、信仰缺失代价、诚信缺失代价实在太大了，三十年恐怕难以完成教民的任务。因为工作关系，我曾经多次去过台湾，不少人问我，台湾人与大陆人素质差异大不大，我说大陆至少与台湾相差三十年。比如公平意识、同情意识、民主意识、宗教意识、法治意识等，三十年未必能够达到台湾今天的水平。人文生态的破坏，远远高于自然生态。

13.10 三年有成

> 子曰："苟有用我者，期月而已可也，三年有
> 成。"

译 孔子说："如果用我，一年可以初见成效，三年有成就。"

心 读

强烈的使命感和责任感，是儒家的显著标志。积极入世，积极作为，积极推动社会发展，是儒家孜孜不倦的追求。孔子的自信在于"以德治国，以礼治国，以仁治国"。当然，从"片言可以折狱"的赞许看，儒家从来都没有排斥法治，只不过认为法治是辅助手段，而不是目的。

孔子的自信也在于自己的政治实践，做中都宰可以做成典范，做鲁国司寇可以做到让邻国紧张和嫉妒，所以孔子说一年初见成效，三年大见成效，绝非夸张。

蔡元培有句名言："要使一所大学风气转变，至少也需要一年。"他自己主政北大，也是一年初见成效，三年成为中国第一校和世界名校。

很多社会人士迷信百年老校，对历史相对短的学校不屑一顾。也有很多教育界人士，对自己缺乏自信，不敢挑战百年老校。正如闻道有先后一样，学校是否属于**名校**，不在于历史，不在于名气，而在于其校长、教师，及其思想、理念、管理和文化。其校长是卓越的，其教师是优异的，其思想是科学的，其理念是先进的，其管理是高效的，其文化是优秀的，如是，则不仅是名校，也是强校。

中国现代教育历史很短，如果老是亦步亦趋，跟在别人后面，则永远没有弯道超车和跨越发展的可能。

13.11 诚哉斯言

子曰："善人为邦百年，亦可以胜残去杀矣。诚哉是言也！"

译 孔子说："善人治理国家如果达到一百年，基本就可以消除残暴，废除刑罚杀戮了。这话真对呀！"

心　读

孔子说，善人治国需要一百年，可以"胜残去杀"，达到理想的境界。为何要经历一百年呢？因为春秋无义战，春秋破坏的不仅有政治体制，还有伦理基础，礼乐体系等，要重建礼乐文化，重建伦理体系，绝非十年、二十年那么简单。

1919到1949年，中国人砸烂了一个旧世界，但是1949年到今天，六十多年过去了，尚未完成一个新世界的建立：没有建立新的道德规范，没有建立新的诚信体系，没有建立新的人文精神。如今，民粹主义横行，网络群殴、网络暴力、网络民粹几乎成常态，要建立新的人文主义精神，或许尚需要数十年工夫。

孔子说百年才可以消除残暴与杀戮，不是消极言论，而是客观规律。

13.12 世而后仁

子曰："如有王者，必世而后仁。"

译 孔子说："如果有王者兴起，定需三十年才能实现仁政大兴。"

商汤灭桀，武王伐纣，流血漂杵，史学界称之为汤武革命。虽然商汤、武王都是王者，但是面对无道昏君，面对社会的黑暗，不能不选择流血革命。革命之后，洗涤杀伐之气，建立一个平明社会，没有三十年真的不行，这是对教育规律的尊重。

如果不是商汤、武王这样的王者取得天下，不要说三十年达到仁政的效果，维持三十年都困难。历史上秦二世十五年而亡，太平天国十四年而亡，都是不行教化，不行仁政且走极端的结果。

改变人的思想，改变人的观念，改变人的习惯，建构核心价值体系，建设伦理精神和规范，三十年时间未必够用。

13.13 正身正人

子曰："苟正其身矣，于从政乎何有？不能正其身，如正人何？"

译　孔子说："如果端正自身，治理政事有什么困难？不能端正自身，怎能端正别人？"

西方政治对"正身"的要求比我们严格很多，怎么能说西方只是法治而没有德治呢？所以德治并非不可行，像西方一样，德治与法治并重，德治的效果才会出来。儒家经典《大学》所阐述的发展路径"格物、致知、诚意、正心、修身、齐家、治国、平天下"是一个从王侯以至于庶人都应该走的正路。中国有一句俗话：上梁不正下梁歪。历史和现实都是如此。对错可以用时间检验。

13.14 清议滥觞

> 冉子退朝。子曰："何晏也？"对曰："有政。"
> 子曰："其事也？如有政，虽不吾以，吾其与闻之。"

译 冉求退朝回来。孔子问："为何这么晚呢？"冉求说："有政事要处理。"孔子说："只是季氏的家务事吧？如果有政事，虽然国君不用我了，我也会知道。"

心 读

孔子不在其位，却谋其政，这是儒家以天下为己任的清议作风的源头，也是儒家入世情怀的伦理源头。

孔子一是给冉求的工作定性，冉求为季氏的家臣，忙的肯定是他的"家事"，充其量是事务，不是政务。二是孔子作为道德高尚者，足不出户，自然能知天下事，何况是鲁国的事情。三是孔子虽然被迫"退出江湖"，但依然心忧天下，这是孔子的可贵，也是儒家的可贵。

除了人本、人道、人文外，儒家另一个显著标志是积极参与社会，积极改造社会，积极推动社会向前发展。即便是不能直接参与政治，也会通过"清议"来促进社会改革发展。

13.15 一言兴邦，一言丧邦

> 定公问："一言而可以兴邦，有诸？"
> 孔子对曰："言不可以若是，其几①也。人之言曰：'为君难，为臣不易。'如知为君之难也，不几乎

一言而兴邦乎？"

曰："一言而丧邦，有诸？"

孔子对曰："言不可以若是，其几也。人之言曰：'予无乐乎为君，唯其言而莫予违也。'如其善而莫之违也，不亦善乎？如不善而莫之违也，不几乎一言而丧邦乎？"

注 ①几：几乎，接近，近似。

译 鲁定公问："一句话可以使国家兴盛，有这样的话吗？"

孔子答道："语言作用不可能这么高，但是比较接近。有人说：'做君难，做臣不易。'如果知道了做君难，这不就是一句话可以使国家兴盛吗？"

鲁定公又问："一句话可以亡国，有这样的话吗？"

孔子回答说："语言作用不可能这么高，但比较接近。有人说过：'我做君主并不高兴，高兴的只有我所说的话没有人敢违抗。'如果说得对而没有人违抗，不也好吗？如果说得不对而没有人违抗，那不就差不多一句话可以亡国吗？"

心　读

"一言兴邦，一言丧邦"，极言语言力量之大。

孔子认为，一句话立即亡国或许过分了，但是促使国家败亡倒是真有可能。"如不善而莫之违也"，那么君主任何一句话都可以丧邦。

南宋赵构十二道金牌命岳飞"班师回朝"，朝臣不敢直谏，岳飞不敢违抗——岳飞显然接受的是伪儒学教育，所以南宋灭亡也是必然的。

皇太极实施反间计，让崇祯皇帝相信袁崇焕与清军之间有密约，于是下令逮捕，凌迟处死，袁崇焕在行刑前遗言："一生事业总成空，半世功名在梦中。死后不愁无勇将，忠魂依旧守辽东。"皇帝一句话便将忠贞之士处以极刑。

君王说得不对却没有人违抗，最终落得丧命丧国的下场，这是最典型的"一言丧邦"的例子。

反之，认识到"为君难，为臣不易"，做到"君君臣臣"，国家可以兴旺；自古及今，君臣同心同德，王朝必定兴盛。

13.16 叶公问政

> 叶公问政。子曰："近者悦，远者来。"

译 叶公问孔子怎样管理政事。孔子说："能让近处的人高兴，远处的人归附。"

心 读

叶公是小国之君，管理的国家相当于今天一个县级市，请教如何管理政事，孔子回答："能让身边的人高兴，远处的人归附。"如果信任下属，任人唯贤，唯才是举，"近处的人"自然快乐。以人为本，励精图治，行仁政人道，"老者安之，朋友信之，少者怀之"，则自然有"四方之民襁负其子而至"。

13.17 欲速不达

> 子夏为莒父①宰，问政。子曰："无欲速，无见小利。欲速则不达，见小利则大事不成。"

① 莒（jǔ）父：当时鲁国的一个城邑。

译 子夏任莒父的总管，问孔子政事。孔子说："不求快速，不贪小利。求快反而达不到目的，贪小利有可能坏大事。"

心　读

"欲速则不达"，充满辩证色彩。从政不要急功近利，否则就无法达到目的；不要贪求小利，否则就做不成大事。

现在官场的形象工程、政绩工程等，十之八九都是急功近利之举，透支子孙后世的资源，实现一己之小利，可悲。从教更不可急功近利，要执着于学生的长远发展，而不仅仅是眼前的高分。

个人成长也不可以急功近利，年轻时事业发展的蹉跌，几乎都是欲速不达。

13.18 亲亲相隐

叶公语孔子曰："吾党有直躬者①，其父攘②羊，而子证③之。"孔子曰："吾党之直者异于是。父为子隐，子为父隐，直在其中矣。"

注 ①直躬者：正直的人。②攘：偷。③证：告发。

译 叶公告诉孔子说："我家乡有个正直的人，他父亲偷了羊，他告发了父亲。"孔子说："我家乡正直的人不一样。父亲为儿子隐瞒，儿子为父亲隐瞒，正直就在其中了。"

心　读

孔子把正直的道德纳入"孝"与"慈"范畴，服从"礼"的规定。

今天的韩国，依然遵从父为子隐，子为父隐的法律，在非原则性的问题上，还可以保留。

我做博士论文期间，查阅"文革"史料，人们要互相揭发，要表达对政治概念或领袖的忠贞，父子反目，夫妻反目，朋友反目，无道义可言，无信义可言，无真情可言，真真看得脊梁骨都是冰凉的。祈愿上苍，历史不要重演。

当然，"父为子隐，子为父隐"必须有底线，如果牵涉到国家利益、民族利益、千万人的生死，那就不能"父为子隐，子为父隐"了。

13.19 樊迟问仁

樊迟问仁。子曰："居①处恭，执事敬，与人忠。虽之夷狄，不可弃也。"

注 ①居：在生活上，在家里。

译 樊迟问怎样才是仁。孔子说："生活谨慎庄重，办事严肃认真，待人忠诚信实。即使到了夷狄，也不背弃礼法。"

心 读

孔子认为"仁"包括"恭""敬""忠"三个德目。看起来简单，做起来很难：大千世界，五彩缤纷，诱惑很多，生活上规矩，不容易。忠人之事，如履薄冰，如临深渊，做好本职工作，不容易。待人忠厚，为人真诚，也不容易。

13.20 斗筲之人

子贡问曰:"何如斯可谓之士①矣?"子曰:"行己有耻,使于四方,不辱君命,可谓士矣。"曰:"敢问其次。"曰:"宗族称孝焉,乡党称弟焉。"曰"敢问其次。"曰:"言必信,行必果②,硁硁③然小人哉。抑亦可以为次矣。"曰:"今之从政者何如?"子曰:"噫!斗筲之人④,何足算也?"

注 ①士:士在周代贵族中处于最低层。此后,士成为古代知识分子的通称。②果:果断、坚决。③硁硁(kēng kēng):象声词,敲击石头的声音。这里引申为像石块那样坚硬。④斗筲(shāo)之人:比喻器量狭小的人。筲,竹器,能容五升。

译 子贡问道:"怎样才可以叫做士呢?"孔子说:"对自己的言行有羞耻之心,出使外国,能完成君主的使命,可以叫做士。"

子贡说:"请问次一等的呢?"孔子说:"宗族中的人称赞他孝顺父母,乡党们称赞他尊敬兄长。"

子贡又问:"请问再次一等的呢?"孔子说:"说到做到,做事坚持到底,那是不问是非、固执己见的小人啊。但也可以说是再次一等的士了。"

子贡说:"现在的执政者,您看怎么样?"孔子说:"哼!这些器量狭小的人,哪里能数得上呢?"

心　读

"士"首先是有知耻之心、不辱君命的人,其次是孝敬父母、顺从兄长的人,再次才是"言必信,行必果"的人。

孔子说他那个时代的当政者都是"斗筲之人",假如孔子生活在今天，在他看来当今的为政者有多少是"斗筲之人"？这个无法准确知道。不过除了当官什么都不会的定是斗筲之人，因为什么都不会，为了保住位置，就常常欺上瞒下，就经常拨弄是非，就时常嫉贤妒能。斗筲之人不除，国家前途堪忧。斗筲之人形成既得利益集团，社会就积重难返，国家就处在危险之中。

13.21 狂狷亦可

> 子曰："不得中行①而与之，必也狂狷②乎。狂者进取，狷者有所不为也。"

注 ①中行：行为合乎中庸。②狷（juàn）：拘谨，有所不为。

译 孔子说："若是找不到奉行中庸之道者交往，那么就与狂者、狷者相交往吧。狂者敢作敢为，狷者有时不敢作为。"

心 读

过犹不及，"狂"与"狷"是两种对立的品质都不符合中庸的要求。做人做事，如行中庸，必成大事大业也。但是，"天下国家，可均也；爵禄，可辞也；白刃，可蹈也；中庸不可能也"，能够达到中庸之道境界的人太少了，能够行中庸之道的人更少了，所以，孔子只能退而求其次，选择与狂狷者交往。

在中国人的记忆中，由于文化大革命的歪曲，中庸成了贬义，成了被攻击的思想。现在很多人依然认为中庸属于明哲保身的哲学，不利于鼓励人们进取。

事实正好相反，进取是对的，走向极端就错误：希特勒不进取吗？走极端，结果毁了自己，也毁了德国！大公无私不好吗？当然好。但是如果真的有人做到"他心中只有别人，唯独没有自己"，那就是虚伪。试问亲情能大公无私吗，爱情能大公无私吗？

现在看来，宗教绝大多数是终极关怀，是安顿灵魂。但是，宗教发展过程中的极端行为，一样是杀人无数，中世纪的宗教因为反对科学而杀了很多杰出的科学家，这些用儒家哲学来衡量，都是反中庸行为。

能够永垂青史的是人类的思想，但是能够毁灭人类的也是思想。

13.22 人贵有恒

子曰："南人有言曰：'人而无恒，不可以作巫医①。'善夫！""不恒其德，或承之羞②。"子曰："不占③而已矣。"

注 ①巫医：用卜筮为人治病的人。②不恒其德，或承之羞：引自《周易·恒卦·爻辞》，不能长久地保持自己的德行，免不了遭受羞辱。③占：占卜。

译 孔子说："南方人有句话说：'人如果无恒心，就不可以当巫医。'这句话非常好啊。""人不能长久地保持自己的高尚德行，免不了要遭受羞辱。"孔子说："这句话是说，没有恒心的人用不着去占卦了。"

心 读

孔子强调：一是人必须有恒心，这样才能成就事业；二是人必须恒久保持德行，否则就可能遭受羞辱；三是性格决定命运。如果没有恒心，不能恒久保持自己的高尚道德，不用算命先生预测，不用扶乱占卦，一定会遭受羞辱，必定命途多舛。

对这一章的理解，不能停留在字面上，仅仅有恒心是不够的，仅仅能保持自己的德行是不够的。恒心必须是进取的，德行必须是不断增进的。如此，才可能成功。

我亲眼见证，不少教育同仁，每天两眼一睁，忙到熄灯，责任心很强，但是几十年过去了，教法依旧，态度依旧，效果依旧。自己没有走上名师大师的道路，在平庸的道路上坚持了几十年，临近退休依然是平庸。原因很简单，因为其恒心在做水平运动，而不是在提升自己。其保持的是自己的某种行为习惯，而不是道德整体水平的进步。

13.23 和而不同

子曰："君子和而不同，小人同而不和。"

译 孔子说："君子讲求和谐而不追求每个人都一致，小人只求一致而不求和谐。"

心　读

"和而不同"是儒家最宝贵的哲学智慧和管理学智慧。求同，往往短命。求和，繁荣昌盛。

历史事实如此：三国时期，刘备、关羽、张飞桃园结义，以大哥的意见为意见，以大哥的意志为意志，这是蜀国的悲哀之一——义气求同。刘备大哥对诸葛孔明言听计从之后，孔明的智慧成了蜀国、蜀军行动的指南，似乎依靠孔明的锦囊妙计就可以解决一切问题，这是蜀国的悲哀之二——智慧求同。相比之下，曹操广纳贤才，广泛采纳不同意见，充分尊重每个人的个性，充分发挥每个人的才智，所以，天下英才才归附曹操。曹魏集团战胜刘备集团，几乎是没有悬念的。求同文化意味着生命力的萎缩，如果社会管理求同，意味着社会的崩溃。文化大革命因为求同（以一人思想为思想，以一人感情为感情），十年差点断送了新中国。

和谐思想用于教育，则教育获得生命活力。我曾经多次在学术场合痛陈：教育的追求是求异，而教育部、教育厅、教育局乃至乡镇教办的绝大多数教育行政管理者，每天都在干着"求同"的事，这样的教育如何发现个性？如何张扬个性？如何培养大师？钱学森之问，答案很简单，难就难在既得利益者不放权，难就难在教育成为出版商、教辅供应商博弈的最大利益市场。从教育视域看，和谐意味着对不同流派和风格的尊重，意味着对生命主体的尊重，意味着对个性的尊重，意味着教育的人性化和现代化。教育的和谐，需要体制的支持——没有思想之自由就不可能有和谐，所以，并不容易。

13.24 识人之明

子贡问曰："乡人皆好之，何如？"子曰："未可也。""乡人皆恶之，何如？"子曰："未可也。不如乡人之善者好之，其不善者恶之。"

译 子贡问孔子说："全乡人都喜欢他，这个人怎么样？"孔子说："这不能确定。"子贡又问孔子说："全乡人都厌恶、憎恨他，这个人怎么样？"孔子说："这也是不能确定。不如全乡的好人都喜欢他，全乡的坏人都厌恶他。"

心　读

我26岁任中学校长的时候，培养我的长者叶细幼先生跟我谈话说："谦虚是对的，但是不要奢望每个人都说你好。如果每个人都说你好，意味着我培养你是错误的。70%以上的教师认可你，50%以上的教师佩服你，30%以上的教师愿意追随你，你已经很了不起。"虽然叶细幼先生已经作古，但是这句非常朴素的谈话，却言犹在耳，宛如昨日。

那个时候，并没有通读《论语》，也不知道"乡里每个人都说你好"的老好人被孔子称之为"乡愿"。读了这一章，回顾叶细幼先生的谈话，更加增进了开拓进取、务实做事的勇气和信心。

无论是社会管理，还是教育管理，要改革就会伤害既得利益者，就会有人反对，就会有人污蔑，但是人生百年，白驹过隙，不能因为怕反对、怕得罪人而不改革。

当代中国教育，迷失了本真，积重难返，不改革将永无希望，改革则死里求生。个人荣辱重要，但是一代人的发展更重要，一个民族的复兴更重要。所以，我选择走改革之路。

13.25 君子之悦

子曰："君子易事而难说也①。说之不以道，不说也；及其使人也，器之②。小人难事而易说也。说之虽不以道，说也；及其使人也，求备焉。"

注 ①易事：易于与人相处共事。难说：难于取得他的欢喜。说，同"悦"。②器之：量才而用他。

译 孔子说："君子很容易相处，但让君子喜欢却不容易。不遵从道的法则去讨君子的喜欢，君子是不可能喜欢的。君子要用人的时候，是量才而用，不是凭自己的喜欢。小人相处很难，但很容易让小人喜欢你。即使你不用正当的方法讨小人喜欢，小人也会喜欢你。当小人要用人的时候，便会百般挑剔求全责备。"

心 读

不能不让人佩服，孔子在两千多年前对人性洞悉如此透彻：君子相处容易，得君子信任却很难，其用人量才而用。小人相处很难，但容易得小人信任，其用人求全责备。君子道德高尚，君子仁爱，君子宽容，君子厚道，所以与君子相处很容易。但是，要君子真心喜欢却不容易，因为君子不会丢掉底线，不会丢掉原则，不会丢掉尊严。小人气量狭小，喜怒无常，相处自然难。但是，让小人喜欢却非常容易，投其所好即可。

13.26 泰而不骄

子曰："君子泰而不骄，小人骄而不泰。"

译 孔子说："君子安详端庄、处之泰然而不傲慢凌人，小人傲慢凌人而不安详端庄，不能处之泰然。"

心 读

怎样理解"泰"呢？王阳明被贬到贵州龙场，面对穷山恶水，悟出了苦乐之道、生死之道、知行之道。一是苦乐原本不存在，你觉得快乐就快乐；二是生死无界限，死是生命的过程；三是知行合一，行事受阻，反求诸己，反求于心。这就是君子，超越苦乐，超越生死，内心与外界融合。

人生的境界如此，还有什么不能宽容的呢？还有什么值得计较呢？还有什么值得沾沾自喜呢？因为境界高了，所以能笑看风云，所以能坦然面世，所以拥有坦荡的人生，所以有平和的人生态度，所以能够宁静致远，所以能够安心、定心、静心、净心从事学术或民生事业。

现实生活中，泰而不骄者不多见。

13.27 刚毅木讷

子曰："刚、毅、木、讷，近仁。"

译 孔子说："刚强、坚毅、朴实、言语谨慎，这四种品德接近于仁。"

心 读

因为仁者不惧，所以刚强；因为仁者有恒心，所以坚毅；因为仁者真诚，所以朴实；因为仁者反求诸己，无需张扬，不事张扬，不屑张扬，所以木讷。若非道德高尚，若非大智大慧，如何能达到"刚毅木讷"的境界。

13.28 切切偲偲

子路问曰："何如斯可谓之士矣？"子曰："切切偲偲①，怡怡②如也，可谓士矣。朋友切切偲偲，兄弟怡怡。"

注 ①偲偲（sī sī）：勉励。②怡怡（yí yí）：和顺。

译 子路问孔子："怎样去做才可以称为士了呢？"孔子说："互相切磋，真诚勉励，与人相处和睦，可以称为是士了。朋友之间应当道义相期，兄弟之间应当和和睦睦。"

中国当代知识分子，不是切切偲偲，而是文人相轻，违背了儒家"君子和而不同"的和谐价值追求。孔子又说："士不可以不弘毅，任重而道远。"士背负着强烈的社会责任，背负着强烈的历史使命，既要改变自己，又要改变人心，还要改变社会。士的特殊角色、使命决定了其应当道义相期，应该真诚坦荡，相互勉励，求同存异，和睦相处。

13.29 教民七年

子曰："善人教民七年，亦可以即戎矣。"

译 孔子说："善人教化百姓七年时间，都可以叫他们去当兵打仗了。"

冷兵器时代，教练老百姓七年的军事，可以训练出能征善战的战士，这是字面的理解。为何需要七年？那是因为必须让战士们有仁心，有仁道，有仁德，知道要为道而战，为义而战。

知道为何而战，其作战必然勇敢。比较洪秀全的太平天国和曾国藩的湘军之战，最大的差异就是太平军并不知道为何而战。刚开始或许知道为天国而战，为均田而战，后来发现是假的，信念由此而崩溃。而湘军却知道是为道义而战。太平军初期势如破竹，那是因为他们迷恋天国的梦幻，梦醒时分，激情不再，虽然人多势众，但是军无斗志。反观湘军，为道义而战，为兄弟情义而战，可以为乡亲父老而战，作战的目的十分清晰，这就是湘军从屡战屡败，到越战越勇，到以一当十，到全面取得胜利的原因。二者的较量是文化较量，是精神较量，是正义与邪恶较量。胜负之数，自不待言。

13.30 不教弃之

子曰："以不教民战，是谓弃之。"

译 孔子说："不对百姓进行作战训练就驱赶上战场，这就叫抛弃他们让他们送死啊。"

心　读

孔子对军事绝对不像后世的腐儒那么迂腐，而是有很深的造诣。孔子对军事的认识，始终服从于仁道，始终服从于民本，始终服从于政治。

孔子的军事思想在历史中发生着深刻影响。曾国藩就传承了孔子的治军思想。"以不教民战"在太平天国军队建设中，是普遍存在的。由于太平天国作战的流动性，很多农民全家男女老少都是被裹挟进军队，又缺乏系统的军事训练，怎么可能有作战能力。湘军训练却非常严格，不仅军事训练严格，而且坚持思想政治教育，建立军队的灵魂：一支有思想、有追求、有灵魂、有战术的军队是战无不胜的。《三大纪律八项注意》借鉴了曾国藩的《爱民歌》，属于典型的对儒家治军思想的传承。

14.1 原宪问耻

宪①问耻。子曰："邦有道，穀②；邦无道，穀，耻也。"

"克、伐、怨、欲不行焉③，可以为仁矣？"子曰："可以为难矣，仁则吾不知也。"

注 ①宪：原宪，孔子学生。②穀：为官者的俸禄。③克：好胜。伐：自夸。怨：怨恨。欲：贪欲。

译 原宪问孔子什么是可耻。孔子说："国家有道，拿着国家的俸禄；国家无道，还拿着国家的俸禄，这就是可耻。"

原宪又问："好胜、自夸、怨恨和贪欲都没有的人，可以算仁吧？"孔子说："这可以说很难得，但是不是仁，我就不知道了。"

心 读

孔子认为，做官的人应当竭尽全力为国效忠，无论国家有道还是无道，都照样拿俸禄的人，就是无耻。邦有道，做官拿俸禄，一则是为民，二则是推动社会进步。邦无道，做官拿俸禄，那是助纣为虐，还不如退隐江湖，从事教育，以教育改变人心，以教育改变社会。

孔子又谈到仁的问题。仁的标准很高，孔子认为戒除了"好胜、自夸、怨恨、贪欲"的人难能可贵，但究竟合不合仁就不得而知——仁的境界很难达到，重心是"是否达到仁的境界"。《论语·述而第七》中孔子曾说："仁远乎哉？我欲仁，斯仁至矣。"若是求仁却是很容易的，只要你追求，就可以接近仁，重心是"是否向仁接近"。语境不同，并不矛盾。

14.2 士不怀居

子曰："士而怀居①，不足以为士矣。"

注 ①怀：留恋。居：家居。

译 孔子说："士人如果留恋在家中的安逸生活，就不配做士人了。"

心　读

"士"在现代语境中，就是具有儒家情怀的知识分子。如果过分在意享受安逸生活，就算不得真正的儒家知识分子。

儒家知识分子追求道，追求生命价值的提升，追求修己安人，追求治国平天下，古往今来，都以天下为己任，或许也怀念家乡和故土，但是并不迷恋，而是以事业为重，以大局为重。孔子周游列国，为的是传道和弘道。王夫之颠沛流离，为的是传道和弘道。

儒者热爱子女，眷恋故乡，但是更加执着于传道和改变社会，这就是儒者的情怀和追求。范仲淹，一介儒生，远离故土，镇守西北，西夏与中原边境有了二十年安宁！韩愈，一介儒生，"一封朝奏九重天，夕贬潮州路八千"，却以教化改变边地文化，潮州文化因为韩愈而全面提升，韩愈对潮州文化的影响是永恒的！王阳明，一介儒生，被贬贵州不毛之地，完成了"龙场悟道"这一人生最精彩的篇章，给儒学和后世留下了不朽的思想财富！

14.3 危言危行

子曰："邦有道，危①言危行；邦无道，危行言孙②。"

注 ①危：直，正直。②孙：同"逊"。

译 孔子说："国家有道，要正言正行；国家无道，还要正直做事，但说话就要随和谨慎。"

心 读

"邦有道，危言危行"最好的例证是魏徵的言和行。"邦无道，危行言孙"的历史例证有周厉王止谤、清朝文字狱等等，最现实的例证莫过于文化大革命时期，正义者噤若寒蝉，何敢奢望"危行言孙"。

当今之世，邦有道，但是，在体制中宜"危行言孙"，尤其是当一个人的言语在受众范围内能够代表政策和法令的时候，说话不可不慎重，因为"一言兴邦，一言丧邦"，以此类推，一言兴教，一言丧教。一言兴校，一言丧校。

此外，在上位者说话宜慎重，还宜平和，受众可能是下属，也可能是民众，对他们都不可使用侮辱性语言，否则，或造成无法弥补的伤害，或造成双方的不信任、不尊重，这种伤口很难愈合，这种代价成本太高。

14.4 金声玉振

子曰:"有德者必有言,有言者不必有德。仁者必有勇,勇者不必有仁。"

译 孔子说:"有道德的人一定可以有言语,但是有言语的人却未必是有道德的。仁德的人一定勇敢,但是勇敢的人却未必仁德。"

心 读

道德高尚者其言语掷地有声,花言巧语者则不然。魏源说:"身无道德,虽吐词为经,不可以信。"此章的"德"即为现代汉语的"道德",包括"道"和"德"两个维度:"道"者,思想也。"德"者,体验也,品性也。"道德"即是"道"和"德"的整体境界。有"道德"才有美好的辞章,有真情,有真理,才有好文章。

仁者必有勇。考古学者在罗马古城里发现,火山岩浆到来之时,所有的妇女都蜷缩着身体保护自己的孩子,可见仁者在关键时刻表现出超乎寻常的勇敢。

14.5 崇尚道德

南宫适①问于孔子曰:"羿②善射,奡荡舟③,俱不得其死然。禹稷④躬稼而有天下。"夫子不答。

南宫适出。子曰:"君子哉若人!尚德哉若人!"

注 ①南宫适(kuò):即南容。适,同"括"。②羿(yì):夏代有穷国的国君,擅长射箭,曾夺夏太康的王位,后被其臣寒浞(zhuó)所杀。

③奡（ào）：寒浞的儿子，被夏少康所杀。荡舟：用手推船。传说中的奡力大，擅长水战。④禹稷：禹，夏朝开国之君，擅长治水，注重发展农业。稷，周朝的祖先，传说中的谷神，教民种植庄稼。

译 南宫适问孔子："羿善于射箭，奡善于水战，最后却都死于非命。禹和稷都亲自种植庄稼，却得到了天下。"孔子没有回答。

南宫适出去后，孔子说："此人是真君子呀！他是如此崇尚道德啊！"

> **心 读**

孔子是道德主义者，他鄙视那种无道的武力和权术，崇尚朴素和道德。南宫适认为禹、稷以德而有天下，羿、奡以力而不得其终。"恃德者昌，恃力者亡"就是后世儒者根据孔子思想延伸出来的主张。

其实这样的例子很多，秦始皇以武力得到天下，不行仁政，二世恃力而亡。隋炀帝勇猛，不行仁政，恃力自然短命。元朝不行仁政，恃力治天下也很快丧失了政权。

马上得天下，但是不能马上治天下。治天下根本在人心，有效路径在于教育。

14.6 君子必仁

子曰："君子而不仁者有矣夫？未有小人而仁者也。"

译 孔子说："不仁德的君子有吗？没见到有仁德的小人。"

> **心 读**

本章很多人认为跟孔子一贯的主张有些矛盾，其实只是断句的问题，如果把前面一句话读成反问句，答案在问题的反面，就不存在矛盾了。儒家认为：君子是仁者，小人没有仁者。

仁是什么呢？仁是包容，因为超越于苦乐，超越于生死，超越于身心，天下之大还有什么不能包容？仁是责任，因为仁者爱人，以化民成俗为己任，以天下兴亡为己任。仁是智慧，"己所不欲，勿施于人"，原谅别人，可以解脱自己。仁是心态，心态决定性格，性格决定命运，能放下所以洒脱，能放弃所以成功。

14.7 爱之劳之

子曰："爱之，能勿劳乎？忠焉，能勿诲乎？"

译 孔子说："爱他，能不为他劳作吗？忠于他，能不教诲他吗？"

心 读

本章孔子讲了儒家大爱和大忠的原则。爱人民，就应当为人民操劳，就应当有为人民服务的精神。忠于国家，就应当敢于对国家、社会、时局提出批评。

儒家的"清议"之风，源自于孔子，并形成了宝贵的传统，这个传统在体制内表现为设置谏官，且规定史官秉笔直书，在体制外表现为清议批评时政。

任何当局，如果欢迎儒家知识分子批评，这个时局会很好，甚至走向峰巅。汉朝规定当朝皇帝不能看史官撰写的历史，不仅诞生了"史家之绝唱，无韵之离骚"的《史记》，而且西汉皇帝因心有顾忌，励精图治，使汉朝走向了辉煌。唐太宗能够接受魏徵等人的批评，从善如流，革新除弊，开创了大唐盛世。但是，仅此两朝而已，此后风光不再。

《雪城》是一部描写返城后的知识青年在逆境中奋斗、抗争的电视剧，它的主题曲《心中的太阳》被很多人误认为是一首恋歌，其实这首主题曲唱出的是一代知识分子对自己深爱祖国的迷茫、彷徨，他们深深眷恋着祖国，而那时的祖国似乎并不爱这群执着的知识分子。

《雪城》的片尾曲《离不开你》更是表达了具有儒家情怀的中国知识分子对于苦难深重祖国的深深眷恋："你展开怀抱拥抱了我，你轻捻指尖揉碎了我，你鼓动风云卷走了我，你掀起波浪抛弃了我。我俩，太不公平，爱和恨全由你操纵。可今天，我已离不开你，不管你，爱不爱我。"

这首歌我十分喜欢，因为他唱出了知识分子刻骨的眷恋与执着，即使被揉碎，即使被卷走，即使被抛弃，依然真爱，依然深爱。

时间如流矢，又过了三十年，很多知识分子依然深爱着自己的祖国，依然坚守自己的传统，依然凭着良知和责任敢于批评时政，虽然目的依然是希望心中的太阳、恋人、祖国，能够走向复兴，走向辉煌，但是他们的批评被一些人误判为不稳定，他们的意见不被采纳，他们的真诚遭遇了历史上少有的冷漠与傲慢。

很多知识分子选择躲进小楼成一统，做自己的小学问，自娱自乐。很多的知识分子，选择自甘堕落，贩卖知识，出卖灵魂，出卖良知。还有很多知识分子，保持了儒家悲天悯人的情怀，淡泊名利，期望以教育改变人心，以教育改变社会，把生命和智慧无怨无悔地献给心中的太阳。我就属于这一类人。

14.8 何谓公文

子曰:"为命^①,裨谌^②草创之,世叔^③讨论之,行人子羽修饰之^④,东里^⑤子产润色之。"

注 ①命:指国家的政令。②裨谌(bì chén):人名,郑国大夫。③世叔:即子太叔,名游吉,郑国大夫。④行人:官名,掌管朝觐聘问,外交事务。子羽:郑国大夫公孙挥的字。⑤东里:地名,郑国大夫子产居住之处。

译 孔子说:"郑国发表的公文,由大夫裨谌起草,大夫世叔提出修改意见,外交官子羽加以修饰,东里的子产大夫修改润色。"

心 读

儒家重视公文的程度如此,恐怕超出了现代人的想象。起草,征求意见,外交官修饰,宰相润色把关,然后发出。如此严谨,如此周密,如此慎重,可谓"如履薄冰,如临深渊"。那是因为每一道公文的背后是民生,是千家万户的切身利益,儒家以人为本,所以重视公文创制。

仁者爱人,儒者爱民,所以自古而今,为官的儒家知识分子所创制的公文,无论是檄文、奏疏、书信、布告、命令,无不充满感情。晁错的《论贵粟疏》、骆宾王的《为徐敬业讨武曌檄》、魏徵的《谏唐太宗十思疏》、毛泽东的《星星之火,可以燎原》,哪一篇不是充满哲理?哪一篇不是充满激情和文采?没有思想不是好公文,没有情感不是好公文,没有文采也不是好公文。只要有利于表达思想,有利于说服受众,公文决不可排斥情感和文采。

儒家说"修辞立诚",又说"言之无文,行之不远",可见当今公文教科书上写的"公文不能有文采,公文不应有感情"属于一家之言。我认为：公文必须要有才——思想，逻辑力；有气——气势，征服力；有情——真诚，感染力；有文——文采，表达力。我也是这样创制公文的，也许正是这种坚持，才使受众认为我的公文充满激情。

14.9 没齿无怨

或问子产。子曰："惠人也。"问子西①。曰："彼哉！彼哉！"问管仲。曰："人也②。夺伯氏骈邑三百③，饭疏食，没齿④无怨言。"

注 ①子西：楚国的令尹。②人也：即此人也。③伯氏：齐国的大夫。骈邑：地名，伯氏的采邑。④没齿：直到死时。

译 有人问子产是怎样的人。孔子说："惠民的人啊。"问子西。孔子说："他呀！他呀！"问管仲。孔子说："人才啊，他把伯氏骈邑的三百家封户夺走，使伯氏终生吃粗茶淡饭，但是伯氏直到老死也没有怨言。"

心 读

康有为认为，孔子极其重视为国家、为人民建功立业，所以孔子称赞子产，称赞管仲。后世伪儒只重视自己成人、成圣，而不重视民生与国事这一儒家的本质追求。宋儒之"无事袖手谈心性，临难一死报君恩"的迂腐正是导致宋代以后中国一蹶不振的根本原因之一。因为国家意识形态出了问题，教育方向出了问题，人才规格自然出了问题——培养的多数是脱离了儒家情怀、士人情结的书呆子，这些人在和平时期不能振兴经济和改善民生，在困难时期不能兴利除弊和创新守责，在国难当头也不敢、不能、不会有什么担当。

14.10 贫而无怨

> 子曰:"贫而无怨难,富而无骄易。"

译 孔子说:"贫穷而不怨恨是很难做到的,富裕而不骄傲是容易做到的。"

心 读

贫而无怨虽难,但颜回做到了。"在陋巷,人不堪其忧,回也不改其乐",因为在享受求道、悟道的快乐,所以没有怨天尤人。为政者应当多体谅、多关心弱势群体,为教者应当多关心学习有困难的学生。

孔子认为"富而无骄易"。我看未必,虽然不少真正的富有者十分谦和、平和、温和,也十分慈爱。但是,有很多因为钻体制空子而暴富的人,十之八九骄狂无比,目中无人,目中无国,可怕可恶。

我虽一介书生,不敢自称富贵,但是相对于少年时代身无分文,上无片瓦遮身,下无立锥之地,现在什么都不缺——权且当作富足吧。但是我能保持从容恬静的心态,保持淡泊简朴的生活,保持与书为伴的习惯,保持融学习入工作和生活的方式,且以之为快乐、骄傲。

14.11 量才而用

> 子曰:"孟公绰为赵魏老则优①,不可以为滕薛大夫②。"

注 ①孟公绰：鲁国大夫。老：这里指古代大夫的家臣。优：有富余。②滕：诸侯国，在今山东滕县。薛：诸侯国，在今山东滕县东南。

译 孔子说："孟公绰做晋国赵氏、魏氏的家臣才力有余，但不能做滕、薛这样小国的大夫。"

心 读

儒家主张把适合的人放在适合的位置。家臣属于备用之才，只需听命令即可，落实大夫的指示和决策就称职。滕、薛两国虽小，但是大夫属于自用之才，要主动为国君出谋划策，谋民生，谋经济，谋和平，谋发展，需要独立人格，独立思考，独立决策。

人才个性不一，有的善于宏观运作，有的善于微观管理，有的善于做具体事，社会分工不同而已。为政者一旦人尽其才，则天下归心。刘邦战略运筹不如张良，后勤保障不如萧何，攻城掠地不如韩信，可是这些人都为己所用，用好了就得天下。相反，项羽面对天下奇才陈平、韩信，既不识更不用，连一个亚父范增都不能容，不能用，失败并非天意，而是其性格决定的。

14.12 完善人格

子路问成人①。子曰："若臧武仲②之知，公绰之不欲，卞庄子③之勇，冉求之艺，文之以礼乐，亦可以为成人矣。"曰："今之成人者何必然？见利思义，见危授命，久要④不忘平生之言，亦可以为成人矣。"

注 ①成人：人格完备的人。②臧武仲：鲁国大夫臧孙纥。③卞庄子：鲁国的勇士卞邑。④久要：长久处于穷困中。

译 子路问怎样才是人格完善的人。孔子说："如果具有臧武仲的智慧，孟公绰的克制，卞庄子的勇敢，冉求那样多才多艺，再辅之以礼乐教育，也就成为人格完善的人。"孔子又说："现在完善人格哪还需要这样呢？见到利想到义，遇到危险能献出生命，长久穷困不忘平日的诺言，如此也可以成为人格完美的人。"

心　读

人格完善的问题其实就是全人格教育问题。孔子从两种角度阐述了达到人格完善的途经：智慧、克制、勇敢、多艺、达礼；见利思义、遇到危险有献身精神、贫贱时不忘自己的承诺。这种人才规格，当今从事素质教育者应当认真学习、思考、借鉴。

14.13 君子慎言

子问公叔文子于公明贾曰①："信乎，夫子②不言，不笑，不取乎？"公明贾对曰："以③告者过也。夫子时然后言，人不厌其言；乐然后笑，人不厌其笑；义然后取，人不厌其取。"子曰："其然，岂其然乎？"

注　①公叔文子：卫国大夫公孙拔，卫献公之子。谥号"文"。公明贾：姓公明，名贾。卫国人。②夫子：此处指公叔文子。③以：此。

译　孔子向公明贾问公叔文子怎么样："听说老人家不说、不笑、不取财物，是真的吗？"公明贾回答道："这是告诉你话的那个人表达得不清楚。先生他到该说时才说，因此别人不厌恶他说话；快乐时才笑，因此别人不厌恶他笑；合于礼要求的财他才取，因此别人不厌恶他取。"孔子说："原来这样，难道真的是这样的吗？"

心　读

此章大有深意。在东方文化场域之中，应该努力做到该说话时才说话，真快乐时才开怀而笑，符合正道才获取，这样的人会获得尊重，这样的人无论怎样的世道都受人欢迎：因为真诚、正义、守礼。相反的情况是，说话不看场合喋喋不休，不讨人厌才怪。不快乐却强作欢笑，别人喜欢才怪。爱财而巧取豪夺，别人不骂才怪！遗憾，当今之世，像这样的人真的很多。

14.14 春秋无信

子曰："臧武仲以防求为后于鲁，虽曰不要君，吾不信也。"

译 孔子说："臧武仲凭借防邑，请求鲁君立其后代为大夫，虽然有人说他不是要挟君主，但是我不相信。"

心 读

臧武仲因得罪孟孙氏而逃离鲁国，后来回到防邑，向鲁君要求，以立臧氏之后为卿大夫作为条件，自己离开防邑。孔子认为他以自己的封地为据点，想要挟君主，属于不忠不义的行为。

史学界有个争议：臧武仲以放弃防邑为条件还是凭借自己的封地防邑为要挟？我认为，无论哪种情况都属于要挟。春秋无义战，君臣之间，父子之间，大夫与家臣之间，都已无信义可言。

14.15 谲而不正

子曰："晋文公谲而不正①，齐桓公②正而不谲。"

注 ①晋文公：姓姬，名重耳，春秋霸主之一。公元前636—前628年在位。谲（jué）：欺诈，弄权。②齐桓公：姓姜，名小白，春秋霸主之一。公元前685—前643年在位。

译 孔子说："晋文公诡诈而不正派，齐桓公正派而不诡诈。"

心　读

为何孔子对春秋时代两位著名政治家的评价截然相反呢？"礼乐征伐自天子出"，晋文公号令诸侯，本已失礼。称霸后召见周天子，更是有悖于礼。这是破坏秩序，僭越君臣之礼的行为，所以说晋文公诡诈不正。齐桓公打着"尊王"的旗号称霸，同样是称霸，但是至少仍保留着形式上的君臣之礼，所以，孔子认为齐桓公正派不诡诈。

14.16 管仲之仁

子路曰："桓公杀公子纠①，召忽②死之，管仲不死。"曰："未仁乎？"子曰："桓公九合诸侯③，不以兵车④，管仲之力也。如其仁⑤，如其仁。"

注 ①公子纠：齐桓公的哥哥，被齐桓公所杀。②召忽：管仲和召忽都是公子纠的家臣。公子纠被杀后，召忽自杀，管仲归顺了齐桓公，并当上了宰相。③九合诸侯：指齐桓公多次召集诸侯盟会。④不以兵车：不用武力。⑤如其仁：这就是他的仁德。

译 子路说："齐桓公杀了公子纠，召忽自杀殉主，但管仲却没有自杀，管仲不能算是仁人吧？"孔子说："桓公多次召集各诸侯国的盟会，不用武力召集，都是管仲的力量啊。这就是他的仁德，这就是他的仁德啊。"

心 读

读这一章，进一步明确孔子赞成的是大仁、大义、大忠、大爱。在孔子看来，那种硁硁然重小信的不是君子，以天下为重，以苍生为重，以大局为重，这才是真君子，才是真仁德。

孔子这一价值标准，在《史记》中曾有所显现，"大行不顾细谨，大礼不辞小让"。《史记》之后，这种标准一下子消失了。取而代之的是汉儒、宋儒的"愚忠愚孝"，后世伪儒学把"愚忠愚孝"的罪名硬扣在孔子头上。伪儒学者以"愚忠愚孝"取悦于人君和天下父母，人君和天下父母又以"愚忠愚孝"要求臣下或子孙。伪儒学者与人君和天下父母，也构成了一个奇妙的利益共同体，可怕、可鄙、可悲、可恨！

14.17 一匡天下

> 子贡曰："管仲非仁者与？桓公杀公子纠，不能死，又相之。"子曰："管仲相桓公，霸诸侯，一匡天下，民到于今受其赐。微①管仲，吾其被发左衽②矣。岂若匹夫匹妇之为谅③也，自经于沟渎而莫之知也④。"

注 ①微：无，没有。②被发左衽：披头散发，衣服左边开口，是夷狄之俗。被，同"披"。衽，衣襟。③谅：遵守信用。这里指小节小信。④自经：上吊自杀。渎：小沟渠。

译 子贡问："管仲不是一个仁人吧？桓公杀了公子纠，他不能为公子纠殉死，反而失节做了齐桓公的宰相。"孔子说："管仲辅佐齐桓公，称霸诸侯，匡正了天下，老百姓到了今天还能享受到他的好处。如果没有管仲，恐怕我们已经成了夷狄的奴隶，也要像夷狄一样披散着头发，衣襟向左开了。他怎能像普通男女那样守着小节小信，自杀在山沟，而谁都不知道他的存在呀。"

心 读

司马迁的父亲司马谈是孔子的再传弟子，司马迁家学渊源于孔子，所以他才有"大行不顾细谨，大礼不辞小让"的观点，因此读《论语》应与《史记》参照。读书贵在融会贯通，夫子重大节，识大体，最大的仁德在于造福人民，而不必像匹夫匹妇那样斤斤计较于小节，自杀于沟渠。以我读二十四史的体会，《史记》无疑传承了原儒精神。假如在先秦儒家三圣之后，选一部传承儒家精神的作品，我认为当首推《史记》。

14.18 由衷赞美

公叔文子之臣大夫僎与文子同升诸公①。子闻之，曰："可以为文矣。"

注 ①僎（zhuàn）：人名。升诸公：僎由家臣升为大夫，与公叔文子同等地位。公，公室。

译 公叔文子的家臣僎和公叔文子一同做了卫国的大夫。孔子知道后说："可以给他'文'的谥号了。"

心 读

公叔文子举荐自己的家臣，和家臣一起做了大夫，在等级森严的社会，多么可贵啊，所以孔子发出由衷赞美。孔子这种赞美再次证明孔子绝不是等级尊卑秩序的顽固维护者，不是既得利益的维护者，他维护的是动态稳定的社会秩序，是公平正义。

14.19 弱干强枝

子言卫灵公之无道也，康子曰："夫如是，奚而不丧？"孔子曰："仲叔围①治宾客，祝鮀治宗庙，王孙贾治军旅，夫如是，奚其丧？"

注 ①仲叔围（yǔ）：即孔文子。他与后面提到的祝鮀、王孙贾均为卫国大夫。

译 孔子讲到卫灵公的昏庸无道，季康子说："既然如此，为什么他却没有败亡呢？"孔子说："因为他有仲叔围接待宾客，祝鮀管理宗庙祭祀，王孙贾统率军队，像这样有贤臣相助，怎么会败亡呢？"

心 读

弱干强枝，宛如榕树，生命力依然旺盛。强干弱枝，未必兴旺。比如宋朝，就属于强干弱枝，国家强而百姓弱，中央强而地方弱，上层强而基层弱。这种社会结构十分脆弱，因为基础在下面，下面不坚固，再高的大厦，都可能轰然坍塌。

如果中央财政钱多得不知道如何花，省级财政钱也多得胡乱花，地级财政捉襟见肘，区县以下财政入不敷出，甚至基本要靠土地出让金维持政府运作，这样的社会基础非常不稳定，社会矛盾也一定尖锐。

14.20 大言不惭

子曰："其言之不怍①，则为之也难。"

注 ①怍（zuò）：惭愧的意思。

译 孔子说："说话大言不惭，那么实现就很困难。"

心　读

言而无据，言不由衷，言而无信，夸夸其谈，大有人在。最优秀的人是说话实事求是，做事脚踏实地。说得很好，做得不好，这样的人不宜重用。说得一般，做得很好，这样的人可以重用。说得很好，做得更好，这样的干部值得重用。

14.21 陈桓弑君

陈成子弑简公①。孔子沐浴而朝，告于哀公曰："陈恒弑其君，请讨之。"公曰："告夫三子②。"

孔子曰："以吾从大夫之后③，不敢不告也。君曰'告夫三子'者。"

之④三子告，不可。孔子曰："以吾从大夫之后，不敢不告也。"

注 ①陈成子：陈恒，又名田成子，齐国大夫。他以大斗借出、小斗收进的方法受到百姓拥戴。公元前481年，他杀死齐简公，夺取了政权。简公：齐简公，姓姜，名壬，姜尚的后裔。公元前484—前481年在位。②三子：指季孙、孟孙、叔孙三家。③从大夫之后：孔子曾任过大夫职，但此时已经去官居家，所以说从大夫之后。④之：动词，往。

译 陈成子杀了齐简公。孔子斋戒沐浴之后上朝，拜见鲁哀公说："陈恒把他的君主杀了，请出兵讨伐他。"哀公说："你去报告那三位大夫吧。"

孔子退朝后说："因为我曾经做过大夫，所以不敢不来报告，君主却说'你去告诉那三位大夫吧'。"

孔子又去向那三位大夫报告，但三位大夫不同意派兵讨伐，孔子又说："因为我曾经做过大夫，所以不敢不来报告呀。"

心 读

按照春秋时期周天子的法律，弑君之贼，人人得而诛之，各诸侯国都有权讨伐陈成子，遗憾的是鲁哀公无权，有权的三位大夫不愿出兵。

从中读到的是孔子对礼的执着，对社会稳定的责任感，孔子的执着是正确的：如果是苛政、暴政，推翻可以，但不可以弑君，不赞成"流血漂杵"，儒家对政权交接的底线是不流血。

14.22 勿欺可犯

子路问事君。子曰："勿欺也，而犯之。"

译 子路问如何事奉君主。孔子说："不能欺骗，但可以犯颜直谏。"

心 读

夫子倡导的这种人臣之道，开明盛世或许行得通，古代大概只有汉唐两朝尚可。

"大跃进"时欺骗成风，下级骗上级，地方骗中央。能容许并鼓励犯颜直谏，中央决策就可以减少很多失误。

老帅大闹怀仁堂的前车之鉴不远，横刀立马的彭德怀又在庐山"犯傻"，学者如梁漱溟等更是"愚不可及"，这些历史令人不寒而栗，讲真话真的不容易，但是，按照儒家的主张，真话还是要讲，真理还是要坚持。

14.23 君子上达

子曰:"君子上达,小人下达。"

译 孔子说:"君子向上求道义而通达,小人向下求利益而以为通达。"

心 读

君子自强不息上达于道和义,追求的是"格物、致知、诚意、正心、修身、齐家、治国、平天下",修己安人,达则兼善天下苍生,甚至治国平天下,追求的是自己的提升和对族群和社会的贡献。

小人不知疲倦下达于器和利,单纯追求技术的进步或者一己之私利私欲,并无兼济苍生的情怀与理想。

这里,君子和小人是两种不同的人才规格,君子和小人未必只有道器之分,还有利义之别,但没有人格歧视意味。

我得出此结论,依据是儒家教育定义:"天命之谓性,率性之谓道,修道之谓教。"

14.24 为己为人

子曰:"古之学者为己,今之学者为人。"

译 孔子说:"古人学习为修身,现代人学习为能得到他人的赞赏。"

心 读

古时候的人学习是为了求道,求道的过程是生命价值提升的过程。当学有余力时才出仕，道德修养好了才做官，服务社会。现在的人学习或是为了在别人面前炫耀，或是为了别人（父母、老师、亲朋、好友）的面子，或者为了获得别人的认可与赞扬。当今之世，知识分子做学问首先是求道，其次是提高自己的人格境界，再次是为了影响别人。将自己正确的主张、科学的观念、先进的思想传递给别人，学术价值才得以显现。为何儒家提倡"学而优则仕"呢？那是因为当自己对人、事、物、社会的认识还不成熟的时候，无法有效影响别人，贡献于社会。

14.25 使者风度

> 蘧伯玉①使人于孔子，孔子与之坐而问焉。曰："夫子何为？"对曰："夫子欲寡其过而未能也。"使者出，子曰："使乎！使乎！"

注 ①蘧（qú）伯玉：卫国的大夫，名瑗。

译 蘧伯玉派使者去拜访孔子。孔子让使者坐下，然后问道："先生最近在做什么？"使者回答说："先生想要减少自己的错误，但还没能做到。"使者走了以后，孔子说："好一位使者啊！好一位使者啊！"

心 读

孔子赞扬使者，耐人寻味。

一则使者优秀，理解孔子，也理解主人，知道孔子最关心的是蘧伯玉的道德修养，所以坦诚回答"想减少错误而未能做到"。

二则称赞使者的主人，蘧伯玉在《庄子》中被描写为道家，在《礼记》中是个儒者，显然《论语》中他也是儒者，是孔子认为可以做朋友的人，其品德高尚。

三则强化自己的观点，儒家提倡慎独，提倡三省吾身，提倡过而改之，孔子的思想前后一贯，并无二致。

四则借此机会教育学生。

14.26 有所不为

> 子曰："不在其位，不谋其政。"曾子曰："君子思不出其位。"

译 孔子说："不在那个职位，就不要谋划那个职位该做的事。"曾子说："君子考虑问题，不要超出自己的身份地位。"

心 读

这一章很容易理解，又非常难理解。孔子开创了"清议"政治的先河，传承到顾炎武就是"国家兴亡，匹夫有责"，沉淀为一种传统就是入世精神和历史使命感、责任感。即使无法直接从政以造福人民，改造社会，也要从事教育改变人心，改变社会，这是儒家最为宝贵的传统，也是儒学生命力所在。如何理解"不在其位，不谋其政"呢？此章的语境与8.14不一样。"不在其位，不谋其政"两处的语境和潜台词不一样，前面强调不随便谋其政，而此处则强调有君子在其位，则其他人不必谋其政。"教育家办教育"，这是典型的君子在位谋其政，但是偏偏很多人不懂装懂，指手画脚，干预教育，导致中国创造了世界教育史上许许多多的笑话，比如大学比规模不比内涵、考核教授评论文而不看其培养学生的质量、选拔学生看分数不看兴趣特长等，这些都是不在其位谋其政的苦果。现在，民粹主义盛行，教育被舆论牵着鼻子走，但是，教育是科学，服从于真理，不是人多势众就有道理，真理多数时候是掌握在少数人——君子手里。至于"君子思不出其位"也是对已经有位的君子所言，一个人在某个位子，能够恪尽职守把事情谋划好，已经不错了。如果惦记着其他人的工作职责，尤其是惦记着其他君子的岗位和职责，那是古今之大忌。现实中，部门相互制衡，体制僵化，源于"不在其位"，源于"思出其位"，却胡乱"谋其政"。

14.27 言过其实

子曰："君子耻其言而过其行。"

译 孔子说："君子认为说得多而做得少是可耻的。"

心　读

这一章极为精炼，含义深刻。儒家倡导"刚毅木讷"，"讷"就有慎言慎行的价值取向在里面。"一言兴邦，一言丧邦"更体现了儒家对政治话语的慎重。为政者尤其要慎言，当言论涉及或将成为规范、政策、决策的时候，必须三思而后言，三思而后行。如此，社会管理效率才会比较高。即便民主选举时讲理念、讲思想、讲未来，可以尽情发挥，但是讲民生、讲福祉、讲政策，则不可不慎重，兑现不了，十之八九要下台。中国现实体制的很大弊端是说话不负责任，很多人自以为高明，口若悬河，滔滔不绝，说尽了大话、套话、空话，但到头来一件实事未做，个人或集团的诚信全无，威信扫地。

14.28 夫子自道

> 子曰："君子道者三，我无能焉：仁者不忧，知者不惑，勇者不惧。"子贡曰："夫子自道也。"

译 孔子说："君子之道有三方面，我都未做到：仁德的人不忧愁，智慧的人不迷惑，勇敢的人不畏惧。"子贡说："这正是您所在的道啊，是您在说自己吧。"

心 读

孔子认为君子必需的品格有许多，但是最根本的是仁、智、勇。因为仁者超越苦乐，超越生死，超越身心。智者对宇宙、对自然、对社会、对人生有着自己独立的见解，有自己的价值标准，有自己的是非观念；勇者敢于担当，敢于负责。而正确理解"仁者不忧，知者不惑，勇者不惧"必须明白这里属于互文见义，正确的理解就是"仁智勇者不忧、不惑、不惧"。如此，智、仁、勇三者都具备，还有什么值得忧虑，还有什么为之迷惑，还有什么恐惧吗？

14.29 含蓄批评

> 子贡方人①。子曰："赐也贤乎哉②？夫我则不暇。"

注 ①方人：评论、诽谤别人。②赐也贤乎哉：疑问语气，其实是批评子贡不贤。

译 子贡评论别人的短长。孔子说："赐，你真的贤良吗？我可没有闲暇去评论别人。"

　　子贡在孔门以言语见长，演讲能力极强。在社会实践中以经商见长，是孔门弟子中最富有的，也是有历史记载的第一个"儒商"。离开孔子闯荡江湖，凭借着自己的超人洞察力，对市场行情预测十之八九准确，所以赚到很多钱。孔子周游列国的相当部分经费都是靠子贡资助。作为儒商自然有儒家情怀，他深爱自己的鲁国，独立穿行于齐、鲁、吴、越、晋，为鲁国立下了汗马功劳——也颇具外交家的才能。孔子当然欣赏有加，批评自然含蓄之至。

14.30 患其不能

　　子曰："不患人之不己知，患其不能也。"

译 　　孔子说："不担心别人不知道和理解自己，只担心自己没有本事。"

　　儒家追求道德自觉，追求人格自觉，坚持"修己安人""修身齐家治国平天下"的"内圣外王"之道。儒者也有超然的自负："天将降大任于是人也，必先苦其心志，劳其筋骨，饿其体肤，空乏其身，行拂乱其所为，所以动心忍性，曾益其所不能。"如果不被社会认可，不能被社会选择，那是因为自己的实力不到，能力不到，冲击力不到，影响力不到。不怨天尤人，不自怨自艾，一事当前敢于担当，一事失败"反求诸己"。

14.31 大巧若拙

子曰："不逆^①诈，不亿^②不信，抑亦先觉者，是贤乎。"

注 ①逆：迎，预先猜测。②亿：同"臆"，猜测的意思。

译 孔子说："不预先怀疑别人欺诈，也不猜测别人不诚实，然而能事先觉察别人的欺诈和不诚实，这就是贤人了。"

心　读

不怀疑别人欺诈，不臆测别人的不诚实，不以最坏的心理去揣测别人，这是君子的境界。同时，又能够预先查觉别人的欺诈和不诚实行为，那不仅是智者，而且是贤者。但是，面对如此诡谲的世道，如果不能够目光如炬，见微知著，那也非常危险。当然，还有另外一种选择：难得糊涂，大智若愚。

14.32 执着坚守

微生亩^①谓孔子曰："丘，何为是栖栖者与^②？无乃为佞乎？"孔子曰："非敢为佞也，疾固也^③。"

注 ①微生亩：鲁国人。②是：如此。栖栖（xī xī）：忙碌不安、不安定的样子。③疾：恨。固：世道的固陋。

译 微生亩对孔子说："孔丘，你为何这样忙碌着四处奔波游说呢？不就是要显示你的口才吗？"孔子说："我不敢显示口才，只是担忧这固陋的世道。"

微生亩是鲁国人，春秋隐士。这是儒家与道家一次交锋，交锋之中我们可以看出儒家、道家两种不同的处世态度，道家隐士认为社会乱象与己无关，自己剥离出来，脱离出来，超越出来，逍遥自在。孔子针锋相对的回答似乎与儒家倡导的"刚毅木讷"的人格特征有背离倾向，但是这也表明儒家和道家在面对原则性问题，面对社会责任、使命时，存在严重的对立和分歧。是入世还是出世？是面对还是回避？是担当还是逃避？儒家选择前者，我选择前者。

此外，从本章读出一个重要的信息，儒家从来不排斥其他学派，从来不讳言自己的主张，也从侧面印证了"攻乎异端，斯害也已"的正确解释是"攻击其他学派，危害性很大"，而非"学习其他学派，危害性很大"。儒学这一开放的学术体系，源自于孔子及其弟子的思想开放和言论自由。

14.33 骥称其德

子曰："骥①不称其力，称其德也。"

注 ①骥：千里马，善跑的马。

译 孔子说："千里马值得称道的不是气力，而是德性。"

心 读

本章运用了借喻的手法，以千里马比喻君子，以力比喻外表、外力，以德比喻内涵、气质、品性。这个借喻含义有三：其一，君子可贵不在于外表，而在乎内涵，在于气质；其二，人们称赞君子的不是其器，而是其道——本性；其三，君子以德服人，而不是以力服人。

14.34 以德报怨

或曰："以德报怨，何如？"子曰："何以报德？以直报怨，以德报德。"

译 有人说："用恩德来报答怨恨，如何？"孔子说："用什么来报答恩德呢？应该是用正直来报答怨恨，用恩德来报答恩德。"

心 读

以德报怨作为一种常态，恐怕有失真诚，但是作为一种顾全大局的策略，作为一种政治策略，作为一种政府征服对立情绪的策略，十分有效。因为绝大多数人，良知尚未泯灭，当你以德报怨的时候，有可能感化对立面。但是，孔子坚持中道而行，所以并不赞成以德报怨，因为毕竟不是常态，也不符合儒家崇尚真诚的价值追求。以直报怨，以德报德，符合中道，符合人情，符合常理，君子做得到，普通人愿意的话也可以做到。

14.35 下学上达

子曰："莫我知也夫。"子贡曰："何为其莫知子也？"子曰："不怨天，不尤①人。下学而上达②，知我者其天乎！"

注 ①尤：责怪。②下学而上达：下学学礼乐，上达达天命。

译 孔子说："没有人知道我啊。"子贡说："怎么能说没人知道您呢？"孔子说："我上不埋怨天，下不责备人，下学礼乐而上达天命，知我心者只有天吧！"

心 读

"不怨天，不尤人"是儒者的心态。天道酬勤，天道酬仁，天道酬义，天道公平，所以，没有必要怨天。成败由人，成败在己，成败在心。所以，成功了感激别人的帮助，失败了寻找自身的原因。"下学而上达"是儒者的道德追求路径，向下学人间礼乐，向上通达天命。英雄常常孤独，哲人常常孤独，哲人之孤独较之英雄更甚，所以孔子发出"知我者其天乎"的感叹。

我非哲人，生逢此世，也常常莫名孤独。少年远离父母，有渴望亲情的孤独。青年家境贫寒，有被世俗疏离的孤独。中年学养渐渐深厚，人格独立，常常有桀骜不群的孤独。夜深人静的时候，一个人坐在书桌前，探索人生与教育，或沉思或喜悦或愤慨或释然，但是也免不了一种蚀骨的孤独。近年来，身体每况愈下，深感人生之短暂而学海之无涯，疲惫至极时，也常常叹息："如果就此离去，知我者谁？痛我者谁？哭我者谁？"

14.36 天命难违

公伯寮愬子路于季孙[1]。

子服景伯[2]以告，曰："夫子固有惑志于公伯寮，吾力犹能肆诸市朝[3]。"

子曰："道之将行也与，命也；道之将废也与，命也。公伯寮其如命何？"

注 [1]公伯寮：姓公伯，名寮，字子周，孔子的学生，曾任季氏的家臣。愬（sù）：同"诉"，诉讼。[2]子服景伯：鲁国大夫，姓子服，名伯，"景"是谥号。[3]肆诸市朝：处死罪人后陈尸示众以起警示之用。

译 公伯寮向季孙告发子路。

子服景伯就把这件事告诉给孔子，并且说："虽然季孙氏已被公伯寮迷惑了，但我还是有能力把公伯寮杀了，把他陈尸于市。"

孔子说："道能够推行于世，由天命决定；道不能够推行，也是由天命决定的。公伯寮能把天命怎么样呢？"

心　读

天命是儒学的顶层设计。对普通人来说，"谋事在人，成事在天"，天意决定了成败的大局。对帝王来说，受命于天，就获得了治国平天下的合法性。对哲人来说，天命是一种自负与自信，孔子"厄于陈蔡"，受困于匡人，都以天命在身而产生超然自信，对儒学的自信，对文化的自信，对生命力的自信。孔子的天命观影响中国人数千年了，至今尤甚。我笃信天命。

14.37 贤者避世

> 子曰："贤者辟①世，其次辟地，其次辟色，其次辟言。"子曰："作者七人②矣。"

注 ①辟：同"避"，逃避。②七人：即伯夷、叔齐、虞仲、夷逸、朱张、柳下惠、少连。

译 孔子说："贤人在社会急剧动荡时首先会隐居，次一等的选择是逃避到另外一个地方，再次一等的选择是逃避别人难看的脸色，再次一点的选择是回避别人难听的话。"孔子又说："这样做的有七个人了。"

心　读

传统的理解与儒家以天下为己任的入世精神相冲突，我想寻求一种新的理解。在动荡的社会里，首先选择与社会不直接接触，静下心来做学问，或从事教育——孔子晚年属于避世之举，潜心教育，潜心文献研究。次一等逃避到另外一个地方——避实就虚，选择适合推行自己主张的地域，也是一种进取精神。再次一等就是逃避别人难看的脸色——孔子选择离开，很多时候是国君或者大夫给他难看的脸色。最后是逃避别人难听的话——孔子回到鲁国后，鲁国国君婉拒所讲的话就非常难听。所以，孔子称赞贤者的几种生存方式，其实是对儒家生命状态的一种肯定。孔门弟子将这一章保留在《论语》中，显然经过深思熟虑。

14.38 知其不可

> 子路宿于石门①。晨门②曰："奚自？"子路曰："自孔氏。"曰："是知其不可而为之者与？"

注 ①石门：地名，鲁国都城的外门。②晨门：早上看守城门的人。

译 子路夜里住在石门，看门人问："从哪里来？"子路说："从孔子那里来。"看门人说："是那个明知其道不可能被当局接受却还要去行道的人吗？"

心 读

"知其不可而为之"既是一份苍凉、一份悲凉、一份无奈，更是一种执着，一种坚守、一种自信、一种锲而不舍的精神。

自《论语》面世，"知其不可而为之"这句话就被误读误解，准确的理解是：知道自己的主张不可能被当局接受，还是要去行道。因为孔孟之学是人本之学，是为民之学，短视的君王从来都是把民众利益和国家利益对立起来，从来都是与民争利，所以不愿意接受为民谋利的"王道",而愿意接受为自己谋霸业的"霸道"。孔子努力传道布道,没有君王愿意接受,最后选择让年轻人接受,让民众接受;他成功了,弟子们接受了他的道,两千多年来中国民众接受了他的道。

当今社会之乱象,很多学者从不同维度探讨原因,有的归结为体制,有的归结为文化,有的归结为历史,有的归结为教育。我认为,社会乱象之源在于人心,心之病在信仰缺失,价值迷失,伦理丢失,丢失了孔孟之道,不知道自己是谁,不知道从何而来,到何处去?没有信仰,没有方向。没有价值,心无是非。没有伦理,心无真情。治心病需从心开始,从教育着手,重建精神家园,重建价值体系,重建伦理文化,重建人文精神,可期可为,只争朝夕!

14.39 圣人心事

子击磬①于卫,有荷蒉②而过孔氏之门者,曰:"有心哉!击磬乎!"既而曰:"鄙哉!硁硁③乎!莫己知也,斯己而已矣。深则厉,浅则揭④。"

子曰:"果哉!末之难矣⑤。"

注 ①磬(qìng):一种打击乐器。②荷:肩扛。蒉(kuì):草筐。③硁硁:击磬的声音。④深则厉:穿着衣服涉水过河。浅则揭:提起衣襟涉水过河。"深则厉,浅则揭"是《诗经·邶风·匏有苦叶》中的诗句。⑤末:无。难:责问。

译 孔子在卫国,正在敲击磬的时候,有位背草筐的人从门前走过说:"击磬的人有心事啊!"一会儿又说:"真庸俗啊!声音硁硁的！没有人了解他，那就自己顺其自然也很好啊。就好像涉水一样，水深的地方就穿着衣服趟过去，水浅就撩起衣服趟过去。"

孔子说："说得真坚决！没有什么可以责问他了。"

心　读

孔门对于隐者的观点从来不苟同，《论语》中讲出隐者的观点，是以反衬儒家的主张。孔子的心事是什么呢？是对人的关怀，是对社会的关心，是对历史的责任。他的心事，隐者是否定的，却正是儒家要坚持的。我不认为孔子有丝毫的避世情绪，即便是"道不行，乘桴浮于海"，也不过是要避开乱世，到能够弘道的地方去弘道。儒家这种百折不挠的入世追求，入世精神，是中国知识分子最宝贵的传统。

14.40 守丧三年

子张曰："《书》云：'高宗谅阴①，三年不言。'何谓也？"子曰："何必高宗？古之人皆然。君薨②，百官总己以听于冢宰③三年。"

注　①高宗：商王武宗。谅阴：古时天子守丧时住的房子。②薨（hōng）：周代时称诸侯之死。③冢宰：官名，相当于后世的宰相。

译　子张说："《尚书》上说：'殷高宗守丧，三年不谈政事。'是什么意思啊？"孔子说："不仅是殷高宗，古时候的人都这样做。国君薨，新任的国君不问政事，百官忠于职守，听命于宰相三年。"

心　读

殷商高宗名武丁，是有名的贤君，守丧三年，不谈政事，不发布命令，因为敬天爱民，不想草菅人命。武丁的贤明就在于守丧期间，能够让宰相主政，而自己选择观察、思考、学习。

遗憾的是，这么好的做法，后来没有形成传统。很多帝王，刚刚即位，就新政迭出，政令如潮，或急报私仇，或标新立异，扰民愚民；这是非常不明智的选择。

现行体制，官员履新，绝大部分喜欢"新官上任三把火"，其实，由于情况不熟，定位不准，政出无据，大火过后，毁了威信，折腾基层，贻害民众，颇不明智。

14.41 好礼使民

> 子曰："上好礼，则民易使也。"

译 孔子说："在上位的人行为有礼，那么百姓也就容易管理了。"

心　读

中国的老百姓最容易满足，也最好管理，只要有稀饭度日，就不会造反。但是，统治者往往连稀饭都不愿意留给百姓，结果是"民不畏死，奈何以死惧之"——造反成了必然选择。

在现代语境中，"上好礼"可以理解为上位者依法行政，依法办事，老百姓就容易管理。现代社会矛盾如此尖锐，如此难以调和，根子出在上位者不依法执政、不依法行政、不依法办事，既得利益集团大于法、权大于法、钱大于法，百姓不相信法，只好上访。无休止的上访，更可怕的是民粹主义盛行，百姓聚集，群信群访，一点星火都可能酿成大火。

14.42 修己以敬

> 子路问君子。子曰:"修己以敬。"
>
> 曰:"如斯而已乎?"曰:"修己以安人①。"
>
> 曰:"如斯而已乎?"曰:"修己以安百姓②。修己以安百姓,尧舜其犹病③诸!"

注 ①安人:使上层人物安乐。②安百姓:使老百姓安乐。③病:不足。

译 子路问什么叫君子。孔子说:"修养自己以保持恭敬之心。"

子路说:"这样就够了吗?"孔子说:"修养自己以使上层人物安乐。"

子路说:"这样就够了吗?"孔子说:"修养自己使所有百姓安乐。修养自己使所有百姓安乐,尧舜还担心自己做不到这些呢!"

心　读

本章谈了君子修养的三种境界。

第一,修己以敬。修养自己,保持恭敬之心,养成敬畏之心。这是"内圣"功夫。

第二,修己以安人。修养自己,惠及朋友,惠及下属,惠及辖内百姓,以自己的人格、学养、能力,让亲人安乐。这是"外王"的过渡阶段。

第三,修己以安百姓。修养自己,让所有百姓安乐,这是"外王"的终极目标。

现代社会没有多少人走"修己以敬,修己以安人,修己以安百姓"的内圣外王之道,自己没有主见,没有能力,最好的办法是唯命是从、唯上是从,成功了正好给上级歌功颂德,失败了也不用负责任。

14.43 老而不死

> 原壤夷俟①。子曰："幼而不孙弟②，长而无述焉，老而不死，是为贼。"以杖叩其胫。

注 ①原壤：鲁国人，孔子旧友。他母亲死了，他还大声歌唱，孔子认为他的行为大逆不道。夷：双腿分开而坐。俟（sì）：等待。②孙弟：同"逊悌"。

译 原壤又开双腿坐着等孔子。孔子骂他说："年幼的时候不讲礼节，长大了没有值得传颂的成就，老了却不死，真是个寄生虫。"说着，用手杖敲他的小腿。

心 读

何其深刻的描述，何其生动的形象。据说他俩是老朋友，都到了老年，两位老者，忘乎所以，孔子几句话把其中情态描写得惟妙惟肖，妙趣横生。孔子与原壤是几十年的老朋友，孔子成为人类的精神领袖，大成至圣先师，接受历代帝王的祭奠，其生命如恒星，永远在天河之中照耀我们前进，而原壤却在生命的起点不远处，落入尘埃，最终不见踪影。

14.44 察言观色

> 阙党童子将命①。或问之曰："益者与？"子曰："吾见其居于位②也，见其与先生并行也。非求益者也，欲速成者也。"

注 ①阙党：阙里，孔子家所在地方。将命：在宾主之间传话。②居于位：童子与长者同坐。

译 故乡阙里的一个童子来向孔子传话。有人问孔子："这是个求上进的孩子吗？"孔子说："我看见他坐在成年人该坐的位子上，又见他和长辈并肩而行，可见他不是个要求上进的人，只是个急于求成的人。"

心　读

察颜观色，听其言观其行，然后知其人。即便孔子是可以明察秋毫的圣哲，对人的了解也不敢妄下结论，而是采取类似现在行为心理学的方法，从人的行为中，研究和判断人的性格、人格。

现代学校教育，最有价值的研究是行为研究，如果教师能够研究学生的行为，学生的言语，学生的学业过程，从中全面了解学生，建立学生人格成长档案，并以此为依据，因材施教，教育效果必然超乎想象的好。遗憾的是，有的中小学教师热衷于"裸教"，有的热衷于有偿家教，绝大部分人日复一日地做着简单重复的劳动，不屑、不愿认真了解、研究自己的教育对象，教书一辈子依然平庸。实在可惜，实在可叹，实在可悲。

15.1 崇尚礼治

> 卫灵公问陈①于孔子。孔子对曰:"俎豆②之事,则尝闻之矣;军旅之事,未之学也。"明日遂行。

注 ①陈:同"阵",战阵。②俎（zǔ）豆:古代盛食物的器皿,祭祀礼器。

译 卫灵公向孔子询问军队列阵之法。孔子回答说:"祭祀礼仪的事,我曾经听说过;排兵布阵的事,我却从来没有学过。"第二天,孔子便离开了卫国。

心 读

孔子说自己不懂军事,只懂礼仪,不是真不懂军事,而是孔子不主张用军事手段解决诸侯国之间的问题。孔子这种处理国家之间关系的原则不适合今天,因为孔子时代的国家是周天子统治下的诸侯国,不同于现在国与国的关系。所以,读《论语》,传承文化精神,但是不能误解误用,对于现代中国与邻国的主权争端,不能不做两手准备。

1927年,日本田中首相给天皇上的秘密奏折提出了日本发展国策:"惟欲征服支那,必先征服满蒙,如欲征服世界,必先征服支那。"其中的"满蒙"就是东三省和蒙古，后来日本侵略东北的理由竟然是"因为东北三省对日本的生存发展非常重要，所以日本必须拥有东北"，强盗逻辑竟然如此荒唐，要将人家的财物据为己有，理由居然是：财物对贼很重要。令人尴尬的是，国人居然无良策应对，只能拿南开大学的调查报告说明东北三省对中国发展很重要。令人愤慨的是，所谓主持公道的国际联盟，对强盗逻辑、强盗行为束手无策。

日本今天对钓鱼岛的争夺策略，也一如当年对东北的策略。居然宣称："钓鱼岛是日本领土，与中国没有争议。"这种逻辑与1927年田中奏折无异，愿国人都能警醒。

15.2 君子固穷

> 在陈绝粮，从者病，莫能兴。子路愠①见曰："君子亦有穷乎？"子曰："君子固穷②，小人穷斯滥矣。"

注 ①愠（yùn）：怒。②固穷：固守穷困。

译 孔子一行在陈国断了粮食，随从都饿病了，没人能振作起来。子路愠怒地去见孔子，说道："君子也有穷困的吗？"孔子说："君子穷困时却能固守本心本性，小人穷困则胡作非为。"

心 读

贫困而能安道守节，君子也。穷困而胡作非为，小人也。

1992年，我担任中学校长，月薪不到500元，面对因家庭变故而生的重债，我该如何偿还呢？一不能贪污，二不能受贿，三不能有社会兼职（校长必须做出表率）。我无法计算，凭工资何时才能还清这笔债务。于是，我选择南下广州，接受月薪5000多元的教职，加入到广东民办教育拓荒者的行列，想不到第一年的工资就还清了所有债务，用第二年的工资回湖北买了一栋房子，安置好母亲。经历了四年民办教育生涯，再次从老师做到校长。1999年3月5日，重新回到体制内从事教育事业。

独特的人生经历，让我能够经受种种考验，抵制种种诱惑。如今，心如止水，心无旁骛，白天高效工作，晚上研究学术，以学养心，以学养身，以学养人，努力走君子之路。

15.3 学问之道

子曰："赐也，女以予为多学而识之者与？"对曰："然，非与？"曰："非也，予一以贯之。"

译 孔子说："赐啊，你以为我是学习遍数多了才记住的吗？"子贡答道："是啊，难道不是吗？"孔子说："不是的，我只是长期坚持知行合一而已。"

心　读

这是孔子因材施教对子贡进行学法指导的典型案例。子贡误认为老师的博学来源于反复学习，熟记于心。孔子的回答是："博学是因为长期坚持知行合一。"本章回应"学而第一"篇中孔子强调的人生三件事中的第一件：学而时习之，不亦说乎。

一是好学不辍。"好学不已，诲人不倦""乐以忘忧，不知老之将至"，就是孔子融学习入教育、政治、生活的生命状态，孔子自己也说："十室之邑，必有忠信如丘者焉，不如丘之好学也。"

二是坚持实践。坚持付诸实践，追求知行合一：植根于心，见之于行，且成为行为自觉。孔子的教诲，无疑是这对子贡性格特征开出的个性化的药方。

儒家开创的因材施教的方法，体现了对生命的敬重，对个性的尊重，对人才规格差异性的价值追求，可惜，现在却离我们渐行渐远。中国教育三大绝症之一就是没有解决好因材施教的问题。应试价值追求是因材施教的第一障碍，教材统一是因材施教的第二障碍，教辅统一是因材施教的第三障碍。教材教辅都统一了，教学还有什么个性可言，还有什么可能去因材施教呢？悲剧！悲剧！

15.4 知德者鲜

子曰："由！知德者鲜矣。"

译 孔子说："由啊！知道要规范自己德行的人太少了。"

心　读

如今懂得道德的人也很少了。"道德"原本是指人的道和德的整体境界，因为缺少"道"的修养，于是反复强调"德"的高尚，导致"道德"成为品德的代名词。"道"是指规律、思想、能力等，"德"是建立在"道"的基础上的相对稳定的心理结构及其品质。

很多人常常会自我安慰说："我辛辛苦苦干了三十年，没有功劳还有苦劳。"其实大错而特错。以教师为例，如果根本不懂得为师之道，忙了三十年，岂不是误人子弟三十年？我常常告诫老师们，当教师仅仅有爱是不够的——不能在爱的甜蜜中误人子弟，仅仅有责任心是不够的——不能以负责的名义不尊重教育规律，仅仅付出汗水是不够的——不能以奉献的名义虐待生命，还需要智慧，需要"道"的提升。否则，南辕北辙，做得越多，误认越深，何来"道德"高尚之说呢？

15.5 无为而治

> 子曰:"无为而治者,其舜也与?夫何为哉?恭己正南面而已矣。"

译 孔子说:"能够无作为而治理天下的人,那就是舜吧?他怎么做的呢?只是内心敬畏,端庄地面向南方坐在朝廷的王位上罢了。"

心　读

道家"无为而治"是返璞归真的方法,恢复老百姓的本心本性,任其自然。儒家"无为而治"显然是"有为"的,这个"为"就是礼乐教化走在前面。

儒家"无为而治"的内涵:一是统治者必须修己,必须身教,必须做出榜样("恭己");二是统治者必须对百姓实施礼乐教化,走礼治路径,如果老百姓都懂礼了,都有仁爱之心,都能同情弱者,都能帮助困难者,都能自觉遵守风俗习惯,天下也就可以大治了;三是尽量少折腾基层,少折腾百姓,"民可,使由之",让老百姓自然发展,让市场来调节社会需求,让政府职能服务化,让社会管理模式尽量科学——小政府大社会。

15.6 言行忠信

> 子张问行①。子曰:"言忠信,行笃敬,虽蛮貊②之邦,行矣。言不忠信,行不笃敬,虽州里③,行乎哉?立则见其参④于前也,在舆则见其倚于衡⑤也,夫然后行。"子张书诸绅⑥。

注 ①行：行得通、通达。②蛮貊（mò）：对少数民族的贬称，蛮在南方，貊在北方。③州里：五家为邻，五邻为里。五党为州，两千五百家。在这里州里指近处。④参：显现。⑤衡：车辕前面的横木。⑥绅：贵族系在腰间的大带。

译 子张问如何才能使自己到处都可以行得通。孔子说："言语要忠信，行为要笃敬，即使到了遥远荒凉的蛮貊地区，也可以行得通。言语不忠信，行为不笃敬，就算是在自家门口、本乡本土，能行得通吗？站着，就仿佛看到'言忠信行笃敬'这几个字显现在面前；坐车，就好像看到这几个字刻在车辕前的横木上，这样才能使自己到处行得通。"于是子张把这些话写在腰间的大带上。

心　读

40年前曾经流行一句话："学好数理化，走遍天下都不怕。"这是以"器"行天下。在孔子看来：说话忠信，行事笃敬才能立于世界。当今中国，没有正确处理好"道"和"器"的关系，传统文化没有有效传承，西方文化的核心价值观不敢借鉴，导致我们至今尚未建构起新道德体系。当务之急，必须坦然面对西方文化，坦然面对东方传统，传承东方文化精华，借鉴西方文化精华，建构与中国时下社会发展相适应的道德体系、价值体系、信仰体系。这不以个人的意志为转移。

15.7 人格独立

子曰："直哉史鱼①！邦有道，如矢②；邦无道，如矢。君子哉蘧伯玉！邦有道，则仕；邦无道，则可卷③而怀之。"

注 ①史鱼：卫国大夫，名鳅，字子鱼，他多次向卫灵公推荐蘧伯玉。②如矢：形容箭直。矢，箭。③卷：同"捲"。

译 孔子说："史鱼正直啊！国家有道，他的言行像箭一样直；国家无道，他的言行也像箭一样直。蘧伯玉真是君子啊！国家有道就出来做官；国家无道就辞官退隐，把主张收藏在心里。"

> **心 读**

　　邦有道直率，邦无道也直率，这是"直人"子鱼。邦有道做官，邦无道归隐自保，这是"君子"蘧伯玉。我认为，邦有道不可太直，邦无道更不可直，《周易》告诉我们"曲则成"。我也不赞成蘧伯玉的做法，邦有道需要为民谋福祉，邦无道更需要为民谋福祉。只是在人格修养方面，要坚持独立，邦有道要有人格，邦无道更要坚持自己的独立人格，不能同俗自媚于众，更不能同流合污。

15.8 惜言如金

> 子曰："可与言而不与之言，失人；不可与言而与之言，失言。知者不失人，亦不失言。"

译 孔子说："值得告诉他而没有说，就有可能失掉个人才；不值得告诉他却对他说了，属于说话冒失。有智慧的人既不失去发掘人才的机会，又不可以说错话。"

> **心 读**

　　语言是用来传播思想的，遇到本该与之交流的人而没有交流，那就失去了相互切磋思想和道义的机会，或者失掉了本可以互为影响的人。明知道是对牛弹琴，却滔滔不绝，显然属于冒失，言多必失，有时候不仅于事无补，甚至惹火烧身，或者把局面搅得异常复杂。智者不会失去任何发掘人才的机会，也不会冒失地对牛弹琴。

15.9 杀身成仁

> 子曰："志士仁人，无求生以害仁，有杀身以成仁。"

译 孔子说："志士仁人，没有为了自己活下去而损害仁的，有牺牲性命来成全仁的。"

心 读

孔子的生死观中，"仁"是最高原则，是一种包容，是一种责任，更是一种大爱。孔子称赞管仲的"仁"，就在于他对国家和人民有贡献。在儒家语境中，"仁"也指心怀天下者的气节，成为士大夫的独立人格，成为知识分子的独立人格。杀身成仁，就是杀身以成就责任，杀身以成就大爱，杀身以成就独立人格。这是儒家传统，也是知识分子的追求。

15.10 先利其器

> 子贡问为仁。子曰："工欲善其事，必先利其器。居是邦也，事其大夫之贤者，友其士之仁者。"

译 子贡问怎样实行仁。孔子说："工人想把活儿做好，必须先准备好工具。住在这个国家，应该学习大夫中的贤者，与士人中的仁人交朋友。"

心　读

"藏器于身，伺机而动"就是知识分子的生活方式、生命状态。本章以借喻手法，启发后生加强学习，提升自己，然后才能抓住机遇。要实现仁，居住在一个国家，最好的方式是向大夫中的贤者学习，与士人中的仁人交朋友。有知识的人或有艺术修养的人不能称之为知识分子，知识分子应具备儒家情怀和道义，特指关切人类整体或民族国家整体生态命运并信守人类核心价值的知识群体，他们有核心价值追求，有独立的信仰和人格。这样的群体，道义相期，学术砥砺，天下有事，敢于担当。

15.11 优化组合

颜渊问为邦。子曰："行夏之时①，乘殷之辂②，服周之冕③，乐则《韶》舞④。放郑声⑤，远⑥佞人。郑声淫，佞人殆⑦。"

注 ①夏之时：夏代的历法，便于农业生产。②辂（lù）：天子所乘的车。③周之冕：周代的帽子。④《韶》舞：舜时的乐舞，孔子认为其尽善尽美。⑤放：排斥、抛弃。郑声：郑国的乐曲，孔子认为是淫声。⑥远：远离。⑦殆：危险。

译 颜渊问怎样治理国家。孔子说："按照夏代的历法耕作，乘殷代的木质车子，戴周代的礼帽，礼乐要用《韶》乐舞，禁绝郑国的乐曲，疏远巧言令色的人，郑国的乐曲浮靡不正，佞人太危险。"

有人据此章认为孔子是复古主义者，其实不然。此处孔子提出的是一个优化组合的改革方案，把最有利的资源整合起来，管理国家，这才是孔子追求的境界。比如音乐，我们能说《广陵散》比《阳关三叠》落后吗？我们能说《高山流水》比《春江花月夜》落后吗？艺术的价值，科学的价值，不能以时代的先后论其大小、高低，而要看对人的作用，对人类的实用程度，对人类发展的潜在推动力等。此外，本章有方法论的借鉴价值。

15.12 远虑近忧

子曰："人无远虑，必有近忧。"

译　孔子说："人若是没有长远的考虑，一定会有眼前的忧患。"

孔门学问是伦理哲学，两千五百多年过去了，现在不用翻译，依然能领会于心。中国文化具有强烈的忧患意识，发端于儒学，所以每当大难临头，总有仁人志士承天命而振兴国家。

对个人而言，如果没有长期的人生规划，没有人生的终极价值追求和目标追求，面对各种挫折当然避免不了忧愁、忧虑、忧惧。但是，如果有终极目标和价值追求，人往往可以百折不挠，甚至抛头颅、洒热血也在所不惜。

对国家而言，也是如此，没有长远规划，没有战略思维，风云突变而束手无策，改革开放三十多年，追求GDP的高速增长没有错，但是没有在"摸着石头过河"的初期做好顶层设计和战略规划，如今自然生态、经济生态、人文生态破坏无遗，留下的不是近忧，而是永远的伤痛。

卫灵公第十五

15.13 好德如色

> 子曰："已矣乎！吾未见好德如好色者也。"

译 子说："完了吧！我从来没有见像好美色那样好美德的人。"

心 读

君子当好德如好色。好色是天性，好德是后天伦理要求。好色是感性，好德是理性。好色是本性的反映，好德是人性的修炼。

其实，在某种情况下，好德好色是可以统一的。司马相如喜欢卓文君，应当属于好色，当司马相如有移情别恋倾向的时候，卓文君写了一封饱含深情的信给司马相如，回忆彼此相知、相恋、相爱的无限缠绵与美好，司马相如幡然醒悟，钟情于卓文君，是文学史上的美谈。

其实，对有一个超然于物外、超脱于功利的爱人，道德文章会攀上新的境界。诚如是，则是人生之大幸。老夫子讲这句话的时候，应当没有想到这种情况吧？

15.14 贤人政治

> 子曰："臧文仲其窃位①者与！知柳下惠②之贤而不与立也。"

355

注 ①窃位：身居其位却不称职。②柳下惠：春秋中期鲁国大夫，姓展名获，又名禽，他受封的地名是柳下，"惠"是他的私谥，所以，人称其为柳下惠。

译 孔子说："臧文仲是一个窃居官位的人啊！明知柳下惠贤能，却不举荐他。"

心 读

家谱记载，柳姓始祖是柳下惠和盗跖，也无法考证其真实性。柳下惠名垂千古的是他"坐怀不乱"，"坐怀不乱"不是不好色，而是德的约束力使然。

柳下惠之贤，主要不在"坐怀不乱"，而在于他邦有道也仕，邦无道也仕。邦有道，柳下惠为官，为民造福，为人君分忧。邦无道，柳下惠也为官，不是为昏君分忧，却为百姓尽可能谋福祉。

至于臧文仲之流，当今之世也不少，窃据要位，嫉贤妒能，自己不能有所作为，也不能选贤任能。更有甚者，为官一任，不仅不能造福一方，而且祸害一方。

15.15 薄责于人

子曰："躬自厚而薄责于人，则远怨矣。"

译 孔子说："宅心仁厚而少责备别人，那就可以避免别人的怨恨了。"

心 读

我在武汉担任校长时，年仅26周岁，算是最年轻的校长。上任前长者叶细幼同志找我谈话，他告诉我，从上任之日起，意味着所有的过错和责任都是自己的，对下级要宽厚、体谅，多关心，这样才能让大家心服口服。自从那天开始，我就坚持"决不把责任和错误推诿给下级"的信条，现在回过头看，这是我最值得骄傲的优点——需要负责任的时候，我一定会慨然担当。我传承了叶细幼先生的遗风，这是我唯一可以告慰先生的。遗憾的是，现在大部分人反其道而行之，上级往往不敢承担责任，凡有过错拼命往下级身上推诿，或者在公开场合不敢承担该自己承担的责任。

15.16 善于担当

> 子曰："不曰'如之何，如之何'者，吾末①如之何也已矣。"

注 ①末：没有办法。

译 孔子说："遇事不想想'该怎样做，该怎样做'的人，对这种人我不知如何是好。"

心 读

现实生活中，我们也经常遇到有些人对什么事都表态："没问题。"为政、为学最怕这种人。一事当前，应当从最坏处打算，向最好处努力，多思考怎么办，才可能走向成功。

官员要有责任，要敢于担当，要善于担当，那就需要不断调查研究，不断提出解决问题的思路和方法，不断推进社会事业向着有利于大众的方向发展。

教师也是如此，教师的良知和责任，应当体现在对自己和学生行为的反躬自问："怎样做才是最好的？怎样教育才符合教育教学规律？"因为教育产品具有不可逆性，生命只有一次，发展关键期也只有一次，错过了就永远无法弥补。

15.17 言不及义

> 子曰：“群居终日，言不及义，好行小慧，难矣哉。”

译 孔子说：“整天群居一起，言谈达不到义的境界，专好卖弄小聪明，难啊。”

心　读

现在常常有这样的聚会，召集人也常常言不及义且好行小惠，以此收买人心，难成大事。因为被召集者需要的是信仰认同、理想认同、价值认同、情感认同，什么都不认同你，凭什么跟你走。

理想的团队，应当有自我超越的精神追求，有改善心智模式的能力，有共同奋斗的愿景，有团队学习的文化，有系统思考的管理艺术。这样的团队可以把小人磨练成君子，把凡人熏陶成巨人。

15.18 君子本色

> 子曰：“君子义以为质，礼以行之，孙以出之，信以成之。君子哉！”

译 孔子说：“君子以义为本质，以遵行礼的方式推行义，以谦逊的方式表达义，用诚信的方式实现义。这就是君子啊！”

心　读

原生态儒学中倡导的宗教性个人道德，对今天的社会公德仍有积极的规范意义和借鉴价值。“君子人格”则是儒家道德修养的人格范式。至今，中国人仍旧保留了“君子人格”范式，儒家“君子人格"理念属于一种目标激励范式。

孔子的人格范式中有圣人、贤人、志士、仁人、君子等，但是孔子最用力推广的是"君子"范式。孔子曾经说："圣人，吾不得而见之矣，得见君子者斯可矣。""圣人"高不可攀，"君子"可以炼成。《论语》当中"君子"一词先后出现了107次，可见孔子重视"君子"人格程度之高。君子之可贵就在担当道义：以礼推行道义，以谦逊表达道义，以诚信实现道义。

15.19 君子之病

子曰："君子病无能焉，不病人之不己知也。"

译 孔子说："君子只怕自己没有才能，不怕别人不知道自己。"

心 读

本章和1.16章、4.14章、14.30章中，孔子四次劝诫学生和天下读书人，不要担心和埋怨别人不了解自己，不要发怀才不遇的牢骚，要担心的是自己的道德修养和学术修养是否达到高境界，能力是否适应岗位或社会的要求。今天的从教者，可以从中得到启发，不要怨天尤人，融学习、工作、生活为一体，十年一剑，持之以恒，必定有成。

15.20 君子之忧

子曰："君子疾没世①而名不称焉。"

注 ①没世：死亡之后。

译 孔子说："君子担心去世以后他的所作所为与盛名不相符。"

心　读

知识分子当有"了却君王天下事，赢得生前身后名"的追求，不过了却的是国家事、百姓事、自己的心事。很多人在职的时候不可一世，前呼后拥，不在职就从此沉寂了，更不要说百年之后了。活着的时候就已经死掉了，何来流芳百世，那是因为这些人没有君子人格，没有君子学养，没有君子风度。

孔子曾经是优秀的语文教师、优秀的政治教师、优秀的历史教师、优秀的哲学教师、优秀的音乐教师、优秀的心理教师，也是一个优秀的校长，一辈子都在颠沛流离，甚至如丧家之犬，但发愤忘食，乐以忘忧，终身求道，完善人格，传承文化，建立价值，实践理想，最终奠定了在历史长河和文化长河中独特的地位。教师的价值追求，当在百年之后！

15.21 反求诸己

子曰："君子求诸己，小人求诸人。"

译 孔子说："君子要求自己，小人要求别人。"

心　读

曾子曰："同游而不见爱者，吾必不仁也；交而不见敬者，吾必不长也；临财而不见信者，吾必不信也。三者在身，曷怨人！怨人者穷，怨天者无识。失之己而反诸人，岂不亦迂哉！"

大意为："同游不被爱戴，那是因为自己不仁厚；交往不被尊敬，那必定是自己没有过人之处；临近财物而不被信任，那是因为自己没有诚信。三者都在自身，怎么能够怨别人呢？怨恨别人的人会陷入困境，怨恨上苍的人没有见识。自己的失误却去指责别人，岂不是太迂腐了吗？"

这就是儒家的伦理哲学，成败由己，成败由心，多找自身原因，多在内心深处反思。

为政应如是，为教亦如是。

15.22 不争不党

子曰："君子矜①而不争，群而不党。"

注 ①矜（jīn）：庄重。

译 孔子说："君子庄重而不与别人争夺，团结而不结党营私。"

心 读

矜持是君子的重要品质，是内心庄重而外表端庄。红尘滚滚，人处其间，需要矜持，朋友说矜持意味着虚伪，非也，如今对于女性来说，矜持已经是奢侈品性。

君子可以争论真理，可以殉道，舍生取义，但是不争名利；君子乐天知命，豁达大度，善于与人相处，待人真诚厚道，温文尔雅，但是不结党营私。孔子这里的"君子不争"其实已经有了道家的痕迹。

现在社会结构中，以价值为纽带的团体不容易合法化，以信仰为纽带的团体不容易合法化，以宗教为纽带的团体也不容易合法化，以学术为纽带的团体虽然合法化了，但是因为式微而无法影响社会，相反，倒是那些同乡会、老乡会等以利益为纽带的团体得到了体制的承认或默认，是否应该给君子更多的自由呢？

15.23 君子之言

子曰："君子不以言举人，不以人废言。"

译 孔子说："君子不因说的好听就举荐他，也不因自己不喜欢某人而否定其所有意见。"

心 读

不以言举人容易做到，不以人废言难啊。按照中国现有的体制，在台上什么都好，下台了就因人废言。前人的主张明明正确，却一定要按照现任的意志去说。做学问，尤其要坚持实事求是，搞艺术也要实事求是。

从15.18章到15.23章，六章都谈君子。君子重义、行礼、逊言、诚信、不患人之不己知、矜而不争、群而不党、求诸己而不求诸人、不以言举人也不以人废言。不容易做到，做到了不仅是君子，也可以谋大事、成大业。

15.24 恕是智慧

子贡问曰："有一言而可以终身行之者乎？"子曰："其'恕'乎！己所不欲，勿施于人。"

译 子贡问孔子问道："有没有一个字可以终身奉行呢？"孔子回答说："那就是'恕'这个字吧！自己不想要的，不要强加给别人。"

❀ 心 读 ❀

"恕"是包容，对别人缺点的包容，对世间万物的包容，对宇宙百态的包容。

"恕"是一种教育方法，包容一切生命体，包容学生的差异性，包容人才的差异性，体现了对生命个体的敬畏和尊重。

"恕"是一种生活方式，是一种生命状态，原谅别人就可以解放自己，生活在嫉妒中受害最深的不是被嫉妒者，而恰恰是自己。因为放下，所以洒脱。因为放弃，所以自由。说时容易做时难，有时候我却不可以，不愿意，不能够。

"己所不欲，勿施于人"已经高悬于联合国大厦，已经成为全人类的普世伦理情怀和普世价值追求，是儒家、儒学走向世界的标志性事件。

人与人之间，上下级之间，群与群之间，国与国之间，能够"己所不欲，勿施于人"，世界将从此太平。

15.25 毁誉有道

子曰："吾之于人也，谁毁谁誉？如有所誉者，其有所试矣。斯民也，三代之所以直道而行也。"

译 孔子说："我对于人，诋毁过谁？赞美过谁？如有所赞美的，必是曾经考证过的。夏商周三代的人都这样做，所以三代能直道而行。"

❀ 心 读 ❀

有所赞美，必有考证。赞美一个人，必须与事实相符，至少是与事实基本相符，如此褒扬才能对当事人、非当事人产生引领或激励作用。言而无据，信口雌黄，褒扬不再成为力量。

当今社会，最缺诚信，诚信成为稀有资源。我在很多场合曾非常坦荡地宣布：我可以选择沉默，但是说出口的必须是真话——对自己信任的人如此，对同仁亦如此，内容不同而已！虽然世俗或不能兼容，我依然坚持实事求是，依然坚持说真话，依然坚持正道直行，为人处世，我更相信真理的力量，相信正义的力量，相信智慧的力量，相信真诚的力量。

15.26 民风淳厚

> 子曰："吾犹及史之阙文①也，有马者借人乘之②，今亡矣夫？"

注 ①阙文：史官记史，遇到有疑问的地方便缺而不记，这叫做"阙文"。②有马者借人乘之：有马的人自己不会调教，而借给别人先骑着。

译 孔子说："我还能够看到史书存疑的地方缺而不记，有马的人自己不会调教就先借给别人骑着，这种风尚今天没有了罢？"

心　读

很多人学者觉得这一章难解，其实不然。"吾犹及史之阙文也"是事实，孔子借以赞美古之良史秉笔直书和实事求是的精神，这一句仿佛《诗经》起兴之笔。下一句"有马者借人乘之"才是重点："自己有马不会骑，先借给会骑的人使用。"在原始农业社会，马是最重要的交通工具，一匹马可以换几个奴隶，一匹马对于普通家庭的价值，高于汽车对于现代普通家庭的价值。但是，如果自己不能骑，应该先借给会骑的人，使马发挥其作用。民风淳厚朴素如此，难道不值得赞美吗？

15.27 巧言乱德

子曰："巧言，乱德。小不忍，则乱大谋。"

译 孔子说："花言巧语，败坏德行。小事不忍耐，就败坏大局。"

心　读

孔子曾经说："巧言令色，鲜矣仁。"此处又说："巧言乱德。"我读"二十五史"也没有从中发现花言巧语的人中有道德高尚的。

项羽力可拔山，面对功臣封赏的要求，封印做好了，在手上磨玩得字迹都模糊了，还是舍不得奖给功臣——这与汉王刘邦慷慨封齐王韩信形成了鲜明对比，结果项羽君臣离心离德，最终为汉王刘邦所败。这是典型的小不忍则乱大谋。

君子当成大事，在小事上犹豫不决，有时候会影响全局。

15.28 善恶难辨

子曰："众恶之，必察焉；众好之，必察焉。"

译 孔子说："大家都厌恶他，我必须要考察他；大家都喜欢他，我也一定要考察他。"

心　读

读本章心情异常沉重。清朝皇太极用反间计，误导崇祯皇帝轻信袁崇焕是内奸，将袁崇焕凌迟处死，活活地剐了3543刀，袁崇焕才气绝身亡。行刑时刻，北京万人空巷，万人唾骂袁崇焕，万人争抢袁崇焕之肉啖之而以为荣。但是，有几个人知道崇祯杀了自己的擎天柱？有几个人知道袁崇焕是明朝最后的长城？

这样的历史，在数百年后的20世纪60年代又重演，"谁敢横刀立马"的彭德怀被打成反革命，仿佛众人所恶，但他是君子！最困难的时候加入中国共产党，并率国民革命军二十军全军人马参加南昌起义的贺龙被打成反革命，仿佛众人所恶，但他是君子！民主选举产生的国家主席刘少奇，被打成"叛徒内奸工贼"，仿佛众人所恶，但他是君子！体制不改革，历史难免重演。

众人所好如希特勒者（二战期间，希特勒曾经被德意志民族大多数人奉为英雄），未必是好人。众人所恶如袁崇焕、苏格拉底者，未必是坏人。

教师给学生撰写评语切忌轻易做结论，众人说好未必是好人，众人所恶未必是坏人，教师怎么能够凭一己一时之好恶给学生下结论呢？给学生的评语应当是描述性、期待性的，对尚未成熟的学生，任何结论性的东西都有可能是错误的，都可能成为学生发展的桎梏，都可能毁掉学生一辈子。不可不慎啊。

15.29 人能弘道

子曰："人能弘道，非道弘人。"

译 孔子说："人能够弘扬道，不是道能增加人的名望。"

心　读

人弘扬道，是君子以天下为己任的积极作为。反之，以道弘人，目的在于装点门面，非君子所为。学界嘲笑现在中国最大的博士群不在高校，不在商海，不在企业，而在官府。初听好笑，细想悲哀。官府中博士，是人弘道呢，还是道弘人呢？读者自鉴。

15.30 过而不改

> 子曰："过而不改，是谓过矣。"

译 孔子说："有了过错而不改正，这真就是错了。"

心 读

"人非圣贤，孰能无过？"儒家提倡包容，不是不允许犯错误，而是犯了错误必须认识错误，改正错误。

楚庄王沉湎酒色，过而能改，终于"不鸣则已，一鸣惊人"，成为春秋五霸之一。唐太宗过而能改，开创了盛唐气象。晋灵公残暴成性，过而不改，进谏者往往会被晋灵公派人刺杀掉，结果自己被赵盾的族人杀掉，身首异处。

从事政治活动，尤其要善于听不同意见，善于发现自己的缺陷和不足，这样才能少犯错误，少走弯路，少浪费民脂民膏。

从事教育事业，更要反省自己教育行为的科学性和可行性，因为教育的对象及其成长过程具有不可逆性，任何错误对学生的影响都是终身的，不可预测的。

15.31 学思结合

> 子曰："吾尝终日不食，终夜不寝，以思，无益，不如学也。"

译 孔子说："我曾整天不吃，彻夜不睡，左思右想，没什么收获，还不如学习效果好。"

心 读

学术的建构必须成体系，仅仅靠思考是远远不够的。我重注《论语》，从2003年开始，历时十年，面对很多前人读错的东西，一时找不到佐证资料论证，就只好停下来读书和研究。时间久了，读的书多了，体会深刻了，继续写，继续打磨，于是才有了自己的感觉。本书自2014年8月首版，4个月3次重印，销量背后是读者的认同，也突然增加了我无限的责任感和使命感，我不能误导苍生，必须继续坚持研究《论语》，力求不断修订，不断完善，让每个华人都读到《论语心读》，也让《论语心读》走出国门，走向世界，走进人心，改变人心。

人类文明发展到今天，"眉头一皱，计上心来"的简单原创发明，已经基本完成。新知识、新发现或者在学科尖端处，或者在学科结合部，或者在知识的融合过程之中，离开学习，一味冥思苦想，将一无所获。孔子作为教育家，在学习理论方面也没有缺位，学思结合，学思一体的方法论，依然彰显其独特价值。

15.32 君子忧道

子曰："君子谋道不谋食。耕也，馁①在其中矣；学也，禄②在其中矣。君子忧道不忧贫。"

注 ①馁（něi）：饥饿。②禄：做官的俸禄。

译 孔子说："君子谋求道而不谋求吃饱吃好。即使亲身耕田，也可能饿肚子；坚持学习，有可能拿到俸禄呢。君子担心修道不成，不用担心清贫。"

心　读

君子忧道不忧贫，君子藏器于身，则可以伺机而动。

朋友曾经问我的过人之处是什么？我回答：唯一可以引以为豪的是几十年如一日坚持读书，坚持求道，除此外，我别无长处。虽不敢以君子自居，但是数十年如一日坚持读书，节假日足不出户读书，修养在读书中提高，才气在读书中增长，胸怀在读书中拓展，价值在读书中明晰，生命在读书中提升，命运在读书中改变。

不要太在意吃什么，穿什么，不要太在意别人说什么（除非说得有道理），要在意自己的学养，在意自己的胸怀，在意自己的境界，在意自己的学术，在意自己的事业，在意自己的贡献。

15.33 顶层设计

子曰："知及之①，仁不能守之，虽得之，必失之。知及之，仁能守之，不庄以莅②之，则民不敬。知及之，仁能守之，庄以莅之，动之不以礼，未善也。"

注　①知：同"智"。之：此处指禄位和国家天下。②莅（lì）：临，到的意思。

译　孔子说："凭聪明得到位置，不能坚守仁德，即使得到，也定会失去。凭聪明得到位置，如能坚守仁德，但如果不用端庄恭敬的态度管理百姓，那么百姓就不会尊敬。凭借聪明得到，以仁德保持，也能用端庄恭敬的态度管理百姓，但行动不合礼义，那也是不好。"

仁是儒学的核心，是从天子到庶人的最高准则，是个人品德、君王人格、国家国格的顶层设计。但是，实现仁的境界，却需要礼治来维持，需要智慧来坚持，需要诚信来坚守。仁是包容，是慈爱，是关怀。仁是责任，是使命，是大局。没有礼治，仁将没有适合的表现形式。没有智慧，仁将没有尝试的路径。没有诚信，仁将没有实现的保证。

15.34 善待自己

子曰："君子不可小知而可大受也[①]，小人不可大受而可小知也。"

注　①小知：小聪明。受：责任，使命，承担大任。

译　孔子说："君子没有小聪明，却可以承担重大使命。小人不可以承担重大使命，却可以有小聪明。"

心　读

君子可当大任，但未必事事精通。小人不可当大任，但未必没有一技之长。君子小人，人尽其才，这才是当代人力资源管理的准则。

德国著名的化学家瓦拉赫年轻的时候曾经选择文科道路，走不通，后来又选择绘画的道路，又走不通。化学老师让他选择了化学，最终成为巨匠。上苍安排任何一个人来到这个世界，都是有道理的，都有各自的长处和优势。

"瓦拉赫现象"告诉我们，教师除了要善于发现学生的"闪光点"，还要对学生充满爱心与信任。化学老师正是发现了瓦拉赫"一丝不苟"的闪光点，给予充分的肯定与信任，让瓦拉赫获得自信和成功。

同时，这个故事还告诫广大教师千万不要过早地给学生下定论，特别是对学生前途的"失望性"结论。因为，它只会给你带来错判与遗憾。请记住这样的忠告，最不能预言孩子的未来，给学生下不良定论的教师是世界上最缺乏远见、最愚蠢的教师。

瑞士有位学者指出："教育的最终目的在于发展各人天赋的内在力量，使其经过锻炼，能人尽其才，在社会上赢得他应有的地位。"大量事实告诉我们，一个人的命运，很大程度上取决于他所受的教育，什么样的教育就会培养出什么样的人才。

任何人都没有自暴自弃或被人遗弃的理由：因为是你，所以精彩。因为是我，所以精彩。善待自己，世界可期待、未来可期待。

15.35 人而不仁

子曰："民之于仁也，甚于水火。水火，吾见蹈而死者矣，未见蹈仁而死者也。"

译 孔子说："百姓们对仁（的需要），比对水火（的需要）更加迫切。我只见过人跳到水火中而死的，却没有见过为了实行仁道而死的。"

心 读

人而不仁，不是百姓之过，而是当政者之失也。

当今社会，仁心缺失，那是因为我们对传统文化做过任何一个民族都没有的多次否定和扫荡：第一次是"五四"运动，"打倒孔家店"，仁学、仁心、仁术自然被打倒；第二次是孙中山领导的资产阶级革命，打倒和否定的也是所谓封建文化；第三次是民主主义革命和社会主义革命，建立在对共产主义核心价值观的信仰基础上的意识形态，再次否定传统价值观；第四次是史无前例的无产阶级文化大革命，把残存于人心之中最后的坚守都扫除干净，心中除了领袖和太阳，什么都没有，没有亲情，没有爱情，没有友情，没有对大自然之敬畏，哪来仁心仁术；第五次是改革开放，一心想学人家的文化，结果什么都没有学到，把自己唯一可以自立于世界的儒家文化再次来一个自卑式的否定。

人心不古，在于政治，而不在于百姓。民族复兴在于文化，在于精神而不在于物质，传承优秀传统文化，是中国文化的自觉，也是中国民族复兴的序幕。

15.36 当仁不让

子曰："当仁，不让于师。"

译 孔子说："追求仁道，不必谦让于老师。"

心　读

仁德是儒家最高的道德准则，甚至高于师道，汉代伪儒学大师董仲舒才是"师道尊严"的始作俑者。孔子以人为本的政治理念，反映到教育事业就是以生为本，孔门教育师生平等，孔门师生关系之融洽、思想之自由、教学之民主，世所称道。例如子路怀疑孔子见卫国夫人南子的目的，竟然可以生气地质问。"子见南子，子路不说，夫子矢之曰：'予所否者，天厌之！天厌之！'"师生之平等以致如是，当仁自然不能让于师。

15.37 君子不谅

子曰："君子贞而不谅^①。"

注 ①贞：正。谅：信，守信用。

译 孔子说："君子固守正道，讲大节识大体，而不拘泥于小信。"

心 读

孔子曾说"言必信，行必果"，这不是君子的作为，而是小人的举动。诚信必须是建立在仁、道、礼之上，如果离开了仁、道、礼，那些小小的信用有什么价值呢？

诚信必须看对象，对有诚信的人可以讲诚信。日本人1945年战败投降的时候，宣称无条件接受《波茨坦公告》，如今公然置《波茨坦公告》于不顾，强词夺理说钓鱼岛是日本的固有领土，与中国没有领土争议，如此不讲诚信，举世独此一例。

15.38 君子忧道

子曰："事君，敬其事而后其食。"

译 孔子说："事奉君主，要恭谨尊敬地为君主办事，其后的俸禄是自然而然的事情。"

心 读

君子忧道不忧禄。君子忧道，君子有道，自然有禄！客观上讲，古往今来，在学习和实践中可以增长才干，一个人眼界越高，境界就越高，道行就越深厚，能力就越强，贡献就越大，社会的回报往往与个人修养呈正相关——付出越多，社会回报你的越多！如果从精神层面上讲，自己的收获就更多了，自己收获了道，收获了精神，收获了气质，收获了充实，收获了自信，收获了独立人格，收获了边学习边干事业的成功感！

15.39 有教无类

子曰："有教无类。"

译 孔子说："人人都可以接受教育。"

心 读

有教无类是孔子的教育思想，也是人类最重要的教育价值观。

孔子说："自行束脩以上，吾未尝无诲也。"男子十五周岁，行束脩之礼，愿意学习我全收。老先生开民办教育先河，开贫民教育先河，开教育公平先河，把教育从宫廷转移到民间，通过教育改变命运，通过教育给予贫民发展权，何其伟大！因为有教无类，所以孔门弟子既有富甲一方的子贡，也有贵族子弟孟懿子、南宫敬叔，还有"在陋巷，人不堪其忧"的颜回和"朽木不可雕"的宰我！

可惜，中国现代教育恰恰迷失了有教无类的儒家情怀。当今中国教育可是"有教有类"：宏观——地域教育文化、投入、软件、硬件差异天壤之别；中观——校际之间师资、科研、设备、设施差距悬殊；微观——在老师的教育教学行为中，关注高分的学生多、关注低分的学生少，关心富贵子弟的多、关注贫困子弟的少，喜爱优生的多、喜爱差生的少……如此种种。可怕的是，这些差距还在遵循"马太效应"继续扩大。更可怕的是，阶层固化，因为教育不公平，弱者、贫者的上升通道更加狭窄！教育不再成为社会公平的助推剂，却成为社会不公平的催化剂！

改革的方向：

一、教育经费由中央本级财政统筹解决。军费可以由中央本级财政解决，为什么最重要的民生教育经费不能由中央本级财政解决呢？诚如是，则教师将成为中国最受尊敬，也最受欢迎的职业！诚如是，则中国教育的不公平的现象可以完全消除！诚如是，则留守儿童的难题迎刃而解！诚如是，则进城务工人员子女入学不再艰难！诚如是，则中国不再有失学儿童，不再需要靠富人施舍来解决贫困儿童入学问题，不再需要那些装潢门面、为个人树碑立传的希望工程！诚如是，则中国公民发展起点公平、机会公平、过程公平，则社会公平实现本质飞跃。一国有教无类有困难，一省应该可以。一省有教无类有困难，一市应该可以。一市有教无类困难，一县应该可以。

二、取消基础教育等级招生机制，建立教育投入绩效机制。将学校人为分为三六九等，招生批次人为分等，校际差距人为拉大，以行政干预和政策倾斜的方式制造所谓名校。古代中国著名书院、私塾都不靠皇家恩赐，西方名校十之八九非行政化。鼓励校长各显神通，鼓励学校办出特色。同时，要建立限制教育过度投入的法律及教育投入绩效考核机制。当投资绩效为零时，就要停止投入，严禁投入，过量投入就是违法。

三、建立教师退出机制。中国公办学校教师与公务员一样，属于固化阶层，有进入机制，没有退出机制，导致缺乏教师道德修养者仍有市场和保障。教育改革不动大手术，不可能成功。

15.40 不谋同一

子曰："道不同，不相为谋。"

译 孔子说："主张不同，不谋求同一。"

心　读

现代管理，重大决策，道不同者广泛参与，才容易形成智能风暴，才有可能产生新思想和新思维。

儒家主张和谐，而不主张思想的统一，尤其不主张价值的统一。"攻乎异端，斯害也已"，"君子和而不同"，"和实生物，同则不继"，从中我们可以品味出儒家的学术主张倾向于思想自由，倾向于对生命主体的尊重，倾向于对价值多元的尊重。

有的学者把这一章翻译成为："主张不同，所以不相互商量。"表面上看是对，其实违背了儒家的本意。儒家不谋求思想的统一，而是主张存异求同：这就是为什么二十世纪周恩来在亚非会议上广受尊重的原因，周恩来的言行举止也因之被称为儒者风度。

15.41 辞达而已

子曰："辞达而已矣。"

译 孔子说："言辞只要能表达意思就行了。"

心　读

写文章、作讲演，辞达而已。这个标准太经济，太朴实。

当今之世，学术界可不是追求"辞达"，学术八股文，洋洋洒洒，数万言乃至数十万言，却辞不达意，不知所云，但往往这些東西却大行其道。因为他的文章或演讲谁也不懂，所以很多心虚的人，担心不说好可能会被认为是层次太低，就不敢提出己见。

官场也是如此，一些官僚开会，五分钟可以说完的话，偏偏要滔滔不绝讲上一两个钟头。殊不知人一生有多少两个钟头，殊不知生命的每一秒钟都是不可逆的。

15.42 相师之道

师冕①见，及阶，子曰："阶也。"及席，子曰："席也。"皆坐，子告之曰："某在斯，某在斯。"

师冕出，子张问曰："与师言之道与？"子曰："然，固相②师之道也。"

注 ①师冕：乐师，这位乐师的名字是冕，古时候的乐师一般都是盲人。②相：帮助。

译 盲人乐师冕来见孔子，走到台阶沿，孔子说："这儿是台阶。"走到坐席旁，孔子说："这是坐席。"等大家都坐下来，孔子告诉他："某某在这里，某某在这里。"

师冕走了以后，子张就问孔子："与乐师论道了吗？"孔子说："是的，这就是帮助乐师的道啊。"

心 读

相师之道，助人之道，仁爱之道，就是儒家的人本之道。家父中年，对普通老师尤其是青年教师，对学生尤其是贫困学生，都非常尊重，非常客气，近于谦卑，我曾经深感疑惑，也曾经深不以为然。三十岁以后，我逐步明白，家父做人到了很高的境界，明显有儒家人本情怀，显然有《论语》的影响。家父对那些弱者的帮助，尤其是对贫困学生的支助，从来不遗余力，太多的感人事实和细节留在我的记忆里，也流在我的血液里，成为我的人格特征。我常说："是人就应当尊重！"其实，这是家父谦和品质的传承。每读"后生可畏，焉知来者之不如今"，敬佩家父内心的慈爱和涵养的深厚。每读本章，深感儒家对人的尊重与关怀远胜于西方。

16.1 萧墙之祸

　　季氏将伐颛臾①。冉有、季路见于孔子曰："季氏将有事②于颛臾。"

　　孔子曰："求。无乃尔是过与？夫颛臾，昔者先王以为东蒙主③，且在城邦之中矣，是社稷之臣也。何以伐为？"

　　冉有曰："夫子欲之，吾二臣者皆不欲也。"

　　孔子曰："求。周任④有言曰：'陈力⑤就列，不能者止。'危而不持，颠而不扶，则将焉用彼相⑥矣？且尔言过矣，虎兕出于柙⑦，龟玉毁于椟⑧中，是谁之过与？"

　　冉有曰："今夫颛臾，固而近于费⑨。今不取，后世必为子孙忧。"

　　孔子曰："求。君子疾夫舍曰欲之而必为之辞。丘也闻有国有家者，不患寡而患不均，不患贫而患不安。盖均无贫，和无寡，安无倾。夫如是，故远人不服，则修文德以来之。既来之，则安之。今由与求也，相夫子，远人不服而不能来也，邦分崩离析而不能守也；而谋动干戈于邦内。吾恐季孙之忧，不在颛臾，而在萧墙⑩之内也。"

注 ①颛臾（zhuān yú）：鲁国的附属国，在今山东省费县西北八十里有颛臾村，当为古颛臾之地。②有事：发兵，用兵。③东蒙：蒙山。主：主持祭祀的人。④周任：人名，周代史官。⑤陈力：发挥能力，按能力担任适当的职务。⑥相：辅助。⑦兕（sì）：雌性犀牛。柙（xiá）：用以关押野兽的木笼。⑧椟（dú）：匣子。⑨费（bì）：鲁国季氏的采邑。⑩萧墙：鲁君所用的照壁屏风，指宫廷之内。

译 季氏将要讨伐颛臾。冉有、子路去告诉孔子说："季氏快要攻打颛臾了。"

孔子说："冉求，这难道不是你的过错吗？至于颛臾，从前周天子曾让颛臾主持东蒙的祭祀，而且已在鲁国疆域之内，是国家的臣属，要讨伐师出何名啊？"

冉有说："季孙大夫想去攻打，我们两个人都不愿意。"

孔子说："冉求，周任有句话说：'尽自己的力量去履行职责，实在做不好就辞职。'主人有危险的时候不扶助，跌倒的时候不搀扶，那要辅助的人有何用呢？而且你说的是错的，老虎、犀牛从笼子里跑出来，龟甲、玉器在匣子里毁坏了，这是谁的过错呢？"

冉有说："现在颛臾城墙坚固，而且离费邑很近。现在不把它夺取过来，将来一定会成为子孙后代的祸患。"

孔子说："冉求，君子痛恨那种不想要而找借口的做法。我听说，对于诸侯和大夫，不怕贫穷，而怕财富不均。不怕人口少，而怕不安定。财富均了，就没有贫穷；大家和睦，就不会感到人少。安定了，就没有倾覆的危险。若能这样做，而远方的人还不归服，就规范自己的文化德行招来他们。若远方的人们已经来了，就让他们安心住下去。现在，仲由和冉求你们两个人辅助季氏，远方的人不归服，不能招来他们；国内民心离散，你们不能守护住民心，反而策划在国内使用武力。我只怕季孙所忧患的不在颛臾，而是在宫闱之内呢。"

心　读

孔子是中华文明的精神导师，其宣扬的价值，至今仍有普适性。本章四点价值性的观念值得我们深思和传承。

一是倡导和平。孔子倡导的和平是国内和平，反对暴政。有人说孔子是反战主义者，未必如此，因为孔子说的是不主动发动战争，并非对外国入侵。如果面对侵略，孔子一定不会反战，从孔子称赞管仲的话语中能够体会得到。

二是忠于职守。孔子教导冉有、子路两个必须尽量劝谏执政者不要作恶多端，劝谏无效就应当辞职。

三是实施教化。"修文德以来之"，这是国际间的有序竞争模式，而修文德是国家核心竞争力，这与今天强调教育是核心竞争力一样。

四是倡导公平。"不患寡而患不均，不患贫而患不安"。这一思想对后世影响比较大。其中，我觉得最要重视的是"远人不服，则修文德以来之"的思想，美国是一个移民国家，它能够聚集全球精英，具有聚合力、凝聚力、向心力，就在于其体制优越、政治清明、教育发达、社会稳定，这是事实。

16.2 天下无道

孔子曰："天下有道，则礼乐征伐自天子出；天下无道，则礼乐征伐自诸侯出。自诸侯出，盖十世希不失矣；自大夫出，五世希不失矣；陪臣执国命，三世希不失矣。天下有道，则政不在大夫。天下有道，则庶人不议。"

译 孔子说："天下有道的时候，制作礼乐和出兵打仗都由天子作主决定；天下无道的时候，则诸侯就敢作主决定礼乐和军事。由诸侯作主决定，大概很少有经过十代而不垮台的；由大夫决定，经过五代很少有不垮台的；由家臣作主决定，经过三代很少有不垮台的。天下有道，国家政权就不会落在大夫手中。若天下有道，则平民不会议论国事。"

心 读

周天子的大权落入诸侯手中，诸侯国家的大权落入大夫和家臣手中。孔子对此极感不满，认为这种政权很快就会垮台。他希望政权稳定，百姓安乐幸福。百姓不议论政治，并非是不能议论，而是没事可议。

有学者说，孔子认为老百姓议政是天下无道的一种表现，没有足够的证据。如果天下有道，会有人有兴趣去批评时政吗？如果有很多人批评时政，那是因为时政确实存在这样那样的问题。批评时政不可怕，不接受批评才可怕。

16.3 洞若观火

> 孔子曰："禄之去公室五世①矣，政逮于大夫四世矣②，故夫三桓③之子孙微矣。"

注 ①五世：自鲁君丧失政权到孔子说这段话，经历了鲁国宣公、成公、襄公、昭公、定公五世。②逮：及。四世：自季氏把持朝政到孔子说这段话，经历了季孙氏文子、武子、平子、桓子四世。③三桓：鲁国的三卿，仲孙（即孟孙）、叔孙、季孙都出于鲁桓公，所以叫三桓。

译 孔子说："鲁国国君失去国家政权已经有五世了，经历了鲁国宣公、成公、襄公、昭公、定公五世。政权落在大夫之手已经四世了，经历了季孙氏文子、武子、平子、桓子。所以三桓的子孙现在也衰微了。"

心　读

"天下有道，则礼乐征伐自天子出。"这是世界通则，西方有核国家的核密码箱都掌握在总统手中，总统走到哪里，就带到哪里。无论东西方国家，常态下战争命令只能由最高当局来发布。三桓掌握了国家政权，这是春秋末期的一种政治乱象，礼乐征伐自诸侯出，自大夫出，都不正常。后来鲁国的历史演进，证明孔子是一位远见卓识的政治家。

16.4 交友原则

> 孔子曰："益者三友，损者三友。友直，友谅①，友多闻，益矣。友便辟②，友善柔③，友便佞④，损矣。"

注 ①谅：诚信。②便辟：惯于走邪道。③善柔：善于和颜悦色骗人。

④便佞：惯于花言巧语。

译 孔子说："有益的朋友有三种，有害的朋友有三种。同正直的人交友，同诚信的人交友，同见闻广博的人交友，有益！同惯于走邪道的人交朋友，同善于阿谀奉承的人交朋友，同喜欢花言巧语的人交朋友，有害！"

心　读

中国当代官场的达官，如果能够交益友，一般不会出事。出事的，往往是因为交了损友。普通人也是这样，交益友进步，交损友退步，甚至毁灭。正如汉刘向《说苑·杂言》所描述："与善人居，如入兰芷之室，久而不闻其香，则与之化矣；与恶人居，如入鲍鱼之肆，久而不闻其臭，亦与之化矣。"《论语·学而第一》中，孔子说："有朋自远方来，不亦乐乎？"由此可见儒家所提倡的交友在于切磋道义，砥砺德行，所以，要与正直的人交朋友，与诚心的人交朋友，与广博的人交朋友。

16.5 享受生活

孔子曰："益者三乐，损者三乐。乐节礼乐①，乐道人之善，乐多贤友，益矣。乐骄乐②，乐佚③游，乐宴乐④，损矣。"

注 ①节礼乐：孔子主张用礼乐来节制人。②骄乐：骄纵不知节制的乐。③佚：同"逸"。④宴乐：沉溺于宴饮取乐。

译 孔子说："有益的喜好有三种，有害的喜好有三种。喜欢以礼乐来调节自己的状态，喜欢称道别人的好处，喜欢与贤德者为友，有益！喜好骄傲享乐，喜欢游手好闲，喜欢大吃大喝，有害！"

心 读

本章谈享乐观。欣赏艺术之美，欣赏别人的长处，与贤者交往，这是人生的一种享受，也有益于人的发展。反过来，以霸道为乐，以闲游为乐，以美味佳肴为乐，这是颓废的享受，会使人走向衰亡和失败。

交朋友讲缘分，没有共同的语言，没有共同的价值追求，就不能算是朋友。很多年来，我可以拒绝尘世的很多诱惑，就是因为交朋友讲原则，没有共同语言和价值追求，一起吃顿饭都是受罪，也因此避免了一些劫数，避免了牢狱之灾。是天意抑或是人为，也许二者兼而有之。

生活崇尚节俭好，一天不过三顿饭，一晚无需两张床，死后半抔黄土遮身。价值的实现，在于离开这个世界，还有人记得你。当如孔子，做一个独立思想者，把思想留给后人，名垂青史。

16.6 君子三愆

> 孔子曰："侍于君子有三愆①：言未及之而言谓之躁，言及之而不言谓之隐，未见颜色而言谓之瞽②。"

注 ①愆（qiān）：过失。②瞽（gǔ）：盲人。

译 孔子说："侍奉在君子旁边陪他说话，要注意避免犯三种过失：还没有提及此事的时候就说，这是冒失急躁。已经到了该讲的时候你却不说，这叫故意隐瞒。不看君子的脸色而贸然说话，这是睁眼瞎子。"

儒家的世俗伦理观，此章尤为明显。在社交场合应当遵循儒家传统：一是没到火候不乱讲，否则效果适得其反；二是非讲不可的时候必须讲，否则容易铸成大错；三是不了解对方的思想感情而乱讲，那叫无的放矢，往往于事无补。

但在学术中要按照孔子的另一句话去做，"当仁，不让于师"。读书贵在融会贯通，简单地对孔子某一句话进行批判，往往犯错误。

16.7 君子三戒

孔子曰："君子有三戒：少之时，血气未定，戒之在色；及其壮也，血气方刚，戒之在斗；及其老也，血气既衰，戒之在得。"

译 孔子说："君子有三种警戒：年少的时候，血气还不成熟，要警戒对女色的沉迷；等到身体成熟了，血气方刚，要警戒与人争斗；等到老年，血气已经衰弱了，要警戒贪得无厌。"

"三戒"，古今皆然。

年少之时，血气未定，当然要戒女色，沉迷女色会迷乱心智，也会直接伤害身体，历代帝王短命者多数，与纵欲过度不无关系。

身体成熟，血气方刚，应避免与人争斗，不幸伤人则王法不饶，不幸被伤则难免有性命之忧，逞匹夫之勇，不能保其身，何谈保黎民保四海？何谈实现个人价值和理想？

年老的时候，应戒除贪得无厌，官场上特有的"五十八""五十九"现象，有些临近退休的人晚节不保，走向监狱，从此失去自由，失去了呼吸新鲜空气的机会。李斯即将被处以极刑，在行刑的路上，问儿子："如果与你一起，牵着猎犬，到山上一起追逐狡兔，可能吗？"答案当然是不可能。贵为丞相，失去自由，连上山行猎的权力和机会都没有，底线不可踩，红线不可碰。

16.8 有所敬畏

孔子曰："君子有三畏：畏天命，畏大人，畏圣人之言。小人不知天命而不畏也，狎大人，侮圣人之言。"

译 孔子说："君子有三件敬畏的事情：敬畏天命，敬畏长者，敬畏圣人的话。小人不懂得天命，因而不知道敬畏，不尊重长者，轻侮圣人之言。"

心　读

反贪污越反越贪，是因为许多官员不畏天命，不畏长者，不畏圣人之言，因此也不在乎是否上天堂，不在乎是否成佛，不在乎是否超生，不在乎是否下地狱，不在乎是否来世当牛做马。只追求及时行乐，穷奢极欲，最终要么行尸走肉，要么走进监狱。

部分老百姓，也有不畏天命，不畏大人，不畏圣人之言的通病，这是不良环境熏陶的恶果。

16.9 学而知之

孔子曰:"生而知之者,上也;学而知之者,次也;困而学之,又其次也;困而不学,民斯为下矣。"

译 孔子说:"生来就知道,这是最高境界;经过学习才知道,是次一等的境界;遇到困难再去学习的,是又次一等的境界;遇到困难还不学习的人,这种人就是下等的境界了。"

心 读

儒家学说重视学习,学习改变气质,学习提升道德,学习改变命运。

最高境界"生而知之"真的存在吗?回答是否存在之前,先回答什么是"生而知之"。我认为,与生俱来就懂得道,显然是不可能的。在生活中,在生命的成长过程中,自己未经过系统传授就能顿悟、体悟出道,就是生而知之。比如毛泽东从未学过军事,却是杰出的战略家和军事家,岂非生而知之?杨秀清烧炭工一个,斗大的字不识,行军打仗却暗合军事原理,岂非生而知之?大将徐海东,湖北大悟县的瓦匠出身,没有学过军事,带着红十五军从湖北打到陕北,在陕北打垮了东北军一○六师,所向披靡,岂非生而知之?

至于学而知之,我本人就属于这一类,三十年如一日研究教育,使自己的教育主张独立于世。十年如一日研究儒家经典,使自己的《论语心读》成为一本读者都能读懂的著作,成为一本拿起不愿放下的读本。

困而后学是不得已的选择,困而不学是不可取的选择。

16.10 君子九思

孔子曰："君子有九思：视思明，听思聪，色思温，貌思恭，言思忠，事思敬，疑思问，忿思难，见得思义。"

译 孔子说："君子有九种事要认真思考：观察追求清楚，倾听追求清晰，脸色追求温和，容貌追求谦恭，言谈追求忠信，做事追求严谨，疑惑追求解答，生气追求不带来恶果，见到利益思考是否符合道义。"

心　读

君子九思，极具现实意义。每天能够对照"九思"去做，肯定人缘很好，容易成功。君子九思，贵在自觉，贵在坚持。

这一章讲儒家道德自觉的形成路径，道德的生成可以是外铄型，也可以是自觉型，儒家更强调道德自觉，强调反求诸己，反求诸心。

心正则身正，是否看得清或听得清，关键在于心。脸色是否温和，容貌是否谦恭，关键在于心。言谈是否诚信，办事是否严谨，关键在于心。疑问是否向人请教，愤怒是否考虑到后果，关键仍在于心。获得财物，是否符合道义，标准在人心，公道在人心。

16.11 见善思及

孔子曰："见善如不及，见不善如探汤。吾见其人矣，吾闻其语矣。隐居以求其志，行义以达其道。吾闻其语矣，未见其人也。"

译 孔子说："看到善良的言行，担心自己达不到那样的高度，看到不善良的言行，好像把手不小心伸到开水中一样赶快避开，这样的人我见到过，这样的话我也听到过。以隐居避世来保全自己的志向，躬行仁义而贯彻自己的主张，这样的话我听到过，但是我没有见到过这样的人。"

> **心　读**

孔子说自己听过且见过这种人：看到善良，担心达不到；看到不善良，避之犹恐不及。孔子说自己听过却没有见过另外的那种人：避世隐居以保全自己的志向，躬行道义以贯彻自己的主张。这两段话合起来理解，儒家并不赞成隐居，儒家主张入世，儒家主张实践，主张走进现实社会来弘扬道，就算是道不行，乘桴浮于海，到世界的另一边去传道弘道也可以，但不可以避世遁世。

16.12 君子重节

> 齐景公有马千驷，死之日，民无德而称焉。伯夷、叔齐饿于首阳之下，民到于今称之。其斯之谓与？

译 齐景公有马四千匹，死的时候，百姓们觉得他没什么值得称道。伯夷、叔齐饿死在首阳山下，百姓们到现在还在称赞他们。说的就是这个意思吧？

> **心　读**

儒家重名节，注重生前的名，也注重身后的名。这种价值取向，是中华文化的特征之一。作为教师，应当学习孔子，有长远的价值追求。

16.13 教育公平

陈亢①问于伯鱼曰："子亦有异闻②乎？"

对曰："未也。尝独立，鲤趋而过庭。曰：'学《诗》乎？'对曰：'未也。''不学《诗》，无以言。'鲤退而学《诗》。他日又独立，鲤趋而过庭。曰：'学礼乎？'对曰：'未也。''不学礼，无以立。'鲤退而学礼。闻斯二者。"

陈亢退而喜曰："问一得三。闻《诗》，闻礼，又闻君子之远③其子也。"

注 ①陈亢（kàng）：即陈子禽。②异闻：不同于对其他学生所讲的内容。③远（yuàn）：不亲近，不偏爱。

译 陈亢问伯鱼说："您在老师那里听到过什么特别的教诲吗？"

伯鱼回答说："没有呀。有一次他独自站在堂上，我快步从庭里走过，他问：'学《诗经》了吗？'我回答说：'没有。'他说：'不学诗，就不知道该怎么说话。'我回去就学《诗经》。又有一天，他又独自站在堂上，我快步从庭里走过，他说：'学礼了吗？'我回答说：'没有。'他说：'不学礼就不知道如何立身。'我回去就学礼。我就听到过这两件事。"

陈亢回去高兴地说："我提了一个问题，得到三方面的收获，听了关于《诗经》的道理，听了关于礼的道理，又听了君子对待自己儿子的态度。"

心　读

古人易子而教，值得借鉴。我教人家的孩子很内行，对儿子却束手无策，因为角色使然，在儿子心目中，我是父亲而不是老师，所以我不应当承担教育者的角色。

本章我们读出的不仅是教育方法，还有教育公平的原则，即便是对自己的亲属，也不能格外偏爱。教育不公平现象普遍存在，区域之间的教育差异导致的不公平，有待于中央层面解决；校际之间的差异导致的不公平，有待于地方尤其是区（县）政府统筹解决。但是学校内部存在的不公平，诸如关爱官家子弟较多，关爱草根阶层子女不够；关注富家子弟较多，关注贫寒子弟不够；关注分数高的孩子较多，关注分数低的孩子不够；关注听话的孩子较多，关注调皮的孩子不够；关注漂亮的孩子较多，关注长相弱势的孩子不够；关注聪明孩子更多，关注弱智孩子不够。这些学校内部的不公平问题，只有教师道德自觉才能解决。

16.14 称谓沿革

> 邦君之妻，君称之曰夫人，夫人自称曰小童；邦人称之曰君夫人，称诸异邦曰寡小君；异邦人称之亦曰君夫人。

译 国君的妻子，国君称她为夫人，夫人自称为小童；国人称她为君夫人，对外国人则称她为寡小君；外国人也称她为君夫人。

心 读

本章游离于"语录"范围之外，属于礼制的习惯问题。春秋时代，礼乐崩坏，诸侯妻妾的称呼也比较混乱，此处有正名的意味。

17.1 千年邂逅

阳货^①欲见孔子，孔子不见，归孔子豚^②。

孔子时其亡^③也，而往拜之，遇诸涂^④。谓孔子曰："来。予与尔言。"曰："怀其宝而迷其邦^⑤，可谓仁乎？"曰："不可。""好从事而亟^⑥失时，可谓知乎？"曰："不可。""日月逝矣，岁不我与^⑦。"孔子曰："诺，吾将仕矣。"

注 ①阳货：又叫阳虎，季氏的家臣。季氏几代把持着鲁国朝政，而此时阳货正把持着季氏的权柄，后来企图削弱三桓未遂。②归（kuì）：赠送。豚（tún）：小猪。③时其亡：等他不在家的时候。④遇诸涂：在路上遇到他。涂，同"途"，道路。⑤迷其邦：坐视国事糊里糊涂。⑥亟：屡次。⑦与：在一起，等待。

译 阳货想见孔子，孔子不见，赠送孔子一只熟乳猪。

孔子趁阳货不在家时去拜访，想不到居然在半路相遇。

阳货对孔子说："来吧，我跟你说正事。"阳货说："自己身藏本领而坐视国事糊里糊涂，可以算仁吗？"孔子回答说："不可以。"阳货说："喜欢参与政事而又屡次错过机会，可以算智慧吗？"孔子回答说："不可以。"阳货说："时间飞逝啊，年岁不等人啊。"孔子说："好吧，我打算做官了。"

心　读

出仕为官，为君分忧，为民谋福，这是儒家求之不得的事情。非不能也，实不愿也，因为阳货所代表的政权不具有合法性和正当性，不代表王道，所以，孔子不愿意助纣为虐。面对此种尴尬，孔子灵活应对，不失礼不得罪，这是儒家的权变，也是儒学的可贵。

儒家在"邦无道"时会选择整体退隐，虽然儒家赞成、赞扬汤武革命，但是却没有设计颠覆无道之邦的线路，也就是说儒家崇尚和平。但是，儒家选择整体退隐，并非完全退出历史舞台，而是选择以教为政，选择教化人心，以教育造福社会，正所谓"君子藏器于身，伺机而动"。

17.2 性近习远

子曰："性相近也，习相远也。"

 孔子说："人的本性相近，因为磨炼而逐步拉大差距。"

心　读

本章能够品味出多重理念。

一、"人生而平等"的社会理念。儒家认为"性相近"也，也就是说人在本质、本性上是很接近的，差别是走向社会的过程中逐步形成的。

二、"教育改变人"的教育理念。本性相近，后天的学习和环境影响才导致了人的差异。后天的教育才是改变人品质、性格、命运最重要的力量。

三、"人的发展过程是平等的"教育追求。"人皆可以为尧舜"，每个人都可以成为君子，每个人也都可能成为小人。成为君子抑或小人，选择权在人自身。发展的机会和发展的过程是平等的。

17.3 上智下愚

子曰："唯上知与下愚不移。"

译 孔子说："唯具上等天赋的人和最愚昧的白痴很难改变。"

心 读

我认为，上智不是指达官贵人而是指具有先天禀赋的人才，下愚不是指地位卑贱的劳动人民而是指与"上智"相对的"白痴"一类。否则的话，孔子深爱和欣赏"无产阶级"颜渊就无法理解了，而且孔子"有教无类"的教育主张与把"下愚"理解为劳动人民的观点不相容。

如果与上一章联系起来讲，就更容易理解了，本性相近，后天教育拉大了人的差距。但是先天禀赋好的和天生白痴，这个差距无法缩小。如是，则比较客观。

17.4 牛刀割鸡

子之武城①，闻弦歌②之声。夫子莞尔而笑，曰："割鸡焉用牛刀？"子游对曰："昔者偃也闻诸夫子曰：'君子学道则爱人，小人学道则易使也。'"子曰："二三子，偃之言是也。前言戏之耳。"

注 ①武城：鲁国的小城，当时子游任武城宰。②弦歌：以琴瑟伴奏而歌唱。弦，指琴瑟。

译 孔子到武城，听见弹琴唱歌的声音。孔子微笑着说："杀鸡何必用宰牛的刀呢？"子游回答说："以前我曾听先生说过：'君子学习了道义礼法就能爱人，小人学习了道义礼法就容易管理。'"孔子说："学生们，言偃的话正确啊。我刚才说的话，只是开玩笑而已。"

心 读

"割鸡焉用牛刀"是一句玩笑式的表扬。一则武城这样的小地方，用子游来做主管，简直是大材小用。二则子游在这种小地方推行礼乐，煞有介事。这既是玩笑，也是表扬，孔子对子游在如此小的地方，如此认真地、如此执着地实施礼乐教化，深感自豪和骄傲。因为儒家非常重视音乐艺术教化对人格形成的作用，乐教是儒家重要的教育模式。

文明的差异，很大程度上源于艺术，尤其是音乐。交响乐的浸润，造成了欧洲文明的厚度与深度。流行音乐的激荡，促成了美洲文明的热度与力度。山水田园式的音乐教化，铸成了亚洲文明的纯净与清灵。艺术教育对个体生命的塑造力更强更大，对个性特征的影响力更深更远。中国当代教育结构中，艺术教育功利化、边缘化的局面，令有知之士忧心忡忡！

17.5 吾为东周

公山弗扰①以费畔，召，子欲往。

子路不说②，曰："末之也已③，何必公山氏之之也④？"

子曰："夫召我者，而岂徒⑤哉？如有用我者，吾其为东周乎⑥？"

注 ①公山弗扰：季氏的家臣。②说：同"悦"。③末之：无处去。末，没有。之，往。已：止，算了。④之之也：第一个"之"字是助词，后一个"之"字是动词，去、到。⑤徒：徒然，空无所据。⑥为东周乎：建造一个东方的周王朝，在东方复兴周礼。

译 公山弗扰盘据在费邑筹备反叛，来召孔子过去，孔子准备去。

子路不高兴地说："没有地方去就算了，何必去公山弗扰那里呢？"

孔子说："他召我去，难道我会不作为吗？如果有人用我，我可在东方重建周王朝似的国家。"

━━━ 心　读 ━━━

孔子主张"邦有道则仕"，但此章可以窥见孔子急于实践自己的政治理想，选择"权变"的积极入世精神。印证了孔子承诺阳货"吾将仕矣"是非常认真的，也体现了孔子对时局的担当精神。

17.6 五字真言

子张问仁于孔子。孔子曰："能行五者于天下为仁矣。"

"请问之。"曰："恭、宽、信、敏、惠。恭则不侮，宽则得众，信则人任焉，敏则有功，惠则足以使人。"

译 子张向孔子问仁。孔子说："能够处处实行五种品德，就可以称之为仁人了。"

子张说："请问是哪五种。"孔子说："恭敬、宽厚、忠信、勤敏、慈惠。恭敬就不致遭受侮辱，宽厚就会得到众人的拥护，忠信就能得到别人的任用，勤敏就会提高效率，慈惠就能够管理人。"

心　读

为政者最需要记住"恭、宽、信、敏、惠"这五个字，无论官职高低，做到了就是一个流芳百世的好官。因为庄重，所以持重，所以慎重，所以敬畏，所以"如临深渊，如履薄冰"，所以会褪掉现在官场的俗气，走向儒雅和高尚；因为宽厚，所以包容、仁厚、心胸开阔，所以尊重下属和体制外的人；因为诚实，所以守信用，所以得到下属的信任，可以建立所在组织的诚信和威信；因为勤敏，所以思路开阔，视野开阔，能力提高，效率提高；因为慈惠，所以富者无所恐惧，贫者如享甘霖，下属如坐春风。如此，定能做个好官。

当教师也是如此，因为庄重而敬畏，因为宽厚而爱人，因为诚实而备受学生信任，因为勤敏而令学生敬佩，因为慈惠而让学生感动。如此，定能成为好教师！

17.7　子非匏瓜

佛肸①召，子欲往。

子路曰："昔者由也闻诸夫子曰：'亲于其身为不善者，君子不入也。'佛肸以中牟②畔，子之往也，如之何？"

子曰："然，有是言也。不曰坚乎，磨而不磷③；不曰白乎，涅而不缁④。吾岂匏瓜⑤也哉？焉能系⑥而不食？"

注 ①佛肸（bì xī）：晋国大夫范氏家臣，中牟城地方官。②中牟：地名，在晋国，约在今河北邢台与邯郸之间。③磷：薄。④涅：一种矿物质，可作颜料染衣服，这里是染黑之意。缁（zī）：黑色。⑤匏瓜：一种葫芦，味苦不能吃。⑥系（jì）：结，扣。

译 佛肸召孔子，孔子打算前往。

子路说："从前听先生说过：'亲身做坏事的人，君子是不能亲近的。'现在佛肸据中牟反叛，你却要去，怎么会这样呢？"

孔子说："是，我是说过。不是说坚硬的东西磨也磨不薄吗？不是说洁白的东西染也染不黑吗？我难道是个苦味葫芦吗？怎能只挂着而不给人吃呢？"

心 读

"出淤泥而不染，濯清涟而不妖"，周敦颐《爱莲说》中的这一名句，应该有孔子的影子。本章进一步证明了儒家积极入世是主旋律，儒家不会也不愿轻易整体退隐，即便是生逢乱世，也照样要以"清者自清，浊者自浊"的态度和卓然独立的人格，发挥清议作用，坦然干预体制，勇于担当责任，努力改变社会，而不愿意、不甘心做一个匏瓜，悬在那里，只能看不能用，于世道和人民无益无补。

我的恩师郑永廷先生反对我进入高校做教授，我百思不得其解，多次请教，恩师终于赐教："如今知识分子式微，其影响力和受尊重的程度远远不如前些年，学问做得再好，未必为社会认可，未必能够造福于民。还不如保持学者本色，一边做学问，一边付诸实践，价值实现更加充分，人生更有意义。"读了此章，方知恩师的良苦用心，恩师深知我入世情怀，不愿意我只做个匏瓜，挂在树上，没有实际用途和贡献。

17.8 六言六蔽

子曰："由也，女闻六言六蔽矣乎？"对曰："未也。"

"居①，吾语女。好仁不好学，其蔽也愚②；好知不好学，其蔽也荡③；好信不好学，其蔽也贼④；好直不好学，其蔽也绞⑤；好勇不好学，其蔽也乱；好刚不好学，其蔽也狂。"

注 ①居：坐。②愚：受人愚弄。③荡：放荡。④贼：害。⑤绞：说话尖刻。

译 孔子说："由呀，你听说过有六种品德就有六种弊病吗？"子路回答说："没有。"

孔子说："坐下，我告诉你。爱好仁德而不爱好学习，弊病是容易受人愚弄；爱好智慧而不爱好学习，弊病是容易行为放荡；爱好诚信而不爱好学习，弊病是容易被人利用反而害了自己；爱好直率却不爱好学习，弊病是容易说话尖刻；爱好勇敢却不爱好学习，弊病是容易犯上作乱；爱好刚强却不爱好学习，弊病是容易狂妄自大。"

心 读

非常遗憾，当代教育工作者十之八九没有读过本章。无论本章是《论语》原稿中的，还是秦汉时代人们伪托塞进来的，对人性了解的程度，丝毫不在现代心理学之下。

好仁不好学，容易妇人之仁，被愚弄；好智不好学，容易轻浮，大智若愚才是最高境界；好信不好学，跟盗贼、流氓、杀人犯讲信用，容易危害亲人；好直不好学，缺乏知识养护心胸，容易尖酸刻薄；好勇不好学，缺乏眼界和境界，容易犯上作乱；好刚不好学，不知天外有天，容易狂妄自大。

全面而深刻，振聋发聩。

17.9 兴观群怨

子曰："小子何莫学夫《诗》？《诗》，可以兴①，可以观②，可以群③，可以怨④。迩⑤之事父，远之事君；多识于鸟兽草木之名。"

注 ①兴：激发感情。②观：观察天地万物与人间万象。③群：团结。④怨：讽谏上级，怨而不怒。⑤迩（ěr）：近。

译 孔子说："学生们为什么不学习《诗经》呢？学《诗经》可以培养联想力，可以观察天地万物的变化及人间的盛衰与得失，可以使人懂得团结的必要，可以使人懂得怎样去适当地讽谏和批评。近可以用来事奉父母，远可以事奉君主；还可以多知道一些鸟兽草木的名字。"

心 读

兴：使人有情感、有热度、有温度，使人燃烧生命的激情。观：学会认识自然，了解风俗，了解文化，了解社会。群：学会沟通，学会理解，学会合作。怨：学会批评社会，奉劝同僚或上级。

孔子编撰《诗经》目的在于道德教育，以美育来达成德育目标，以艺术形式来实践教育理想，开创诗教模式。诗教是中国民族教育的优秀传统，不宜抛弃，也不应当抛弃。民族精神教育，不能仅仅依靠谈史；核心价值观教育，不能仅仅依靠言理；伦理情感教育，不能仅仅依靠说教。

最好的艺术载体是诗教。若可选择一百首古诗、一百首绝句、一百首宋词、一百首新诗作为必修教材，从小学开始，至高中完成，这对民族精神传承、价值观建构、伦理情感的培养，将是值得期待的事情。

17.10 面墙而立

子谓伯鱼曰："女为《周南》《召南》①矣乎？人而不为《周南》《召南》，其犹正墙面而立②也与？"

注 ①《周南》《召南》：周南和召南本身是地名，这里是指从这两地方收录在《诗经·国风》中的民歌。②正墙面而立：面向墙壁站立着。

译 孔子对伯鱼说："你学习《周南》《召南》了吗？如果不学习《周南》《召南》，那就像面对墙壁而站着吧？"

心 读

《诗经》不仅是德育教材，也是素质教育教材，在当时几乎是百科全书式的教材，可以学文学、学自然、学政治、学外交、学民俗、学伦理、学相处、学相爱。孔子劝伯鱼学《周南》《召南》，那是因为这两国的国风，侧重点是男女之情、夫妇之道。从中可以看出儒家的爱情观念：一是追求自由，二是追求浪漫，三是追求真诚。

这种崇尚自然、自由、浪漫、真诚、平等、高雅的美好的爱情价值观念，被后世伪儒学一再歪曲，弄出一大堆折磨人、摧残人、伤害人、虐待人的东西来，并把全部罪名扣到孔子头上，甚为荒唐，甚为悲凉。

17.11 礼之精神

> 子曰:"礼云礼云,玉帛云乎哉? 乐云乐云,钟鼓云乎哉? "

译 孔子说:"礼呀礼呀,只是玉帛之类的礼物吗? 乐呀乐呀,只是说的钟鼓之类的乐器吗? "

心 读

礼是人类文明的标志,人区别于动物很大程度上是由于礼。礼是人类稳定的自觉形式,是人类对自身野蛮性的自觉矫正。

礼是约定俗成的行为习惯,礼有外显行为,也有标志物。比如九鼎是天子地位的礼器,玉帛、钟鼓都是礼的标识物。玉,在孔子时代是君子人格的礼器,我字"子玉",源于君子人格的追求,是人格自觉,也是自我期待。

礼之内涵,却服务服从于仁、义、信、道等。所以,现代人阅读《论语》,传承儒家文化,不是传承标识物,不是传承外显行为,而是传承精神,并使之现代化,这就是儒学现代化的路径和追求。

17.12 色厉内荏

> 子曰:"色厉而内荏①,譬诸小人②,其犹穿窬③之盗也与? "

注 ①色厉而内荏:外表严厉而内心虚弱。厉,威严。荏,虚弱。②小人:此处指百姓,普通人。③窬(yú):洞。

译 孔子说:"外表严厉而内心虚弱,若用百姓的话说,就像是挖墙洞的盗贼吧？"

我曾经多次感叹孔子对人性、人伦的洞察到了如此深刻透彻的程度，即便是现在，拿本章作为试金石，也可检验出谁是君子，谁是小人。不少小人在官场游荡了半生，成了十足的官痞子，除了当官什么都不会，没有实际本领，只好靠耍威风虚张声势来震慑部下和同僚，靠摆谱、摆后台来吓唬人，期望以此获取人们的尊重——殊不知效果正好相反。与之相反，官场中也有不少人官做得越高越谦和、平和、温和，这类君子往往能做到小声说大话，达到不怒而威的境界。

教师行列也有色厉内荏者，因为学养不深，内功不足，常常拉大旗作虎皮，嗓门很高，内容空洞，妄图用语言暴力代替真理的穿透力和征服力，岂不是缘木求鱼！

17.13 德贼乡愿

子曰："乡愿，德之贼也。"

译　孔子说："无原则的老好人，是道德的破坏者。"

孔子强调做人有底线，有原则，而乡愿则追求八面玲珑，谁也不得罪，表面上似乎谁都认为他是好人，其实是典型的伪君子。对谁都好，对谁都谦恭，对谁都温和……没有原则，没有底线，在原则性的问题上和稀泥，对所有的人说贴心的话，其实就是对良知与真诚的背叛。这样的人的确不可以做朋友。我所敬佩的一位长者经常说："我只求十个人中有五六个人说我不错，就心

满意足了。不过，你们青年人，要追求'二八开'。""二八开"应
当成为当今为政者的人格标准，因为毛泽东的"三七开"太吓人了。

17.14 道听途说

子曰："道听而涂说，德之弃也。"

译 孔子说："在路上听到传言就到处去传播，这是有道德的
人所不能做的。"

心 读

道听途说而信以为真，背离道德准则。政府做决策，不能依
靠道听途说的资讯；教师从事教育，更不能依靠道听途说的东西，
取悦受众。

在学术演讲中，我常常选择深沉、严谨，选择以逻辑的力量、
真理的力量、智慧的力量，去征服听众和读者，而不是依靠道听
途说的东西哗众取宠，也不依靠语言暴力营造吓人气势。

如今民粹主义盛行，其传递信息、传递能量的主要方式是"道
听途说"，不论真假，聚集人气，然后以人多势众来颠覆事实，颠
覆真理，颠覆法律，颠覆正义，可鄙，可怕！

传承儒家伦理精神的现代意义十分重大！

17.15 患得患失

子曰："鄙夫可与事君也与哉？其未得之也，患
得之。既得之，患失之。苟患失之，无所不至矣。"

译 孔子说："鄙夫可以为朝廷做事吗？他没有得到官位时，总担心得不到。已经得到，又怕失去。如果他担心失掉官职，会无所不用其极的。"

心 读

孔子的教诲，穿越两千五百多年时空，传到今天依然觉得亲切而贴切。

从事教育管理二十多年，我坚持一条用人原则：看能力、看成绩、看贡献。坚持的原因，是我目睹了一些不会教书的教师，却十分会钻营，不少人也钻营成功，结果可想而知，给单位和系统带来的是灾难性的后果。一个不懂教育的人当校长，他会真心尊重和选用那些出类拔萃的才俊吗？有能力推进教育的深度改革吗？能够对数千学子的前途负责任吗？心思都在保位置，哪有时间做实事。

官僚体制内，也有不少人这样，没有得到官位就拼命抢官位，抢到手了就保官位。唯上唯权唯心，而不是唯实唯真理，能做好事业，那只能是骗人的鬼话。

17.16 古民三疾

子曰："古者民有三疾，今也或是之亡也。古之狂也肆①，今之狂也荡②；古之矜也廉③，今之矜也忿戾④；古之愚也直，今之愚也诈而已矣。"

注 ①狂：狂妄自大。肆：放肆无礼。②荡：放荡，不守礼。③廉：不可触犯。④戾：火气大，蛮横，不讲理。

译 孔子说："古代人有三种毛病，现在人或许连这种毛病也没有了。古代狂者还能执着于志向，今天狂妄者却是放荡不羁；古代骄傲者不过是不够平易近人，今天那些骄傲者却是蛮横无理；古代愚钝者尚能质朴直率，今天愚钝者却只有狡诈。"

心　读

社会转型期人们的道德水平往往不如稳定时期的水平，这是社会发展的一个基本规律。人类文化轴心时代所建构的价值标准、价值体系、伦理精神、伦理情怀，几乎是每个民族都无法超越的标高。这是人类发展的又一个规律。对孔子、老子、释迦牟尼等建构的精神世界，至今人们抱着"虽不能至，心向往之"的期待。每每社会转型时期，人类的这种回望颇为自觉也颇为频繁，这种期待颇为强烈。

17.17　巧言令色

子曰："巧言令色，鲜矣仁。"

（此章重出，见1.3。）

17.18　中庸可贵

子曰："恶紫之夺朱也，恶郑声之乱雅乐也，恶利口之覆邦家者。"

译　孔子说："我厌恶紫色掩盖了红色，厌恶用郑国的乐声扰乱雅乐，厌恶因口舌之利而颠覆国家这样的事情。"

紫色红得过分妖冶，超过了朱红，有悖于中庸；郑声过于萎靡，扰乱了雅乐的中正，有悖于中庸；巧言令色之徒，有悖于仁德，足以颠覆国家。"过犹不及"，违背中庸之道对个人，对国家都存在某种高风险。

个人修养，偏离中庸，往往走向偏执，走入死胡同。国家用人，不选择中道直行之人，而重用巧言令色者——只要体制机制出现这种选人用人的价值趋向，国家也就差不多灭亡了。晋文公之重用易牙，楚怀王之重用靳尚，秦二世之重用赵高，已成为历史的镜子。

17.19 苍天不言

子曰："予欲无言。"子贡曰："子如不言，则小子何述焉？"子曰："天何言哉？四时行焉，百物生焉，天何言哉？"

译 孔子说："我不想说话了。"子贡说："夫子如果不说话，那么我们这些学生还传述什么呢？"孔子说："天何曾说话呢？四季运行，百物生长。天说了什么呢？"

本章可以从三个层面理解。

第一，"不言"是孔子的教学方法。"不愤不启，不悱不发"，该讲的已经讲了，有些东西要靠学生自己的体悟。道的理解，道的内化，最终要靠理解、体悟才能内化为自己的修为，成为自己的生命特质。

第二，"不言"是一种悟道的方法。有一千个读者就有一千个哈姆雷特，对某个"道"的理解，如果讲出来了只有一个标准答案，如果不讲出来，各有各的心得，各有各的感悟，各有各的收获，岂不是更好。

第三，"不言"是儒家的一种社会管理方法。儒家提倡"无为而治"是具有积极意义的，认为有所为有所不为是管理的必要分寸。当统治者的言语有可能成为法律、政策、政令的时候，言是为了不言，言是为了示范，正所谓"桃李不言，下自成蹊"。

17.20 不言之教

> 孺悲欲见孔子，孔子辞以疾。将命者出户，取瑟而歌，使之闻之。

译 鲁国人孺悲来拜见孔子，孔子称病推辞不见。传话的人刚出门，孔子便取来瑟边弹边唱，有意让孺悲听到。

心 读

本章至少可以从三个角度理解：

一是孔子行不言之教。孔子认为孺悲人格有问题，不想见，不愿见，于是采取"取瑟而歌"的方法，告诉孺悲，你有问题，我不愿意见你，至于问题在何处，你自己好好想一想吧。

二是孔子行音乐之教。以孔子音乐艺术的造诣，足可以用音乐表达志向，表达思想，"取瑟而歌"，让孺悲自己听音乐，听懂孔子想说的话。

三是含蓄拒绝不失礼。如果直接拒绝来访者，属于失礼的行为，以这种含蓄而仁厚的方式予以拒绝，且给孺悲后来向孔子学礼留下一扇可以敲开的门。

17.21 谁是谁非

宰我问："三年之丧，期已久矣。君子三年不为礼，礼必坏；三年不为乐，乐必崩。旧谷既没，新谷既升，钻燧改火①，期②可已矣。"

子曰："食夫稻③，衣夫锦，于女安乎？"

曰："安。"

"女安，则为之。夫君子之居丧，食旨④不甘，闻乐不乐，居处不安，故不为也。今女安，则为之。"

宰我出，子曰："予之不仁也。子生三年，然后免于父母之怀，夫三年之丧，天下之通丧也。予也有三年之爱于其父母乎？"

注 ①钻燧改火：古人钻木取火，四季所用木头不同，每年轮一遍，叫改火。②期：一年。③食夫稻：古代北方少种稻米，故大米很珍贵。食夫稻，这里是说吃好的。④旨：甜美，指吃好的食物。

译 宰我问："服丧三年，时间太长了。君子三年不践行礼仪，礼仪必然遗忘；三年不演奏音乐，音乐必然荒废。旧谷已经吃完，新谷已经登场，钻燧取火的木头轮过了一遍，一年时间就可以了。"

孔子说："才一年你就吃美味，穿锦缎衣，你心安吗？"

宰我说："我心安。"

孔子说："你心安，你就那样去做吧。君子守丧，吃美味不觉得香甜，听音乐不觉得快乐，住在家里不觉得安定，所以不那样做。如今你既觉得心安，就那样去做吧。"

宰我出去后，孔子说："宰予真是不仁啊。小孩生下来，到三岁时才能离开父母的怀抱。服丧三年，这是天下通行的丧礼。难道宰予没有享受父母三年的爱护吗？"

心　读

孔子与宰予谁是谁非？读者自鉴。儒家弟子能够将双方的观点如实摆出来，也有让后人选择的意味。

孔子之前，华夏就已经有为父母守丧三年的习惯，经过儒家对这个问题的道德制度化，一直沿袭到清朝，清朝称之为"守制"，如果朝廷需要守丧的官员丧期为官，叫做"夺情"，需下圣旨方可行。

其实怀念长辈，关键发自真诚，倒不在于时间长短。对亲人的怀念，可以是三年，可以是一辈子。外公去世时我悲痛欲绝，父亲英年早逝也曾令我悲痛万分，虽然没有停下所有的事情来守丧，但是却一辈子缅怀外公，一辈子缅怀父亲。

此外，读这一章，我发现孔子的经验主义结论，与现代心理学研究成果高度契合。"子生三年，然后免于父母之怀。"现代心理科学研究表明，有严重攻击型人格者大多数三岁以前没有得到成年人（主要是父母）近距离的关爱，缺乏安全感，于是就以攻击作为防卫的方式，行为就出现偏差，比如怀疑某人可能会谋害自己，于是先下手为强杀了某人。

学前教育者和初为人父母者，应该认真品味本章。

17.22 饱食终日

子曰:"饱食终日,无所用心,难矣哉!不有博奕者乎?为之,犹贤乎已。"

译 孔子说:"吃饱了饭,整天什么心思也不用,这不好呀!不是还有下棋的游戏吗?干这个,也比闲着好。"

心 读

孔子感叹什么呢?学生中有人"饱食终日,无所用心",太难教育了?社会中有人"饱食终日,无所用心",太难改变了?权且判断两种意思都有。

一个国家到了绝大部分人都"饱食终日,无所用心"的时候,政权也就处在危险之中了。明末清初志士鸿儒顾炎武,分析明朝亡国的根本原因是:南方士大夫"群居终日,言不及义",北方士大夫"饱食终日,无所用心"。言不及义,那是因为不学无术。无所用心,那是因为丧失良心,丧失良知,丧失责任。

至于孔子后半句说,玩玩游戏也可以啊,好过整天醉生梦死厮混,倒是有教育视域的独特价值,脑袋越用越灵,包括记忆力并不遵循年龄越大越差的规律。科学研究表明,人脑绝对重量的差异并不是很大,差异在于脑细胞突触之间的连接通道数量的变化,终身学习的人突触连接通道会不断增加,但是无法到达极限,人类无论如何勤奋,都不可能穷尽大脑潜能。越学越聪明,越学越健康,越学越长寿。所以,我主张以学养心,以学养神,以学养身。

17.23 君子尚义

子路曰："君子尚勇乎？"子曰："君子义以为
上。君子有勇而无义为乱，小人有勇而无义为盗。"

译 子路说："君子崇尚勇敢吗？"孔子答道："君子以义作为最
高尚的品德，君子有勇无义就会出乱子，小人有勇无义就会偷盗。"

心　读

君子有勇无义，关键时候就会乱了方寸；小人有勇无义，就
会成为强盗。这是对子路开的专用药方子，因为子路尚勇，仁义不
够，若不时时提醒，恐怕子路不会记住。儒家反对匹夫之勇，提倡
汤武之勇，汤武之勇有道义，有仁义，有责任，有担当。

17.24 君子之恶

子贡曰："君子亦有恶①乎？"子曰："有恶。恶
称人之恶者，恶居下流而讪上者②，恶勇而无礼者，
恶果敢而窒③者。"
曰："赐也亦有恶乎？""恶徼以为知者④，恶不
孙⑤以为勇者，恶讦⑥以为直者。"

注 ①恶（wù）：厌恶、痛恨。②下流：下等的，在下位的。讪（shàn）：
诽谤。③窒：阻塞，不通事理，顽固不化。④徼（jiǎo）：窃取，抄袭。知：同
"智"。⑤孙：同"逊"。⑥讦（jié）：攻击、揭发别人。

译 子贡说："君子也有憎恶吗？"孔子说："有。憎恶背后宣
扬别人坏处的人，憎恶自甘堕落而诽谤向上的人，憎恶勇敢而不

知礼的人，憎恶果敢而固执的人。"

孔子又说："赐，你也有憎恶吗？"子贡说："憎恶窃取别人成果而自称聪明的人，憎恶不谦逊而以为自己勇敢的人，憎恶揭发别人短处而自以为正直的人。"

心　读

孔子和子贡的憎恶，时至今日，仍不为过时。背后宣传别人短处的人，非常可恶；自甘堕落而诽谤积极向上的人，非常可恨；勇敢而不懂礼的人，非常难缠；果断而固执的人，非常可怕；剽窃别人成果而自以为聪明的人，非常可鄙；不谦逊而自以为勇敢的人，非常可悲。

我认为果断而固执最过分的莫过于崇祯皇帝，历史学家已经用足够的证据证明，逮捕袁崇焕以后，崇祯皇帝已经知道自己上了皇太极的当，遗憾的是崇祯皇帝没有读懂《论语》这一章，至少是没有认真消化吸收，否则不至于如此荒唐，自毁长城，最终付出王朝毁灭的代价，自己也付出了生命代价，自缢身亡，不完全是天意，很大程度上是人为因素。不能修己，如何能安人？更不用说安天下。

17.25　爱的无奈

子曰："唯女子与小人为难养也，近之则不孙，远之则怨。"

译　孔子说："只有女子和小人难和他们共处，亲近则恃宠而骄，疏远则生怨恨。"

心　读

诚哉斯言，自古皆然。孔子只是论人性而言，而后世认为孔子是"男尊女卑""夫为妻纲"的大男子主义的始作俑者，其实是腐儒给先哲泼脏水。

看历史，用显微镜只能看到局部的细节，用放大镜有时候只能看到问题的表象，当今学者看历史研究文化，还要适当采用长焦镜或广角镜去看问题。全面认识孔子，尤其需要使用历史长焦镜或广角镜。

有人说"唯女子与小人难养"是儒家文化的败笔，是对妇女歧视文化的源头，其实正好相反。孔子崇尚真诚，赞美自由自主浪漫的爱情，说出的只是真实感受，绝不是一种歧视。在孔子的潜意识里，如果女子反过来说"唯男人与小人难养"，同样正确。

我的研究结论是，孔子是男女平等的首创者，是自由恋爱的倡导者。有根据吗？有。根据在《诗经》。如果孔子不提倡男女平等，有《诗经》中那么多的纯美、至善、淳厚、热烈、真挚的爱情描写吗？君子是儒学的理想人格，但是君子对女子却是"寤寐求之""辗转反侧""琴瑟友之""钟鼓乐之"。如果不是男女平等，那么君子追求女子，怎会有《蒹葭》中君子对佳人"宛在水中央"的无限期待与惆怅呢？如果不是男女平等，怎么会有《静女》中"爱而不见，搔首踟蹰"的焦虑呢？古今中外诗歌描写爱情美好没有超过《诗经》的。

历史不可以假设，但是对历史人物某个时候的情感世界可以做一个假设式的心理分析。如果孔子没有曾经深爱同时被深爱，绝对发不出"唯女子与小人难养"这样的经典感叹。因为深爱也同时被深爱，真爱也同时被真爱，珍爱同时也被珍爱，所以双方才能"折腾"对方，"折腾"出山盟海誓，"折腾"出缠绵悱恻，"折腾"出不离不弃，"折腾"出生死相依。如此，才会有"唯女子与小人难养"的感叹，以"小人"衬托"女子"，极言心性难定，就像现代流行歌词唱的：你似风似雨似雾，难以把握！能读懂孔子的内心，是因为曾经或者正在拥有刻骨铭心的如海深情！

17.26 悲从中来

子曰："年四十而见恶焉，其终也已。"

译 孔子说："到了四十岁还被人厌恶，一生也就完结了。"

心 读

四十岁尚且遭人唾弃，这一辈子还有希望吗？基本没有。古人平均寿命五十岁左右，太平盛世略多，乱世则五十不到，所以有"人生七十古来稀"的感叹。

四十岁如果不被人厌恶，还是有奇迹。《富春山居图》的作者黄公望，五十岁开始学画，现在能看到的黄公望的作品基本上都是他六十岁以后的作品。由于黄公望绘画能够养心养性，超越了世俗，超脱了功利，形成了平淡恬然天真的风格，充分体现了回归本性的自在，形成了中国山水画的一座丰碑。

现代人的平均寿命达七十岁以上，四十正值盛年，即便仍被人厌恶，但只要"过而改之"，前途尚有可期，事业尚有可为。尤其是做教师的，四十岁的教师如果尚无建树，尚不被认可和接受，断不可悲观，断不应悲观，断不能悲观！还有二十年光景，只争朝夕，与时俱进，以学养心，拓展眼界，提升境界，改变一代又一代人的命运，功德无量。

写到此处，突然意识到自己早过不惑之年，青丝染霜，两鬓斑驳，壮志未酬，身心疲惫，悲从中来！呜呼，成事在我，只争朝夕！

18.1 殷有三仁

微子^①去之，箕子^②为之奴，比干^③谏而死。孔子曰："殷有三仁焉。"

注 ①微子：殷纣王的同母兄长，因纣王无道，劝他不听，遂离开纣王。②箕（jī）子：殷纣王的叔父。劝纣王不听，便披发装疯，被降为奴隶。③比干：殷纣王的叔父，屡次强谏，激怒纣王，纣王说：我听说圣人的心有七窍，今天我要看看是不是这样。于是将比干剖心。

译 微子离开了纣王，箕子做了他的奴隶，比干因为劝谏而被杀。孔子说："殷朝末年有三位仁人啊。"

心 读

孔子提倡的"仁"含义非常广，非常厚，非常重。

微子、箕子、比干均系纣王的亲人兼大臣。微子作为纣王的同胞兄弟，原本以死明志，劝谏纣王。但是，最终听从老师的教诲，远离纣王，远离是非，远离不仁之地，远离不仁之君，保全有用之躯，择机报效黎民，也是"仁"。箕子没有选择出逃，没有选择自杀或他杀，而是选择装傻装疯，忍辱负重，保全仁人之躯，以图有用之时，武王获得牧野之战胜利后，解放箕子，获封朝鲜，造福一方，也是"仁"。比干是纣王的叔父，不赞成微子出逃行为，选择以死谏纣王，结果被剖心。比干之死不是为纣王，而是为苍生，也是"仁"。

此三子，孔子都认为是"仁"，假如让后世那些伪儒学者评价，估计除了比干都算不了仁人。孔子认为"仁"的理由，那是因为这三个人都心忧天下，心系国家，以苍生为念，这是"大仁"。

读本章，深感原始儒学的淳厚、真诚、真实。

18.2 下惠之贤

> 柳下惠为士师①，三黜②。人曰："子未可以去乎？"曰："直道而事人，焉往而不三黜？枉道而事人，何必去父母之邦？"

注 ①士师：法官。②黜：罢免不用。

译 柳下惠当法官，三次被罢免。有人说："你不可以离开鲁国吗？"柳下惠说："按正道工作，到哪里不会被多次罢官呢？如果不按正道工作，为什么一定要离开祖国呢？"

心 读

柳下惠的感慨到今天也依然动心，依然震撼。现实社会，正道为官，难有出息。误入仕途，亦当珍惜，当效柳下惠，为民谋福祉。教书要有个性，也很难——因为当今教育的价值取向是求同而不是求异。如果不以正道为官，不以正道为师，到哪里不过是混碗饭吃，何必背井离乡呢？

18.3 不可贱卖

齐景公待孔子曰："若季氏，则吾不能；以季、孟之间待之。"曰："吾老矣，不能用也。"孔子行。

译 齐景公讲到对待孔子的礼节时说："像鲁君对待季氏那样，那我做不到；用低于季氏而高于孟氏之间的待遇对待他。"不久又说："我老了，不能用他了。"孔子离开了齐国。

心 读

孔子虽然急于入世，但是美玉不可贱卖啊！微子离开商纣王与孔子离开齐景公可谓异曲同工之妙：远离不仁之地和不仁之人，跳出区域的局限，换个地方推行自己的核心价值和政治主张，也符合"仁"的精神。

18.4 三日不朝

齐人归①女乐，季桓子②受之，三日不朝。孔子行。

注 ①归：同"馈"，赠送。②季桓子：鲁国执政上卿季孙氏。

译 齐国赠送了一些歌女给鲁国，季桓子接受了，君臣三天不上朝。孔子于是离职走了。

心 读

齐国想削弱鲁国，使用了美人计，给鲁国国君送来一大批美女，鲁国国君和季桓子不仅欣然受之，甚至于三日不朝。以孔子之博学、智慧、自信与自负，他只能选择离开父母之邦。因为面对这样的国君和这样的大夫，孔子是没有办法实践自己的政治理想，不能传道，不能弘道，无法造福苍生，无法为国家分忧，还真不如一走了之。

18.5 来者可追

> 楚狂接舆①歌而过孔子曰："凤兮！凤兮！何德之衰？往者不可谏，来者犹可追。已而，已而！今之从政者殆而！"
>
> 孔子下，欲与之言。趋而辟之，不得与之言。

注 ①楚狂接舆：楚国狂人，姓接，名舆。

译 楚国狂人接舆唱着歌从孔子车旁走过，他唱道："凤凰啊！凤凰啊！你的德运为何衰弱？过去无可挽回，未来还来得及追求。算了吧，算了吧！今天的执政者危险啊！"

孔子下车，想同他谈谈，他却赶快避开，孔子未能与他交谈。

心　读

这是道家与儒家的一次交流，两种截然不同的世界观和人生观跃然纸上。

儒家关心的是族群，道家关怀的是生命个体。

道家在中国文化史上的贡献，是人在生不如死的时候，人对人世彻底绝望的时候，给人活下来的希望：放弃现实，解放自己。儒家文化却没有那么洒脱，以苍生为念，以天下为己任，敢于担当道义，有一线希望，做万分努力。儒家文化往往是在人们面临着巨大灾难，对社会乱象无能为力的时候，给人们活下来的力量。明知不可而为之，不放弃就有希望。

18.6 子路问津

长沮、桀溺耦而耕①。孔子过之，使子路问津②焉。

长沮曰："夫执舆③者为谁？"

子路曰："为孔丘。"

曰："是鲁孔丘与？"

曰："是也。"

曰："是知津矣。"问于桀溺。

桀溺曰："子为谁？"

曰："为仲由。"

曰："是鲁孔丘之徒与？"

对曰："然。"

曰："滔滔者天下皆是也，而谁以易之④？且而与其从辟⑤人之士也，岂若从辟世之士哉？"耰⑥而不辍。

子路行以告。

夫子怃然⑦曰："鸟兽不可与同群，吾非斯人之徒与而谁与？天下有道，丘不与易也。"

注 ①长沮、桀溺：两位隐士，真实姓名身份不详。耦而耕：两个人合力耕作。②问津：询问渡口。津，渡口。③执舆：即执辔。④之：与。⑤辟：同"避"。⑥耰（yōu）：用土覆盖种子。⑦怃然：怅然，失意。

译 长沮、桀溺在合力耕种，孔子路过，让子路去问渡口在哪里。

长沮反问子路："那个拿着缰绳的是谁？"

子路说："是孔丘。"

长沮说："是鲁国的孔丘吗？"

子路说："是的。"

长沮说："那他早知道渡口在哪里。"

子路再去问桀溺。

桀溺说："你是谁？"

子路说："我是仲由。"

桀溺说："鲁国孔丘的门徒吗？"

子路说："是的。"

桀溺说："像洪水一般多的坏人到处都是，你们与谁去改变呢？而且你与其跟着躲避人的人，为什么不跟着我们这些躲避社会的人呢？"手中仍旧不停地做农活。

子路回来把情况报告孔子。

孔子很失望地说："人不能与飞禽走兽同群共处，如果不同世上的人群打交道还与谁打交道呢？如果天下太平，我就不会与你们一道来从事改革了。"

心　读

入世和避世再次对立，此章足见孔子社会责任感、使命感和忧患意识之强烈，足见孔子和儒家积极入世、救民于水火之中的仁者情怀之浓厚。

读本章必须清楚：

一是孔子和儒家知道人生的渡口在哪里，也知道社会的渡口在哪里，孔子认为人的出路是人格自觉，社会出路是升级版的周代文明。

二是即便是洪水滔滔，儒家也要为民众准备好诺亚方舟。

在对待社会发展的问题上，儒家道家是两种对立的态度，儒家积极入世，救民于水火；道家消极避世，救民于心。

儒家虽然也避世，但避开的是暂时无法作为的乱世，到可以作为的地域推广自己的主张，追求自己的理想，实现自己的价值。道家避世，则是完全退出体制，退隐山林，守护心田，以求怡然自乐。

儒家"无为而治"，是为了分清楚有所为和有所不为，集中精力做好"有所为"的事情。道家"无为而治"，则是为了有所不为。当然，当人类文明达到最高境界的时候，这两种"无为而治"会殊途同归。

18.7 胡不归去

子路从而后，遇丈人，以杖荷蓧①。

子路问曰："子见夫子乎？"

丈人曰："四体不勤，五谷不分②，孰为夫子？"植其杖而芸。

子路拱而立。

止子路宿，杀鸡为黍而食之③。见其二子焉。

明日，子路行以告。

子曰："隐者也。"使子路反见之。至，则行矣。

子路曰："不仕无义。长幼之节，不可废也；君臣之义，如之何其废之？欲洁其身，而乱大伦。君子之仕也，行其义也。道之不行，已知之矣。"

注 ①蓧（diào）：锄草用的器具。②四体不勤，五谷不分：有学者说这是丈人指自己。"分"是粪。句意为：我四肢来不及劳作，五谷来不及播种，没有闲暇，怎知你夫子是谁？也有学者说是丈人责备子路手脚不勤，五谷不分。这里采用第一种说法。③黍（shǔ）：黏小米。食（sì）：拿东西给人吃。

译 子路跟随孔子出行，落在了后面，遇到一个老丈，用拐杖挑着除田中草的工具。

子路问道："你看到我的老师吗？"

老丈说："我四肢来不及劳作，五谷还来不及耕种，哪里顾得上你的老师是谁？"说完，便扶着拐杖去除草。

子路拱着手恭敬地站在一旁。

老丈留子路到他家住宿，杀了鸡，做了小米饭给他吃，又叫两个儿子出来见子路。

第二天，子路赶上了孔子并报告此事。

孔子说："这是个隐士啊。"叫子路再回去看看他。子路到了那里，老丈已经走了。

子路说："不做官不对。长幼礼节不可废弃；君臣大义怎么能废弃呢？想自身清白，却破坏了根本的君臣伦理。君子做官，只是为实行为臣之义务。儒道行不通，已经知道了。"

心　读

有的学者说，本章是农民骂四处周游列国的孔子"四体不勤，五谷不分"。我不这样看。首先，孔子身材高大，善于驾车，善于射箭，不至于四体不勤；其次，孔子自述"吾少也贱，故多能鄙事"决不至于"五谷不分"。

我认为该隐士的意思是与其从政，不如耕田。而子路却认为隐居山林是不对的，君子绝不应抛弃君臣之伦和对天下苍生应尽的义务。

本章继续强化儒家积极入世的精神和敢于担当道义的胸怀。

18.8 随心所欲

逸①民：伯夷、叔齐、虞仲、夷逸、朱张、柳下惠、少连②。子曰："不降其志，不辱其身，伯夷、叔齐与？"谓"柳下惠、少连，降志辱身矣，言中伦，行中虑，其斯而已矣。"谓"虞仲、夷逸，隐居放③言，身中清，废中权。我则异于是，无可无不可。"

注 ①逸：同"佚"，散失、遗弃。②虞仲、夷逸、朱张、少连：此四人身世无从考证，应当是没落贵族。③放：放置，不再谈论世事。

译 被遗落的人才有：伯夷、叔齐、虞仲、夷逸、朱张、柳下惠、少连。孔子说："不降低自己的志向，不屈辱自己的身分，这是伯夷、叔齐吧？"说"柳下惠、少连被迫降低自己的意志，屈辱自己的身分，但说话合乎伦理，行为合乎人心，他们也不过如此罢了。"说"虞仲、夷逸过着隐居的生活，说话很随便，能洁身自好，进退权宜。我却不同于这些人，没有什么可以或不可以的限制（从心所欲）。"

心 读

儒者与隐者相比较而言，孔子认为自己比隐者更知道权变。

伯夷、叔齐采薇而食，既不改忠君志向，也不愿意侮辱自身，不与豺狼为伍，不鱼肉百姓，远离不仁之地和不仁之人，是仁者。柳下惠、少连等虽然降低意志，甚至委屈自己去为官，但是说话合乎伦理，行为合乎人心，尽人事而敬天命，是仁者。虞仲、夷逸等过着隐居生活，言论自由，洁身自好，暂时离开体制，为权宜之计，也算仁者吧。孔子认为，自己相比这些人，有更多的选择空间，可以离开不能作为的地方，可以超越地域限制，可以看别人脸色，也可以听难听的话，甚至"道不行，乘桴浮于海"。

儒家的权变决定了儒学的开放性，儒家文化与道家文化互为补充，滋养了数千年灿烂的中华文明，现在依然有能力滋养一个全新的中华文明，因为儒学是开放的，是包容的，不会排斥任何思想。

18.9 人才流失

大师挚①适齐，亚饭干适楚，三饭缭适蔡，四饭缺②适秦，鼓方叔③入于河，播鼗④武入于汉，少师⑤阳、击磬襄⑥入于海。

注 ①大师挚：大同"太"。太师是鲁国乐官之长，挚是人名。②亚饭、三饭、四饭：诸侯用饭都要奏乐，所以乐官官名若此。干、缭、缺是人名。③鼓方叔：击鼓的乐师名方叔。④鼗（táo）：小鼓。⑤少师：乐官名，副乐师。⑥击磬襄：击磬的乐师，名襄。

译 乐官之长太师挚到齐国去了，亚饭乐师干到楚国去了，三饭乐师缭到蔡国去了，四饭乐师缺到秦国去了，打鼓的方叔到了黄河边，敲小鼓的武到了汉水边，副乐师阳和击磬的襄到了海滨。

心 读

此章所列举以太师挚为代表的大德大师纷纷离开鲁国，或去了别的国家，或隐身江湖，甚至出海。高端人才的流失，意味着礼乐崩坏。

看一个民族的兴衰，要看人才的聚合力和聚合量，尤其要看高端人才的聚集情况。1949年新中国诞生，以钱学森为代表的一代海外学人，冒死回国参加新中国的建设，这便是民族兴盛的表现。

2000年以后人才大量流失，却是中华民族不可抹去的伤痛。一个时期以来，很多人纷纷离开，有人调侃：一等公民或其子孙移居美国，二等公民或其子孙移居欧洲，三等公民或其子孙移居其他发达国家，四等公民或其子孙移居港澳，五等公民或其子孙移居亚非拉。所幸，还有我等不知自己为何等公民的人，深深眷恋故土，深深爱着国家，深情坚守家园。所慰，近年来，越来越多的有志之士、有识之士，纷纷回国，为中国梦奉献自己的青春和智慧！

18.10 不弃故旧

周公谓鲁公①曰："君子不施②其亲，不使大臣怨乎不以③。故旧无大故，则不弃也。无求备于一人。"

注 ①鲁公：指周公的儿子伯禽，封于鲁。②施：施恩。③以：用。

译 周公对鲁公说："君子不仅仅只是施恩亲属，不要让大臣们抱怨使他们的才能不得施展。旧友老臣没有大的过失，就不要抛弃他们。不要对一个人求全责备。"

心 读

周公旦制礼作乐，开创了华夏文明礼制传统，备受孔子推崇，成为儒家文化的重要承载着。孔子开创的儒家学说，就是在总结周公开创的礼制实践中提炼出来的。

周公之王道根本在于：一是任人唯贤，一旦任人唯亲，离崩溃已经不远了；二是广开言路，大臣、忠臣、谏臣有益于社稷的话，必须采纳，才能不至于使大臣怨恨；三是不弃故旧，故旧往往有恩于国家社稷，虽然老了，但还是应当照顾；四是为人宽厚，不求全责备，严于律己，宽以待人。人们称周恩来有周公之风度，其实也就是继承了这四点。

周公之道，值得当今每个从政者学习、内化、运用。国家最高层做到这四点，国家一般处于稳定状况。一旦"飞鸟尽，良弓藏，狡兔死，走狗烹"，就意味着国家开始走下坡路。

18.11 国家栋梁

> 周有八士：伯达、伯适、仲突、仲忽、叔夜、叔夏、季随、季骝①。

注 ①八士：此八士已不可考。适：音kuò。骝：音guā。

译 周代有八个有情怀的士：伯达、伯适、仲突、仲忽、叔夜、叔夏、季随、季骝。

心　读

一个时代的出现，需要有王者兴，需要有擎天柱，也需要有一大批以天下为己任的知识分子作为王朝大厦的基石。

周代偏居一隅，数世励精图治，终于在牧野之战一举击败商纣王，建立帝王基业五百年。

中华人民共和国的诞生也是如此，有毛泽东、周恩来、刘少奇、邓小平等一批杰出领袖，也有朱德、彭德怀、林彪、罗荣桓、徐向前、贺龙、刘伯承等一大批杰出军事家，还有陈赓、徐海东等璨若星辰的大将。

比较遗憾，一将功成万骨枯，革命给一个民族的破坏性实在太大了。所幸，儒学没有破坏一个旧世界的线路设计，只有建设一个新世界的顶层设计、线路设计、建筑设计。也期待儒学能以其独有的开放性，接纳世界多元文化、多种文明的成果，将中华民族导入良性循环的发展轨道。

子张第十九

19.1 士人情怀

> 子张曰："士见危致命，见得思义，祭思敬，丧思哀，其可已矣。"

译 子张说："士遇见危险可以奉献生命，看到利益思考是否符合道义，祭祀严肃恭敬，居丧真诚哀伤，士这样就可以了。"

心 读

士是具有苍生为念、悲天悯人情怀的知识分子。士是体制内官僚阶层与体制外普通民众之间的中间阶层，是社会发展的中坚力量。士的结构决定了社会结构，士的道德决定了社会道德，士的价值取向决定了社会的价值标准，士的文化追求决定了社会大众文化的风尚走向。士肯定是读书人，但读书人未必是士。

按照子张的说法，士具备四种宝贵品质：

一、勇于牺牲。士在族群需要的时候可以献出生命，如东林党人、陆游、辛弃疾、文天祥、顾炎武、陈寅恪、熊十力、马一浮、梁漱溟等都是士的典型代表。

二、见得思义。士在得失面前不忘道义，敢于担当道义。面对精神缺失和信仰危机，士敢于为天地立心，为生民立命。士在权力、金钱、美色面前，不丧失道德底线和正义原则。

三、敬畏天命。敬天未必是敬畏上帝，而是敬畏造物主，敬畏大自然，敬畏自然规律。

四、苍生为念。士必须爱人，关爱苍生，兼济苍生，包括远去的生民，因为儒家深深知道"慎终追远，民德归厚矣"。

这四种品质，依然是当代知识分子、中产阶级应该和必须坚守的精神传统。

19.2 独立人格

子张曰："执德不弘，信道不笃，焉能为有？焉能为亡？"

译 子张说："拥有道德却不弘扬，信仰道义却不坚持，这种人有又怎么样？没有也无所谓？"

心　读

士必须有独立人格。士必须坚守自己的信仰，坚守自己的价值，坚守自己的理想，切实担负起传播弘扬道义的使命。士没有独立人格，缺乏独立的价值判断、独立的世界观、独立的人生观、坚守的精神信仰和坚守的伦理精神，就会随波逐流，同俗自媚，忘了自己的责任和使命。

具有儒家情怀的教师，应该有理想和激情，有理念和思想，有学养和才气，有智慧和追求，有研究和建树。如此，人格可以独立。如此，方能弘扬道义。如此，就算举世皆浊，自己也会清醒，也会执着前行。

19.3 儒学之辩

子夏之门人问交于子张。子张曰："子夏云何？"

对曰："子夏曰：'可者与之，其不可者拒之。'"

子张曰："异乎吾所闻：君子尊贤而容众，嘉善而矜不能。我之大贤与，于人何所不容？我之不贤与，人将拒我，如之何其拒人也？"

译 子夏的学生向子张请教如何交友。子张说："子夏怎么说的呢？"

答道："子夏说：'可以相交的就交朋友，不可以相交的就拒绝。'"

子张说："我所听到的不一样：君子既尊重贤人，又能包容众人；赞美善人，又能同情弱者。如果我是大贤大德，对别人有什么不能包容的呢？如果我不够贤良，人家就会拒绝我，又怎么说得上拒绝人家呢？"

心 读

面对子张子夏的不同主张，选择子夏或选择子张，答案是：都可以。如果必须做出非此即彼的选择，我会选择子张。为什么？因为子张的主张更有儒家情怀：

一是尊重贤者，但不排斥普罗大众，不排斥草根阶层，不排斥小人。因为儒家的社会责任，就是把小人培养成君子，或让小人通过道德自觉成为君子，让普罗大众养成并坚守某种价值和信仰。尊重贤能者但包容普罗大众，不排斥草根阶层，不排斥小人，欣赏出色人才也能包容弱者。为政者应如是。

二是赞美杰出者也同情弱者。同情弱者，帮助弱者，帮助比自己差的人，这是现代文明的特征，中国文化并没有缺失这种传统，只是没有被发掘和发扬。将这两个价值观做现代性转换，正是现代社会文明进程中缺失的两样东西，即对普罗大众的理性尊重，对弱者的关怀和扶助。对普罗大众的盲目尊重，会助推民粹主义，社会将走向失控，掌握真理和正义与否、人的多少不能作为评价标准。关爱扶助弱者需要真诚，需要本心，需要唤醒良知的自觉，而不是政治做秀。

当然，选择子夏的主张也未必是错误的，因人而异，因时而异。比如做公务员，不是什么人都可以交朋友的，该拒绝的要善于拒绝。再比如做教师，也不是什么人都可以做朋友，给生活做减法，留点时间给自己，学习修养提升，成就自己的精彩人生。

19.4 重在求道

子夏曰："虽小道①，必有可观者焉，致远恐泥②，是以君子不为也。"

注 ①小道：指农工商医卜之类的技能。②泥：阻滞，妨碍。

译 子夏说："虽然都是些小技艺，一定有可取之处，但用它来实现宏伟目标就行不通，所以君子不能执着于小艺。"

心 读

在人类文化的元典时期，圣哲们对人性的洞悉不能不让人佩服。虽然文学、美术、音乐、书法、围棋乃至于车工、铆工、钳工、电焊工等都具有可取的艺术或技术，但是用其来实现远大的理想和追求，恐怕可能性是很小的。君子可以有这些才能和技艺，但是不能执著于这些技艺，否则，无法成就大业。孔子要培养的是政治家，是社会管理精英，社会治理贤人，而不是工程师、农

433

艺师等。这一章可以窥见孔子的教育价值取向：道器相权，重在求道；器为道服务，器不是君子修养的终极目标。

19.5 日知所亡

> 子夏曰："日知其所亡，月无忘其所能，可谓好学也已矣。"

译 子夏说："每天都知道自己还有很多不知道的，每月不忘已学的，可算是好学了。"

心　读

顾炎武《日知录》一书，缘起子夏"日知其所亡"一句。子夏的观点阐明好学的两个要点：一是每天学习自己不知道的知识，每天追求自己尚未达到的道德境界；二是每月不忘记已经学到的知识，每月增进自己的德行。在"好学"的背后还有两个更重要的思想：一是孔子和儒家一贯倡导的终身学习的思想和人生态度；二是读书、实践、提升学习的路径和方法。儒学是经验之学，"日知其所亡，月无忘其所能"代表了古代学习理论的最高成就。

19.6 博学笃志

> 子夏曰："博学而笃志①，切问②而近思，仁在其中矣。"

注 ①志：志向。②切问：抓住问题的关键。

译 子夏说："博学而坚守志向，抓住关键问题而认真思考，仁就在其中了。"

子张第十九

心　读

　　虽然"博学"但是不偏离成就君子人格的志向，抓住关键，逐步解决，才能进步，做到这样就是仁。

　　学习型管理理论的核心观点之一就是学习具有鲜明的方向性，如果迷失了学习方向，"博学"而不能"笃志"，不能让知识内化为素质，不能让阅历成为才气，就容易变成有脚书橱，十足的书呆子，这样的博学古时不需要，当今更不需要，岂止不需要，简直可怕。试想把一个企业，一个单位，一个系统交给这样的"博学之士"，不弄得一团糟才怪呢！

　　"切问"，在现代语境中就是"做学问必须具有强烈的问题意识"。社会科学研究必须解决现实世界的问题，这个问题可以是局部的，也可以是全局性的，甚至是前瞻性的。

　　我研究《论语》和儒家文化，核心目标是：让教育回归精神活动的本真、重建有教无类的情怀、恢复因材施教的传统。我欲用儒家文化所传承的民族精神、伦理情怀构筑民族精神家园，养护青少年的灵魂。不是为学问而学问，而是为弘道而做学问，为苍生而做学问。

19.7 学以致道

　　子夏曰："百工居肆以成其事①，君子学以致其道。"

注　①百工：各行各业的工匠。肆：古代社会制作物品的作坊。

译　子夏说："各行各业的工匠在作坊里来完成自己的工作，

君子通过学习来获得道。"

心　读

子夏认为，君子学以致道就像百工在作坊完成工艺一样，以百工学艺作为铺垫，类比君子学道、修道的过程，这是作者要表达和强调的重点。

我以春秋时轮扁的故事来说明学艺和学道的差异：轮扁是春秋时齐国有名的木工。齐桓公召轮扁入宫打造车轮。入夜，轮扁见齐王在殿上读书，问道："君王所读何书？"齐桓公说是圣贤之书。轮扁摇头否定："圣人之书皆糟粕，读之无用。"齐王大怒，要轮扁做出合理的解释，不然杀头！轮扁说："我的手艺全国第一，一心想要传授给儿子，但是却无法准确说出自己对手艺的感觉，所以，不论怎么教，儿子总是学不会。圣人写出来的其实未必是他内心真正想要表达的东西。内心真实的感悟，语言往往不能很好表达。后人读的所谓圣贤书，不是糟粕又是什么呢？"听了轮扁的一番话，齐桓公默然不语。

这里蕴藏着学艺与修道、求知与求道的差异，修道、闻道、达道，或许必须经历学艺、学知识的过程，但是技艺和知识绝对不是道。能写出来的是知识，是技艺。读了以后心有所悟，心有所得，且融入灵魂，身心一体，才算是闻道、达道。

读书人虽四书五经背得滚瓜烂熟，不能称之为有道，只有因读书而境界顿高，心胸顿开，包容万物，悲天悯人，兼济苍生，以天下为己任，才能算是达道，才能算是道德高尚者。

19.8 小人文过

子夏说："小人之过也必文。"

译 子夏说："小人犯错了一定会掩饰错误。"

心 读

儒家的小人通常不是指在野之人或地位低下之人，而是指道德修养境界离君子很远的人。从帝王、国君到大臣、家臣、贫民等，都有可能是小人。小人对待自己的错误选择掩饰，不惜用十个错误掩盖一个错误。

虽然孔子开创了儒家的"清议"之风和批判精神，但是批评朝政在历朝历代都难以被接受，十之八九被当作反动势力镇压。儒家知识分子传承"清议"传统，却遭到文字狱之类的暴虐，并因此付出了生命代价，这是历代当局的反儒家传统。

不敢直面批评的结果是体制失去造血功能，组织失去了自我更新功能。西方资产阶级知识分子却有批评体制、批评当局的优良传统，动不动就发表"国家处在危险之中"的报告，而当局者也乐意接受。所以，马克思主义者预言的资本主义必然灭亡的局面一直没有出现，倒是出现了直接和平过渡到共产主义的趋势，北欧社会体制、北美社会体制已经呈现这种趋势。相反，那些对自身缺点讳莫如深、讳疾忌医的体制，严重缺乏生命力和竞争力。国家如此，集团如此，个人亦如此。

批评使人进步！批判使国进步！

19.9 人格魅力

> 子夏曰："君子有三变：望之俨然，即之也温，听其言也厉。"

译 子夏说："君子有三变：远看庄严持重，接近他却很温和，听他说话严谨不苟。"

心 读

君子有人格魅力。如果联系颜渊对孔子的评价，"仰之弥高，钻之弥坚，瞻之在前，忽焉在后"，子夏所说的君子，首先应是指孔子的人格魅力。"仰之弥高"，指的是思想的高度；"钻之弥坚"，指的是积累的厚度；"望之俨然"，那是因为执着与严谨；"即之也温"，那是因为宅心仁厚，包容宇内；"听其言也厉"，那是后生感觉到先生语言的严谨和要求的严厉，是一种不怒而威的严厉，是一种无可欺骗、无可逃避的严厉。

孔子人格魅力的背后，是其思想、文化、学养、情感的支撑。个人魅力的形成不可以模仿，不可以复制，只能走一条以学养心，以学养身，以学养气，以学养人的路径。

人格魅力对学生的影响又是任何知识无法替代的，也是任何现代技术无法代替的，因为道在人身，道在人心，道在人格，离开了人格的熏陶，离开了生命磁场的感应与感化，教育就变成无生命的知识积累和技术培训。

19.10 君子重信

子夏曰："君子信，而后劳其民；未信，则以为厉己也；信，而后谏；未信，则以为谤己也。"

译 子夏说："君子必须取得百姓信任，才可以役使百姓；否则，百姓就会以为是在虐待他们。取得上位者信任，然后才去劝谏；否则，上位者就会以为在诽谤他。"

心 读

君子无信不立。诚信是君子安身立命的资格，诚信也是社会清明的资源。

中国共产党取得政权的秘诀，就在于获得老百姓的信任：打土豪，分田地，让农民得到实惠，这是诚信。实行土地改革政策，让耕者有其田，这是诚信。宣扬民主救国，在陕甘宁边区实行直选，这是诚信。提倡民主建国，民主选举新一届政府组成成员，这是诚信。在诚信的基础上，获得人民最大限度的支持。

而当下人与人之间缺乏诚信，集团与集团之间缺乏诚信，民众与政府之间缺乏诚信。诚信成了稀缺资源，对发展中的中国而言，比缺石油、缺技术更可怕。

19.11 大德不逾

子夏曰："大德不逾闲①，小德出入可也。"

注 ①闲：木栏，这里指界限。

译 子夏说："人在大节上不能超越界限，小节上有些出入是可以的。"

"大德不逾闲，小德出入可也。"首先，道出了儒学的权变特征。儒家讲仁义，重在国家，重在社稷，重在苍生，而不拘礼于小节。孔子评价"管仲之仁"就在于管仲没有效匹夫匹妇自杀于沟壑，而是保全有用之躯，使齐国走向富强，使人民走向富裕，使苍生获得福祉。

其次，道出了儒学的中庸境界。原始儒学恪守中庸，绝不走极端。"君君，臣臣，父父，子子"就是中庸，君像君，臣像臣，父像父，子像子，君臣关系是"君使臣以礼，臣事君以忠"。"君要臣死，臣不得不死"是对原始儒学的反动，走了极端，背离了中庸，伪儒学也就渐渐不被人所尊重和接受。儒学式微，不是社会抛弃了儒学，而是伪儒学者的罪过。

我重新解读《论语》，是要通过批判伪儒学、伪儒家来复原儒学原本的精神和价值。养护中国人灵魂的精神不可能是极端主义的资源，只能是中庸的，中和的。

19.12　学术自由

子游曰："子夏之门人小子，当洒扫应对进退，则可矣，抑①末也。本之则无，如之何？"子夏闻之，曰："噫，言游过矣。君子之道，孰先传焉？孰后倦②焉？譬诸草木，区以别矣。君子之道，焉可诬也？有始有卒者，其惟圣人乎？"

注　①抑：但是，不过。表示转折。②倦：诲人不倦。

译 子游说:"子夏的学生,叫他们做些打扫和迎送客人的事情,还是可以的,但这些不过是末节小事;根本的东西却没有学到,这怎么行呢?"子夏听了说:"唉,子游错了。君子之道先传授哪些,后传授哪些,这就像草和木,有分类区别。君子之道怎么可以随意歪曲呢?能有始有终有序地教学生,恐怕只有圣人吧。"

心　读

此章两点非常重要。一是学术自由。孔门学术自由,对于今天学术界尤其有借鉴价值。孔子时代,同门之内,能够如此争鸣,实在是难能可贵。孔门对待学术的态度更为可贵的是对其他学派,并不持否定态度,即便是面对道家的隐者,孔子也有意愿与之进行思想交流。

二是生活教育。孔子自己"十有五而志于学",对学生"自行束脩以上,吾未尝无诲焉",古时候,小孩六岁入学,学习的内容就是洒扫、应对、送往迎来,这原本是很好的教育传统,可惜被丢掉了,至今仍未捡起来。到了十五岁,也就是现在的高中阶段,生活教育的任务已经完成,可以进入立志求道的阶段。

19.13　仕优则学

子夏曰:"仕而优①则学,学而优则仕。"

注 ①优:优裕,充裕。

译 子夏说:"做官有余力的人就要继续学习,学习有余力的人就可以去做官。"

做官了如果有余力，就应当再学习；学习有余力，就应当去做官。其中最可贵的是其中蕴含的终身学习的思想。"仕而优则学"，当官有余力就应当做学问，学习历史，学习政治，学习文学，学习哲学，学习艺术，学习劳动技术比如驾车等，如果转换到现代语境还必须学习经济。"仕而优则学"是个人修养的需要，是道德提升的需要，是自身发展的需要，是社会前进的需要。"学而优则仕"，学习有余力就应当做官，转换到现代语境，"仕"不一定就是去做体制内的官僚，而是在所在行业向管理层发展。两句联系起来，就是人必须融学习于工作，使学习工作化，使工作学习化，让学习成为一种工作状态和生活状态。从事教育事业也是如此，教育教学有余力就应当学习，学习而有余力就要深化教育教学改革，让学习成为一种生活状态、生命状态。

19.14　丧致乎哀

子游曰："丧致①乎哀而止。"

注　①致：极致、竭尽。

译　子游说："丧事做到充分表现哀也就可以了。"

丧事能够极尽哀情就可以适可而止，形式太过就是做作，悲情太重会伤身，在儒家看来也是不孝。此外，孔子认为丧事应该是充分表达情感，不宜过分讲究排场，与其奢毋宁俭，毋宁戚也。儒家对于丧事追求的是中庸、适中和适度。

19.15 难能可贵

子游曰："吾友张也为难能也，然而未仁。"

译 子游说："我的朋友子张是难能可贵的了，然而还没有做到仁。"

心 读

孔子去世之后，儒门分为很多派别，其中子张是其中重要的一脉。子游对子张的评价，属于儒门内部的坦诚相对。他为什么认为子张没有达到"仁"的境界呢？孔子说子张"过犹不及"，未必是孔子本人所言，但仍可以确定的是儒门内部一派的意见。儒家主张学术自由，由此可见端倪。

19.16 表里如一

曾子曰："堂堂乎张也，难与并为仁矣。"

译 曾子说："子张外表堂堂，但是外表忠厚并不能说明内心仁厚。"

心 读

看到这几章，好像是孔门开学术研讨会，子游发表意见之后，曾子也接着发表意见说："子张仪表堂堂，潇洒倜傥，但是相貌堂堂并不能与内心仁厚划等号。"有一种翻译为："子张外表堂堂，并不能与他一起达到仁的境界。"这种解释很苍白。先秦儒家认为："人皆可以为尧舜。"怎么能因为子张外表堂堂，就难与他一起达到仁的境界呢。

19.17 率性自致

> 曾子曰："吾闻诸夫子，人未有自致者也，必也亲丧乎。"

译 曾子说："我听老师说过，人不可能自动把感情表露到极致，如果有，一定是在至亲至友死亡的时候。"

心 读

儒家虽然强调哀而不伤，但是更强调真诚，反对虚伪，反对做作，反对矫情。就如悲痛哀伤之情，只有至亲或挚友死亡，才会率性嚎啕大哭。这里的"亲丧"的"亲"，包括至亲和亲近的人，如至交、好友、知己等，孔子对颜渊之死就"哭之恸"。

19.18 无为而为

> 曾子曰："吾闻诸夫子，孟庄子①之孝也，其他可能也；其不改父之臣与父之政，是难能也。"

注 ①孟庄子：鲁国大夫孟孙速。

译 曾子说："我曾听老师说过，孟庄子的孝，是其他人也可以做到的；但他不更换父亲的旧臣和父亲的政治措施，这是别人难以做到的。"

心 读

曾子所说与孔子"三年无改于父之道"的思想一致，能够不更换父亲的旧臣和好的政治措施，符合孝道。"不改父之臣与父之政"，不仅符合孝道，更重要的符合人道和天道。如果"父之臣"

优秀，没有必要改。"父之政"清明，不可轻易改。

一代名相萧何去世前向汉惠帝推荐曹参接任相位。曹参接任相位后，一不报告政务，二不发表政见，三不发布新政。汉惠帝实在忍无可忍，就问曹参为何如此。曹参问汉惠帝："陛下与高祖谁更具有雄才大略？"惠帝说："我不如高祖。"曹参又问："我与萧何谁更贤能？"惠帝说："好像你不如萧何！"曹参说："那就对了。现在所有政策都运行良好，我们无需更改而劳民伤财。"这既符合孝道，也符合"无为而治"的治道，更符合以百姓利益为重的"人道"和"天道"。

此章尤其值得为"新官上任三把火"者戒！

19.19 悲天悯人

孟氏使阳肤①为士师，问于曾子。曾子曰："上失其道，民散久矣。如得其情，则哀矜②而勿喜。"

注 ①阳肤：曾子的学生。②矜：怜悯。

译 孟氏任命阳肤做典狱官，阳肤向曾子请教。曾子说："在上位的人离开了正道，百姓早就离心离德了。你如果能审出罪犯的情况，就应当怜悯他们，而不要自鸣得意。"

心 读

孟孙氏任命阳肤为法官，阳肤向宅心仁厚的孔门大贤曾子请教。曾子的回答对当今法律界依然有积极意义。

一是要认清社会大势，上位的不仁、不义、无信、无道，导致百姓离心离德，天下乱象丛生，责任在上不在下，在官不在民。

二是民众有违法行为，是上位者教化不到位，应负主要责任，对犯罪百姓要有怜悯之心。

三是案子审得再成功，也不值得庆幸，因为儒家追求的是不通过司法解决问题，"听讼，吾犹人也，必也使无讼乎"才是儒家追求的境界。严刑峻法是不幸甚至是灭亡的不祥之兆。后世历史发展，证明了孔子观点正确，比如秦朝亡于严刑峻法，武则天开创的大周几乎亡于严刑峻法，明朝也亡于严刑峻法。

19.20 君子恶居

> 子贡曰："纣①之不善，不如是之甚也。是以君子恶居下流②，天下之恶皆归焉。"

注 ①纣：商代最后一个君主，名辛，纣是谥号。②下流：即地形低洼各处来水汇集的地方，引申为不利的地方。

译 子贡说："纣王的不善，不像传说中的那样过分。所以君子憎恶处在不利的地位，导致天下一切坏名声都归到自己身上。"

心 读

子贡以商纣王为例，可见儒家学术务实求真的态度。商纣王因为残暴，所以在历史辗转传述时，往往添盐加醋，把天下最恶的名声全部扣在他头上。林彪亦然，不幸连人带机摔在了温都尔汗，从井冈山苏区至其摔机之前，各种错误全部扣在林彪的头上。近年来中国人开始正视历史，军事博物馆十大元帅中有了林彪。中国在进步！甚幸！

19.21 过如日月

> 子贡曰："君子之过也，如日月之食焉。过也，人皆见之；更也，人皆仰之。"

译 子贡说："君子的过错好比日食月食，君子犯了过错，人们都看得见；他改正过错，人们都仰望着他。"

心 读

儒家提倡光明磊落的处世态度，提倡实事求是的科学精神。执政者如果不怕批评，可以成就千秋伟业。

唐朝之所以强大，得益于唐太宗李世民虚心纳谏。著名谏臣魏徵去世后，唐太宗恸哭道："以铜为鉴，可以正衣冠；以古为鉴，可以知兴替；以人为鉴，可以明得失。今魏徵殂逝，遂亡一鉴矣。"因为唐太宗以人为鉴，避免了很多重大失误，保证了唐王朝行政运作的高效率。

教师也要有面对错误的勇气，尤其是应不定期请学生、家长、同行提出批评意见和改进建议，这可以让教师尽快成熟起来。

为人父母者，也不妨听听儿女们的意见和建议，改正自己或许几十年都改不了的毛病，善莫大焉。

19.22 文化传承

> 卫公孙朝①问于子贡曰："仲尼焉学？"子贡曰："文武之道，未坠于地，在人。贤者识其大者，不贤者识其小者，莫不有文武之道焉。夫子焉不学？而亦何常师之有？"

注 ①卫公孙朝：卫国的大夫公孙朝。

译 卫国的公孙朝问子贡说："仲尼的学问是从哪里学来的？"子贡说："周文王、周武王的道，并没有失传，还散存于人们中间。贤能的人可以识别它的根本，不贤的人只了解它的末节，没有什么地方无文王武王之道。我的老师何处不在学习？又何必要有确定的老师传授呢？"

心 读

唐代韩愈在《师说》中说的"圣人无常师"，就是专指孔子并没有固定的老师。孔子对中国历史的伟大贡献一在于教育，二在于文化传承。

归结起来，孔子的学问来自于三个方向。

第一个来源是对周代政治、历史、文化、礼治的总结和归纳，提炼出儒家的政治主张、核心价值观、伦理精神，形成了在实践基础上的儒家思想体系。

第二个来源是对古代文化典籍的整理，比如编撰《诗经》、解读《周易》等，从中获得重要的思想，补充到儒家思想体系中来。

第三个来源是向包括老子在内的人们请教求学获得。如果不是孔子编《诗经》、订《尚书》、著《春秋》、整理《仪礼》《乐经》、解读《周易》，则人类对孔子之前的历史的认识几乎是空白。

19.23 夫子如海

叔孙武叔①语大夫于朝曰："子贡贤于仲尼。"
子服景伯②以告子贡。
子贡曰："譬之宫墙③，赐之墙也及肩，窥见室家之好。夫子之墙数仞，不得其门而入，不见宗庙之美，百官④之富。得其门者或寡矣。夫子之云，不亦宜乎！"

注 ①叔孙武叔：鲁国大夫，名州仇，三桓之一。②子服景伯：鲁国大夫。③官墙：围墙。④官：在这里是指本意房舍。

译 叔孙武叔在朝廷上对大夫们说："子贡比仲尼还要贤明。"

子服景伯把这一番话告诉了子贡。

子贡说："如果拿房屋的围墙做比喻，我的围墙只有齐肩高，在墙外可以看到房屋的美好；老师的围墙却有几仞高，若找不到门进去，就看不见里面宗庙的富丽堂皇和房屋的绚丽多彩。能够找到门进去的人并不多。那么，叔孙武叔这么认为，不也是自然的吗？"

心 读

子贡讲的并不是溢美之词，孔门弟子并无超越孔子的，就是之后两千五百年的历史长河中，也一直没有人能够超越孔子。

比如，作为一名杰出的语文教师，他编撰了《诗经》，使之"迩之事父，远之事君"，古今以来，谁能编出第二部这样的教材？谁能行诗教达到"不学《诗》，无以言"的境界？

作为一名杰出的政治教师，他整理选编《尚书》，并讲授《尚书》，古今有哪位政治教师能够超越？作为一名杰出的历史教师，他依据鲁国的历史编撰《春秋》，建立伦理价值标准，而乱臣贼子惧，古今有哪位历史教师能够超越？

作为一名哲学教师，对上古哲学经典著作《周易》做了权威解释和解读，否则今人无法读懂《周易》，古今有哪位哲学教师能够超越？

作为一名杰出的音乐教师，不仅编写了《乐经》，还把《诗经》中305篇"皆弦歌之"，古今有哪位音乐教师能够超越？

如此等等，不一而足。

孔子知识之渊博，学养之深厚，才艺之多能，道德之高尚，思想之前瞻，确是中国文化史上的伟人和教育史上的巨人。孔子常常在世界文化名人中排名第一，绝非偶然。

19.24 仲尼日月

> 叔孙武叔毁仲尼。子贡曰："无以为也！仲尼不可毁也。他人之贤者，丘陵也，犹可逾也；仲尼，日月也，无得而逾焉。人虽欲自绝，其何伤于日月乎？多①见其不知量也。"

注 ①多：副词，只是。

译 叔孙武叔诋毁仲尼。子贡说："这样做没有用！仲尼不可诋毁。别人的贤德好比丘陵，还可超越，仲尼的贤德，好比日月，没有办法超越。虽然有人要自绝于日月，可那对日月有什么损伤呢？只是表明他不自量力而已。"

心　读

说仲尼如日月，并不过分。孔子不仅在文化典籍整理与文化传承方面做出了突出贡献，而且创建了儒学以"仁"为核心的儒家政治体系、价值体系、伦理体系。

孔子开学术独立先河，第一次让学术独立于体制之外，使学术获得了相对独立的空间和发展机会，摆脱了对体制的依赖，建构了一种非功利性的政治、价值、伦理体系，并使之成为照亮国人前进道路的一盏明灯——现在依然照亮中国人继续前行。

孔子还开民办教育先河，使教育独立于体制之外，获得了相对独立发展的空间和成果，其倡导的终身学习思想，有教无类的原则，因材施教的方法，是中国教育史上最宝贵的财富。

儒家思想和儒家文化在两千五百多年的历史中，起到安顿中国人心灵的作用，如果没有孔子，中华民族的历史不知道要留下多少缺憾。

19.25 高山仰止

> 陈子禽谓子贡曰："子为恭也，仲尼岂贤于子乎？"子贡曰："君子一言以为知，一言以为不知，言不可不慎也。夫子之不可及也，犹天之不可阶而升也。夫子之得邦家者，所谓立之斯立，道之斯行，绥之斯来，动之斯和。其生也荣，其死也哀，如之何其可及也？"

译 陈子禽对子贡说："你对仲尼过于谦恭了，仲尼怎么能比你更贤良呢？"子贡说："君子一句话可以看出其智慧，一句话也可以表现其不智，所以说话不可不慎重。夫子高不可及，正像天是不能够顺着台阶爬上去一样。夫子如果得国而为诸侯，或得到采邑而为卿大夫，那就会像人们说的那样，教百姓立于礼，百姓就会立于礼；引导百姓，百姓就跟着走；安抚百姓，百姓就归顺；动员百姓，百姓就齐心协力。夫子活着备受尊重，死了也极尽哀荣，我怎么能赶得上他呢？"

　　孔子的政治学说和行政路径，后世儒者如韩愈、柳宗元、范仲淹等，凡是按照儒学的思想去治理地方，均能立竿见影，所以子贡评价孔子，绝非溢美！

　　孔子的文化贡献在于使中国从莽荒走向文明，其所整理的典籍属于中国文化的元典；其所开创的儒家价值体系、伦理体系，涵养中国行走了两千五百多年，形成了独立的中华文明，至今仍在继续滋养中国前行。

　　孔子的教育贡献在于开贫民教育先河，让教育改变贫民的命运；开民办教育先河，让教育独立于政权之外；开学术独立的先河，让学术第一次游移于体制之外。倡导有教无类的情怀，开创因材施教的方法，定立启发式教学原则等，在中国教育史和世界教育史上都具有崇高的地位。无怪乎司马迁在《史记》中高度评价孔子："孔子布衣，传十余世，学者宗之。自天子王侯，中国言六艺者，折中于夫子，可谓至圣矣。"

20.1 允执其中

尧曰①："咨②！尔舜！天之历数在尔躬，允③执其中。四海困穷，天禄永终。"

舜亦以命禹。

曰："予小子履④，敢用玄牡⑤，敢昭告于皇皇后帝：有罪不敢赦。帝臣不蔽，简⑥在帝心。朕⑦躬有罪，无以万方；万方有罪，罪在朕躬。"

周有大赉⑧，善人是富。"虽有周亲⑨，不如仁人。百姓有过，在予一人。"

谨权量⑩，审法度⑪，修废官，四方之政行焉。兴灭国，继绝世，举逸民，天下之民归心焉。

所重：民、食、丧、祭。宽则得众，信则民任焉。敏则有功，公则说。

注 ①尧曰：后面是尧禅让帝位时对舜说的话。②咨：相当于"啧啧"，感叹词，表赞誉。③允：真诚，公允。④履：商汤的名字。⑤玄：黑色。牡：公牛。⑥简：知道。⑦朕：我。从秦始皇起，专用作帝王自称。⑧赉（lài）：赏赐。⑨周亲：至亲。⑩权量：指量容积的标准。权，秤锤。指量轻重的标准。

量，斗斛。⑪法度：指量长度的标准。

🌸译🌸 尧（让位给舜的时候）说："啧啧！ 舜呀！ 上天的重托就落在你身上了。公允地保持中庸之道吧。假如天下百姓陷于贫困，上天给你的禄位也就会永远终止。"

舜（禅让的时候）也这样告诫过禹。

（商汤）说："我小子履，谨用黑色的公牛来祭祀，恭敬庄重地向天帝祷告：如果有罪，不敢求赦免，天帝的臣仆我不敢掩蔽，因为天帝心如明镜一般。我若有罪，不要牵连百姓，百姓若有罪，由我承担。"

周武王大封诸侯，使善人都富贵起来，他说："我虽有至亲，不如有仁德之人。百姓有过错，责任都在我。"

认真整顿度量衡器，周密地制定法度，重新修整废弃的官制，天下政令就会畅通。恢复被灭亡的国家，接续已经断绝的家族，提拔被遗落的人才，百姓就真心归服了。

所重视的四件事：人民、粮食、丧礼、祭祀。

宽厚就能得到众人拥护，诚信就能得到人民的信任拥护，勤敏就能取得成绩，公平公正百姓就快乐幸福。

心　读

本章记述了从尧、舜、禹、汤、周五位圣王的遗训，集中阐述了儒家政治伦理追求，思想高远，价值重大，影响深远。时至今日，仍不过时。儒家政治伦理的价值取向如下：

一、敬天。尧舜时代，帝王敬天，因为对上天心存敬畏，所以能够保持"中道"，能够"如临深渊，如履薄冰"地善待人民。这种类似宗教般的虔诚敬畏，作用在于帝王的自我约束，使帝王保留了统治底线并转向对上天子民的爱护。儒家努力传承这种敬畏，并养成了儒家悲天悯人的情怀。现实社会，宗教日益功利化，很多人不在乎是否上天堂，也不忌惮是否会下地狱，所以，才出现无价值、无信仰、无底线、无廉耻的诸多乱象。

二、爱民。"朕躬有罪，无以万方；万方有罪，罪在朕躬。"何其高尚的境界啊，如果我自身有罪，不要牵连百姓；如果百姓有错，责任在我。这种归因风格，坚持下来，就是民主精神。以民为本，民生为重，体现在统治者的认识方式和担当精神。既然罪在自己，帝王可以下罪己诏，臣子可以主动请辞。这种归因风格如果揉进官场文化，甚至形成官场价值标准，中国现代社会形态应该是另一番景象。

三、仁政。如何实行仁政？一是任人唯贤——周武王认为，用亲戚不如用仁人，上古时代，如此境界，难能可贵。二是政令畅通——统一度量衡，统一法律，政令就会畅通。三是人心所向——政治清明不决定于官僚的自我感觉，而决定于民心向背。四是核心要务——人民、粮食、丧事、祭祀。五是基本原则——政治宽厚得到民众拥护，政府讲诚信就能得到民众信任，官僚勤政就能有成效，公平公正则百姓幸福。

数千年先哲的智慧实乃文化轴心时代的思想精华，不因岁月流逝而褪色，不因朝代兴替而变质。敬天、爱民、仁政的伦理永远不过时！

20.2 子张问政

子张问于孔子曰："何如斯可以从政矣？"
子曰："尊五美，屏四恶，斯可以从政矣。"
子张曰："何谓五美？"

子曰："君子惠而不费，劳而不怨，欲而不贪，泰而不骄，威而不猛。"

子张曰："何谓惠而不费？"

子曰："因民之所利而利之，斯不亦惠而不费乎？择可劳而劳之，又谁怨？欲仁而得仁，又焉贪？君子无众寡，无小大，无敢慢，斯不亦泰而不骄乎？君子正其衣冠，尊其瞻视，俨然人望而畏之，斯不亦威而不猛乎？"

子张曰："何谓四恶？"

子曰："不教而杀谓之虐；不戒视成谓之暴；慢令致期谓之贼；犹之与人也，出纳之吝谓之有司。"

译 子张问孔子："怎样处理政事呢？"

孔子说："尊重五种美德，排除四种恶政，这样处理政事就可以了。"

子张问："五种美德是什么？"

孔子说："君子给百姓以恩惠而无损其他；使百姓出力而不心生怨恨；追求仁德而不贪图财利；庄重而不傲慢；威严而不凶猛。"

子张说："怎样才算给百姓以恩惠而无损其他呢？"

孔子说："顺着百姓应该得利的方向做有利于百姓的事，这就是惠而不费。选择百姓想做的事情让他们去做，又有谁会怨恨呢？君子追求仁便得到仁，怎么会贪呢？君子对人无多少，无小大，无快慢之别，这不就是庄重而不骄傲吗？君子衣冠整齐，目不邪视，使人望见了心生敬畏，这不是威严而不凶猛吗？"

子张问："什么叫四种恶政呢？"

孔子说："不经教化便轻易杀戮叫做虐；不加告诫和指导便苛求成绩叫做暴；不加提醒而突然限期叫做贼；给人财物却出手吝啬，叫做小气。"

心　读

本章系统阐述了孔子为政的基本方法。

一是出政策，惠而不费；二是使民以时而民无怨；三是求仁得仁没有别的值得贪恋；四是无论对何种人都能庄重而不傲慢；五是衣冠整齐，不怒而威。能做到这五点，实在是个好官。

孔子列举了恶政四种：不用道德教化，而滥用死刑，叫做虐；不劝解指导百姓而苛求成功，叫做暴；过程中不提醒，突然宣布到期限叫做贼（中国股市曾经数次半夜鸡叫，突然叫停，就是贼）；与人财物，出手吝啬，叫做小气。这正是为政者应当注意的问题。

孔子的这五点要求丝毫没有过时，由此可以看出儒家学说的永恒价值。"五美四恶"堪为今天为政的一面镜子。

20.3 君子知命

孔子曰："不知命，无以为君子也；不知礼，无以立也；不知言，无以知人也。"

译　孔子说："不知道天命，不能做君子；不知道礼仪，不能立足于社会；不能理解别人的言语，不能做到识人之明。"

心　读

文章的精神全在于结束。本章作为《论语》的结束语，体现了孔子开创的儒家的根本追求：儒学是人学，不是神学，儒学最终回归如何做人，如何做君子。为何没有把圣人列入呢？因为孔子认为"圣人吾不得而见之矣，得见君子者斯可矣"，现实生活中每个人都有追求做圣人的理想和权力，但是最终能做君子已经十分成功了。君子最重要的支撑点是什么呢？儒家弟子们以会议纪要的形式得出的结论是：

第一，君子必须知"天命"。儒家的"天命"内涵，在于"自强不息"，孔子"知其不可而为之"，就是知天命。凡夫俗子，以学养心，以学养身，修己而安人，推恩足以保四海，教化而改变社会，就是君子所为。"天命"在"厚德载物""德润身""德不孤，必有邻"，修德而担当使命，修德而承载责任，修德而包容一切，厚德载物的核心是使内心仁厚，能够包容，勇于担当，敢于承担起团队的、社会的、国家的、历史的责任。

第二，君子必须"知礼"。礼是中庸。"礼之用和为贵"，和是存同贵异，是对人性的尊重，是对生命主体的尊重。"君使臣以礼，臣事君以忠"，即便是君臣之间，也必须相互尊重，何况集团与集团之间，个人与个人之间呢？礼是规范。为何先讲"礼是中庸"，再说"礼是规范"？中庸是礼的出发点，是礼追求的目标，所以是首要；其次才是如何尊重，这就是规范。数千年文明古国之民，已经成为全球"不文明"人类的代名词，实在可悲。可悲之处就在于我们丢失了传统：丢失了礼的精神，礼的追求，礼的规范。礼是文化的认同，是柔性的规范，是无言的约束。

第三，君子必须"知言"。首先必须知道自己的言。"不学《诗》，无以言"，"言之无文，行而不远"，是别人对君子的要求，也是君子的自我要求。"修辞立诚"足以说明加强文学修养、语言修养的重要性和必要性。君子处身立世，言语不可不慎。当自己的言语可以成为法律或者命令的时候，就更要慎言。对一家之主，一言可以兴家，一言可以丧家；对企业之主，一言可以振兴企业，一言可以毁掉企业；对国家元首而言，一言可以兴邦，一言可以丧邦。君子还应当能够明察别人的言语。《诗经·国风》是周朝采诗制度的产物，采诗通过百姓之言，了解政治缺陷、社会现状、黎民疾苦。孔子以"听其言而观其行"的方式，了解弟子；君王以言语了解、选拔人才。言语的修养中，自然包含了思想修养、情感修养、态度修养、价值修养，没有脱离内容的言语修养。正因为如此，孔子认为"知言"是君子的重要特征。

后 记

伟大的传统必有深远的智慧：
儒家文化的现代教育价值

一、古典文学四大名著的名与实

约定俗成的中国古典文学四大名著《三国演义》《水浒传》《西游记》《红楼梦》，盛名之下，其实难副。四大名著的名实甄别，对教育工作者具有很深的启示。

《三国演义》是智慧全书也是骗术大全。《三国演义》可浓缩为一个字："装"。谁装得像，谁就是赢家。诸葛亮比周瑜会装，诸葛亮赢了周瑜，周瑜比蒋干会装，周瑜骗了蒋干，刘备比孙权会装，不仅可以赢得荆州，连孙权的妹妹都娶到手了！《三国演义》骗术层次分明。最高级的是刘备、孙权、曹操层面的骗。其次是君臣之间也靠骗。白帝城托孤，刘备对诸葛亮说，阿斗能辅则辅，不能则取而代之，活生生地把诸葛亮骗得"死而后已"。刘备伸开过膝的双手把赵子龙从百万军中救出来的阿斗往地上一扔，把杀得浑身是血的赵子龙骗得热泪盈眶，最终也骗得"死而后已"。再次是智囊之间互相骗，诸葛亮骗周瑜，周瑜骗蒋干。诸葛亮骗司马懿，司马懿骗姜维。此外，夫妻之间、情人之间也骗，刘备把孙权的妹妹骗得服服帖帖。貂蝉把吕布骗得迷迷糊糊，把董卓的命骗没了！《三国演义》读者面如此之广，中国当代社会真诚的缺失，诚信的缺失，骗子大行其道的现象，不能说与《三国演义》被推荐为名著毫无关系！

《水浒传》既宣传造反也鼓励犯罪。《水浒传》有几个经典命题：其一是"造反有理"，使用任何手段造反都合理吗？打着"替天行道"的幌子，武松杀西门庆前把丫环杀了也是替天行道吗？再看看所谓"逼上梁山"，说武松被逼上梁山，尚可原谅，但是乡绅卢俊义不想上梁山，结果梁山好汉无所不用其极，甚至连屠城也用上了，硬是把宅心仁厚的乡绅逼上梁山！明清以降，草寇黑社会横行，江湖义气充斥市井，诸多乱象，跟《水浒传》不能说没有一点关联吧？

《西游记》窒息创新也迟滞法治。自1986年版的六小龄童主演的《西游记》首播以来，26年中每年暑假，满街都可以听到该电视剧中的音乐，一代又一代人在寒暑假接受《西游记》的"熏陶"。《西游记》最荒唐的逻辑是"打不赢，搬救兵"。每当孙悟空打不过妖怪的时候，不调查、不研究、不思考，直接搬救兵——这与西方大片差距太大了，打不赢自己研究，自己想办法。更可怕的是《西游记》营造的是封闭空间，其逻辑窒息了中华民族，中国人创新精神不足，《西游记》被推荐为名著，广为流布，是不可回避的原因。另一个荒唐逻辑是治罪看背景。妖怪杀人，罪责不同，看谁的后台硬，或杀或收或流放！现代中国"拼爹文化"盛行，《西游记》被推荐为名著难辞其咎！倒是《大唐西域记》值得看看，那才是宣传人力、心力、毅力可以创造奇迹的世界名著。

《红楼梦》有人性却没有价值。鲁迅曾经评价说："一部《红楼梦》，经学家看见《易》，道学家看见淫，才子看见缠绵，革命家看见排满，流言家看见宫闱秘事！"我作为一个教育工作者，看到的是《红楼梦》歌颂了爱情，张扬了人性，但是却偏离了核心价值，也偏离了传统伦理，有艺术价值，却没有思想价值。同样是对爱情的描写，与《诗经》的淳朴、纯洁、温柔、敦厚相比，相去甚远。与唐诗、宋词的明丽、高雅、含蓄相比，差距甚大。《红楼梦》把男人教痴，把女人教傻，把常人教废！于个人无益，于社会无补，却被推荐为文学名著，让一代又一代人沉迷、沉醉，实属荒唐。

非常遗憾，四大名著今天依然是新课标重点推荐的读物！对这个问题，学生没有能力思考，没有良知的学者不愿思考，但是作为教育工作者的我们不能不思考。在很多看似无比正确的表象背后，其实正好相反。对四大名著的认识，有如此大的误区。对中国文化，对传统文化的认识，也同样有这样的误区！五四运动以来，很多人认为传统文化是导致中国近现代落后挨打的根源所在，很多人把伪儒学当作正宗儒学，很多人以所谓新儒学家的解读去理解先秦原生态儒家学说和思想，这是历史的误会，也是学术的悲哀。研究传统文化，必须重点研究儒学，决不是研究四大名著。研究儒学，必须重点研究先秦儒学，决不是汉代、宋、明、清伪儒学；研究儒家思想，必须研究原生态儒家代表著作《论语》《孟子》《荀子》，决不是汉代以后著作，否则极有可能误入歧途，甚至误导苍生。

二、民族复兴关键是文化复兴

历史长焦镜下，让我们重新评价传统文化尤其是儒家文化的价值。原生态儒家文化，是中华民族的血脉和命脉，是中华民族生生不息，不断自我超越，自我更新，自我飞跃的强大精神动力。

一个基本的事实证明传统文化具有顽强的生命力和创造力。世界几大文明古国中，我们中国是唯一的文明五千年不间断、不灭亡、并且不断创造新辉煌的国家，自汉至1840年，国民生产总值均处于世界前列。结论是：中华文明生命力之顽强举世无双，发展力之强大举世无双，再生力之旺盛举世无双！支撑这种文明的中国传统文化是一种优秀的文化，传统文化精神是维系中华民族持续发展的命脉。

割裂文化使国家和民族付出了沉重的代价。例如秦二世而亡——秦朝奋六世之余烈，统一天下，以为万世，自称始皇帝，十五年二世而亡。假如统治者有一点以人为本的精神，有一点悲天悯人的情怀，陈胜、吴广不会揭竿而起！又比如太平天国十四年夭折——洪秀全起义势如烈火，摧枯拉朽，攻陷大清十余个省，结果短命而亡，因为洪秀全丢掉了传统文化精神！

四次向国外学习的结果证明核心价值观在本土而不在他乡。第一次是洋务运动，学习外国技术，结果是船坚炮利救不了中国。甲午海战失利，绝不是输在武器上，而是输在精神上。如果用西沙保卫战的精神去对付日本，甲午海战一定可以打赢。第二次是孙中山为代表的资产阶级革命，学习了西方政治，最终收获的却是腐败和专制。第三次是20世纪50年代，向苏联学习经济建设经验。第四次是改革开放，几乎是全方位向西方学习。结果，一百年过去，没有学会西方的民主、自由、博爱，没有学会美国人的真诚，没有学会英国人的优雅，没有学会德国人的严谨，没有学会瑞士人的精确，没有学会日本人的精益求精的精神。很多不是不想学，而是学不到！学到的恐怕只有卡通、漫画、色情、暴力以及圣诞的狂欢，除此以外，鲜有所获。为什么？理由至少有三。其一，传统文化是土壤，离开了土壤再好的种子都无法移植，移植了无法生长，更不要期望长出新的品种。东南亚及台湾地区没有摈弃传统文化，相反实现了东西方文化的兼容或融合，创造出新的文化形态，获得了新的发展生机。其二，传统文化属于根本，属于养心文化和养神文化，离开了根本仅仅学科学技术，不可能学到神形兼备。钱学森、李四光、吴健雄、李远哲、杨振宁、李政道等经过传统文化浸润的学子，有知识分子的社会责任感和伦理情怀，他们在科学技术层面也学得出类拔萃，甚至可以超过西方人。其三，传统文化融进了中国人的文化心理结构，成了文化基因，成为文化潜意识。就像吃中国菜一样，想丢丢不掉，丢掉了你一定会强烈反弹，超级想它！这是事实！

传统文化及其精神，属于中华民族的命脉！1906年章太炎在日本组织国学研究会的时候，就断言："夫国学者，国家所以成立之源泉也……未闻国学不兴，而国能自立者也。未闻国学先亡，而国乃立者也。……国学之不知，未有可与言爱国者也。"

民族复兴是文化复兴而非物质，因为物质原本就在宇宙中。中国梦是文化之梦，没有文化就没有梦！丧失文化记忆的人，必然无知。抹去文化记忆的民族，必然疯狂。上述的事实，哲学家黑格尔的结论是："存在就是合理。"文化学者的结论是："伟大的传统必然有深远的智慧。"中华传统文化源远流长，博大精深！终其一生，也无法穷尽！作为教育工作者，就要有像对待四大名著那样的严谨的态度，严肃的态度，对传统文化进行甄别！去粗取精，去伪存真！为孩子奉上最需要的、最必要的营养！中国传统文化的精华集中在经史子集。经：儒家十三经等。史：《史记》《汉书》《后汉书》《三国志》等。子：诸子百家著作，包括了道家、兵家等。集：文学类作品和文艺评论、文艺学著作。如果还要进行压缩，就只看儒家经典外加一部《史记》，再有可能就仿造孔子做法编撰《新诗经》《新文选》，足矣。

三、儒家的根本在于人本、人道、人文

司马光说："盖儒者所争，尤在于名实，名实已明，而天下之理得矣。"大意为：儒者所争论的诸多问题中，最关键的是名与实的问题，名与实的问题思考清楚了，天下之真理就很容易掌握。传承儒家文化，必须先鉴别真儒学和伪儒学、真儒家和伪儒家、原生态儒家和所谓新儒家。

儒学史上有新儒家、旧儒家之分，有汉儒、宋儒、明儒以及现代新儒家的流派分别，但儒学正宗却在先秦孔子、孟子、荀子，代表著作是《论语》《孟子》《荀子》。《论语》是源头，是根本，尤其重要。我非常执着地认为，先秦儒家才是儒家，先秦之后，几乎只有儒家学说的信奉者、传承者、研究者。先秦之后，儒家思想被严重异化，汉朝阴阳家董仲舒所异化的学说只能称之为"政学"（儒学历史上称之为"经学"，其实不然，这个时候汉儒已经严重背离了，甚至是践踏和抛弃了孔孟的人道主义人文精神），宋代的程颢、程颐、朱熹一脉相承的学说只能称之为"理学"，宋代的陆象山（陆九渊）、明代的王阳明等学说只能称之为"心学"，譬如陆象山就曾不无自豪地宣布："六经皆我注脚。"先秦之后，儒家思想不断被解释、被解读、被解构、被曲解甚至被异化，鲜有创新和发展。儒家的精神主要通过历代读书人以及由读书人进入官僚阶层的政治家薪火相传。传承儒学精神的代表人物有司马迁、韩愈、柳宗元、王安石、范仲淹、苏轼、王阳明、顾炎武等，载体除了原生态经典便是儒家思想传承者的诗歌、散文以及他们的

教育实践和政治活动。程颢、程颐、张载、朱熹、陆九渊等属于研究儒学的专家。20世纪新儒家三圣马一浮、熊十力、梁漱溟是儒家精神传承者，也是研究儒家思想成就最高者，是传承原生态儒家思想的重要人物，因为他们本着儒家实用理性，提出了"援西入儒"的重要主张。唐君毅、张君劢、牟宗三、钱穆、徐复观等人，均传承了儒家精神，也传承了"援西入儒"的主张，但这些人主要是儒学研究者！

儒家的四个标准：一是具备儒家思想——核心价值观（价值主导）；二是具有强烈的使命感和责任感——以天下为己任，具有积极的入世精神；三是具有改变社会的能力——如韩愈、柳宗元、王安石、范仲淹、辛弃疾、王阳明等人"可以寄百里之命，可以托六尺之孤，临大节而不可夺"，均为儒家；四是以教为政——即便不能直接改变社会，也要从教育着手，追求价值，实现理想！比如，当我们不能从体制上改变社会的时候，选择以教育改变人心，以教育改变命运，最终以教育改变社会，那就是儒家的作为！

儒家孔子、孟子、荀子，儒家著作《论语》《孟子》《荀子》与儒家研究者、儒家研究成果等构成了儒学。儒家、儒家思想、儒家著作、儒家研究者、儒家研究成果、儒家精神传承与创新、儒家精神的实践等诸要素，共同构成了中国儒家文化。鉴别儒家、儒学真伪的核心标准是：哲学是否以人为本，政治是否以民为本，教育是否以生为本。凡是背离原生态儒学人本、民本、生本思想的所谓新儒学，全都是儒学的反叛，都是伪儒学。凡是背离人本、人道、人文精神的所谓儒家，都是伪儒家。

儒家思想的核心是三个字：仁、义、礼。儒家文化，源远流长，熔铸到中国人的血液和基因里，成为中国人心理结构中标志性的内原精神。儒家文化体系博大、内容丰富、义理宏深、意境崇高、伦理纯厚、利他彻底、正气崇实，世所罕见。儒家文化养护着中国人的心灵，规范着中国人的举止，协调着中国人的关系，约束着从政者的行为，在中国历史上无论对个人还是对民族的生存发展，都起着主导作用。时至今日，儒家所传承的文化精神是中国化马克思主义最重要的源泉。

四、儒家文化的教育本质论价值

教育的本质是什么？德国哲学家雅斯贝尔斯说："教育的本质是精神的，而非物质的，是非物质诱惑下的教育，是灵魂的教育。"简言之："教育是人的灵魂的教育，而非理智知识与认识的堆积。"又说："教育的本质是认识生命的本质，提升生命的品质，追求生命的价值。"生命的本质是什么？是精神的，是灵魂的，而不是物质，不是碳水化合物。

《中庸》说："天命之谓性，率性之谓道，修道之谓教。"大意为："上天赋予人的是本性，尊重人的本性就是道，依照本性提升生命的品质就是教育。"古今中外无数种关于教育的表述，《中庸》的表述最精练、最准确、最科学！

中国现代教育症结在于：中小学已经变成知识积累的场所，大学已经变成了放牧场或者职业训练场。如果缺失了精神，缺失了信仰，缺失了价值，缺失了仁爱，缺失了诚信，自闭症、忧郁症、孤独症等千奇百怪的心理疾病也就不足为怪了。前中国犯罪学研究会长、北大法学教授康树华调查结果显示：①1965年我国青少年犯罪在整个社会刑事犯罪中约占33%。是世界上青少年犯罪率最低的。"文革"期间约占60%。近几年，占了社会刑事犯罪的70%–80%。②"文革"前，全国青少年犯罪人数占青少年总人数的0.3‰。20世纪90年代以来上升至3‰，提高10倍。中国青少年犯罪研究会统计表明，近年青少年暴力犯罪总数已占了全国犯罪总数的70%以上，其中14-18岁未成年人犯罪案件又占到了青少年犯罪案件总数的70%以上。

这未必全是教育的责任，却是教育无法回避且必须面对的问题！面对这样的社会，面对这样的现实，面对精神缺失、灵魂缺失的教育，教育工作者必须思考：我们拿什么养护中国人的灵魂？我曾经因为工作和研究的需要，访谈过117所西方的中小学，他们选择以宗教来养护孩子的灵魂！基督教、天主教、伊斯兰教等，都可以与学校教育有机结合，学校可以充分利用宗教力量，洗涤灵魂！但是，现实的中国宗教却不可以起到洗涤灵魂和养护灵魂的作用。

道教是本土宗教，原本极富中国哲学精神的宗教，自创立以来，曾给无数绝望的人以生的希望，给无数蒙昧者以智慧，但是非常遗憾的是，现在却有异化为一种算命、算卦的工具的倾向。道教，尤其是《道德经》"上善若水，水善利万物而不争"的利他精神，"为而不恃，功成而弗居"的处世哲学，"太上不知有之"的管理智慧，都是中国社会需要的精神资源。可惜，在道教场所这些正有被抛弃的可能！从印度传来的佛教，也曾经抚慰了众多中国人的心灵，但是令人痛心的是如今大有异化为国人追求财富、追求升职、追求升学甚至是庇护犯罪的工具的倾向。明码实价的功德买卖，佛教圣地上市招股，都是匪夷所思的荒唐行为。这样被极少数人异化的宗教能关怀我们的学生吗？能养护中国人的心灵吗？我们拿什么养护孩子的灵魂？目前看来只有儒家文化最合适。因为儒家文化是伦理文化、乐感文化、价值文化。从教育本质论的层面看，儒家文化是现代教育的精神资源。

从教育本质论的层面看，儒家文化资源分类：

（一）儒家文化为教育提供丰厚的民族精神资源。

中华文明数千年没有毁灭，且不断超越，不断创新，原因就是民族文化记忆被保存下来，民族精神被传承下来。民族精神是一个民族在长期的历史发展进程中积淀形成，为全体民族成员所接受和认同，并成为民族进步和发展的价值导向和精神动力。中华民族精神集中表现为自强不息、厚德载物、天下为公、尚中贵和、博爱泛众、勤劳俭朴的精神。这些是民族性格和共同价值观。

一是"自强不息"的精神。"自强不息"语出《周易·乾卦·象辞》："天行健，君子以自强不息。"大意为："天道运行刚健，君子应学习天道而自强不息。"孔子"发愤忘食，乐以忘忧，不知老之将至"的执着、孟子"苦其心志，劳其筋骨，饿其体肤"的态度都是自强不息。这种精神是民族复兴所必需的，是中国梦所必需的，是每个中国人所必需的！是"拼爹"的年代爹没有优势的境况下最需要的精神！

二是"厚德载物"的精神。"厚德载物"语出《周易·坤卦·象辞》："地势坤，君子以厚德载物。"大意为："大地博厚宽广，君子应如是容载万物。""仁"就是厚德载物，没有仁爱、包容、责任，人不可以为人；承载重大使命是载物，如果没有使命感和责任感，人不可以为人。亦可说成是"厚德载福"：齐桓公死于厨师之手，是因为失德；陈胜死于马夫之手，是因为失德。福德不足，德不高而位高，是十分危险的，仿佛高耸入云的危楼，随时可能倒塌！

三是"天下为公"的精神。"天下为公"语出《礼记·礼运》："大道之行也，天下为公。"这是典型的尚公道德取向，也是典型的民族精神。贾谊的"国而忘家，公而忘私"、范仲淹的"先天下之忧而忧，后天下之乐而乐"、顾炎武的"天下兴亡，匹夫有责"、林则徐的"苟利国家生死以，岂因祸福避趋之"等都是"天下为公"。"天下为公"的民族精神今天已然完全契合社会主义核心价值观。天下为公的核心价值主导下，民主、自由是必然的归宿。

四是"尚中贵和"的精神。"尚中贵和"即崇尚中庸、以和为贵。"中庸"是大智慧，"和"是群生状态，"和实生物，同则不继"（《国语·郑语》）。子曰："攻乎异端，斯害也已。"学术包容到了如此程度。孔子向老子请教证明孔学不排他。"尚中贵和"是和谐社会的哲学基础，既"用其中于民"又"和而不同"，诚如是，则思想自由、学术自由。更重要的是，很多社会问题将迎刃而解：比如在企业高管年收入数千万元和普通员工几万元之间求一个平衡点，劳资矛盾将根本缓和。在广厦千万间的开发商和上无片瓦下无立锥之地的城市贫民中间有一个平衡点，社会矛盾尚可以调和。

五是"博爱泛众"的精神。"博爱泛众"语出孔子"泛爱众，而亲仁"，"己所不欲，勿施于人"等。孟子则说："老吾老以及人之老，幼吾幼以及人之幼。""博爱泛众"已然成为共产党人"为人民服务"的伦理基础。由此可知，"博爱"并不是基督教的原创，而是中国传统文化固有的精神！

六是"勤劳俭朴"的精神。语出《尚书·大禹谟》："克勤于邦，克俭于家。"这是互文的修辞手法："无论国事家事，都应勤劳俭朴。"改革开放后，我们经历了三十年高速发展，环境欠债颇多，"穷奢极欲"势必加大环境负担。"勤劳俭朴"必须成为人类的普世价值观，依靠欧美人穷奢极欲拉动世界经济的模式，无休止地索取地球资源，必然导致人类灭亡。

（二）儒家文化蕴含丰厚的伦理精神资源。

一、"家庭中心"的伦理基础。儒家父子有亲、君臣有义、夫妇有别、长幼有序、朋友有信是中国传统伦理的基本范畴。"五伦"起源于家庭伦理。君臣是父子类比，朋友是兄弟推衍。子夏曾说："君子敬而无失，与人恭而有礼。四海之内，皆兄弟也。君子何患乎无兄弟也？""五伦"之中，孝文化处于核心基础地位。首先，孝文化维护了家庭和社会稳定。孔子曰："其为人也孝悌，而好犯上者，鲜矣；不好犯上，而好作乱者，未之有也。"其次，孝文化是民族文化传承的纽带。文人传承文化是世界文化传承共同的显性方式，中国除了显性方式外多了一个隐性方式——民间家庭的口耳相传。

二、"家国一体"的伦理价值取向。孟子曰："天下之本在国，国之本在家，家之本在身。"儒家主张社会道德与家庭道德相结合，由父子关系推衍出君臣关系，由兄弟关系推衍出朋友关系，在家做孝子，在外做忠臣！二战期间德国人可在一个月之内打垮号称世界第一的法国陆军，日本侵略者在十四年中在武器先进的绝对优势下却无法打垮中国军队。结论是："忠孝伦理精神挽救了中国。"在人类战争史上，也只有中国军队可以整连、整营、整团、整师、整军、甚至整集团军战死不降。而西方人认为，打不过投降是天经地义的事情！

三、"天人合一"的伦理境界。人伦属于社会现象，但并不能脱离自然而独立存在。先哲们很早就关注人与自然。孔子说："钓而不纲，弋不射宿。"大意为："钓鱼时只用钓竿而不用网，用箭射但不射归巢的鸟。"孟子继承了这种"推恩"原则，提出了"推恩足以保四海"的主张，发展到张载就成为"民胞物与"的生态情怀。"天人合一"是中国传统伦理长期追求的处理人与天、与自然、人与神的关系的理想境界。这正是当今世界最稀缺的精神资源。

五、儒家文化的教育主体论价值

原生态儒家以生为本的教育理念源于民本思想。孔子是人本主义哲学家、民本主义政治家和生本主义教育家。

（一）以生为本的教育理念。

首先，儒家以人为本。"厩焚。子退朝，曰：'伤人乎？'不问马。"奴隶主把人当牲口，孔子把奴隶当人。面对殉葬恶习，孔子痛骂："始作俑者，其无后乎？"对人权维护何其坚定，何其坚决，何其执着。发展到孟子是："君之视臣如手足，则臣视君如腹心；君之视臣如犬马，则臣视君如国人；君之视臣如土芥，则臣视君如寇仇。""民为贵，社稷次之，君为轻。"荀子则说："水则载舟，水则覆舟。"儒家这种人本政治理念，是中国儒家人文精神的核心，也是整个传统文化人文精神的核心！

其次，儒家以教为政。古希腊哲学家亚里士多德说："人是天生的政治动物。"政治不可介入学术，但是教育本身就是政治，这是历史，也是传统。"以教为政"由孔子首创。"或谓孔子曰：'子奚不为政？'子曰：'《书》云："孝乎惟孝，友于兄弟，施于有政。"是亦为政，奚其为为政？'"教化民众，本身就是政治，而且是最基础、最重要的政治。儒家以民为本，表现在教育主体上就是"以生为本"。孔门师生关系之融洽、思想之自由、教学之民主，世所称道。举一个典型的例子，《论语》记载："子见南子，子路不悦，夫子矢之曰：'予所否者，天厌之！天厌之！'"师生之平等以至于学生有权质疑老师的言行，有权要求老师解释和承诺。若不是"以生为本"，孔子怎么会浩叹："后生可畏，焉知来者之不如今也？"孔子怎么会因为颜回殒命而"哭之恸"呢，怎么会闻子路被剁成肉酱而从此再也不吃肉酱呢？

（二）有教无类的教育情怀。

有教无类是以生为本的情怀。儒家以民为本，以教为政，化民成俗，所以其教育必然以生为本。孔子开贫民教育先河，第一个将教育从宫廷转移到民间。孔子说："自行束脩以上，吾未尝无诲也。"这句话学者们大多解释为只要带上十条干肉来，我没有不收为学生的。不要说春秋时期，就是我的学生时代，普通人家一条干肉都拿不出来，何况十条？现在拿十条土猪肉也是不容易。所以应该解释为："男子十五周岁，行束脩之礼，愿意学习的我全收。"通过教育改变命运，通过教育给予贫民发展权，何其伟大！因为有教无类，所以孔门弟子既有富甲一方的子贡，有贵族子弟孟懿子、南宫敬叔，还有"在陋巷，人不堪其忧"的颜回，有"朽木不可雕"的宰我！

现实中国教育可是"有教有类"：宏观来看，地域教育文化、投入、软件、硬件差异天壤之别；中观来看，校际之间师资、科研、设备、设施差距悬殊；微观来看，在老师的教育教学行为中，关注高分的学生多、关注低分的学生少，关心富贵子弟多、关注贫困子弟的少，爱好学生的多、爱差学生的少……可怕的是这些差距，依然遵循"马太效应"继续扩大。更可怕的是，阶层固化，因为教育不公平，弱者、贫者的上升通道更加狭窄！教育不再成为社会公平的助推剂，相反成为社会不公平的催化剂！

实现儒家所倡导的"有教无类"，方法也很简单：

一、教育经费由中央本级财政统筹解决。有人笑我痴人说梦。其实不然。军费可以由中央本级财政解决，为什么最重要的民生教育经费不能由中央本级财政解决呢？诚如是，则教师成为中国最受尊敬、也最受欢迎的职业！诚如是，则中国教育发达与落后、东西部等地区差异可以完全消除！诚如是,则留守儿童的难题迎刃而解！诚如是，则进城务工人员子女入学不再艰难！诚如是，则中国不再有失学儿童，不再需要靠富人施舍来解决贫困儿童入学问题，不再需要那些装潢门面、为个人树碑立传的救济工程！诚如是，则中国公民发展起点公平、机会公平、过程公平，则社会公平实现本质飞跃。

二、取消基础教育等级招生机制，建立教育投入绩效机制。取消人为地将学校分为三六九等，招生批次人为分等，校际差距人为拉大，以行政干预和政策倾斜的方式，制造所谓名校的现有机制。古代中国著名书院，著名私塾都不靠皇家恩赐。西方名校，十之八九去行政化。要鼓励校长各显神通，鼓励学校办出特色。同时，要有限制教育过度投入的法律及制定教育投入绩效考核机制。当投资绩效为零时，就要停止投入，严禁投入，过量投入就是违法。

三、建立教师退出机制。中国公办学校教师与公务员同属于固化阶层，有进入机制没有退出机制，导致那些只爱好学生不爱差学生、只关心富贵子弟不关心贫困子弟、只关注高分不关注低分之缺乏起码教师道德修养者仍有市场和保障。

（三）终身学习的教育思想。

孔子是终身学习思想的首创者。子曰："吾十有五而志于学，三十而立，四十而不惑，五十而知天命，六十而耳顺，七十而从心所欲不逾矩。"十五岁立志求道，三十岁形成独立人格，四十岁不再迷惑，五十岁认同自己的命运（以教育改变社会），六十岁能容纳各种批评，七十岁做什么都不背离道，这是终身学习的人生。自古而今，儒门弟子无一不是终生求道、终身学习，若非以生为本，何来如此教育效果！

（四）自由讨论的教育模式。

自由讨论模式建立在人格平等基础上，老师不摆架子，学生畅所欲言。孔子曾经与子路、曾皙、冉有、公西华等人坐在一起"聊天",孔子要求大家"各言尔志"。子路抢先发言:"千乘之国,摄乎大国之间,加之以师旅,因之以饥馑,由也为之,比及三年,可使有勇,且知方也。"冉有回答:"方六七十,如五六十,求也为之,比及三年,可使足民。如其礼乐,以俟君子。"公西华说:"非曰能之,愿学焉,宗庙之事,如会同,端章甫,愿为小相焉。"曾皙回答:"莫春者,春服既成,冠者五六人,童子六七人,浴乎沂,风乎舞雩,咏而归。"听了四位弟子的志向,孔子除了对一向不谦虚的子路"哂之"外,喟然而叹曰:"吾与点也!"这段对话充溢着民主教学氛围,师生共同无拘无束地谈论志向,孔子并不一一点评,而是有所保留,充分尊重个性,除了表示自己的志向与曾皙一致外,并没有说谁的志向合理或不合理。这比当今标准答案的制式化教育显然不知道要高明多少。假如不是以生为本的自由、民主、宽松,很难想象我们民族今天有《论语》这部旷世奇作。我们在两千多年前孔子的课堂,看到了今天美国的课堂情景!

六、儒家文化的教育方法论价值

(一)全面发展的课程建构。

孔子编纂修订的《诗经》《尚书》《周易》《礼记》《春秋》《乐经》等是中国最早成体系的教材。孔子编《诗经》的原因是其"可以兴,可以观,可以群,可以怨。迩之事父,远之事君",这部教材中涵盖了爱情教育、伦理教育、爱国教育、诚信教育、生命教育等丰富的内容。孔子十分重视美育,史书记载孔子编纂了一部《乐经》,曲谱散佚,今人无法领略其艺术魅力。编纂《春秋》目的在于让学生明大义,是历史教育,也是政治教育。易者,变也,编撰修订《周易》的目的在于哲学教育。此外，从孔子的礼乐射御书数的六艺来看，孔子的课程体系中，不仅有政治、历史、文学、音乐、舞蹈、美术，还有军事和数学。其着眼于人的全面发展和个性发展的程度实不在当今之下，在孔子的教育实践中根本找不到应试教育的痕迹。其课程建构思想和方法确实值得今人学习！

（二）因材施教的科学方法。

孔子首创"因材施教"。孟懿子、孟武伯、子游、子夏四个人问的都是"孝"，孔子却给出了风马牛不相及的四种不同答案。因为孔子非常了解这四个弟子的道德修为、境界、处境、性情、性格差异。孟懿子不懂孝道，时常"违礼"，所以孔子告诉他"孝"就是"无违"；孟武伯不懂孝道，时常使父母担忧，孔子告诉他"父母唯其疾之忧"；子游不懂孝道，不敬重父母，孔子告诉他"至于犬马，皆能有养，不敬何以别乎"；子夏不能对父母和颜悦色，孔子告诉他"色难。有事弟子服其劳，有酒食先生撰，曾是以为孝乎"。对症下药，因材施教。

现实的中国教育却迷失了因材施教的方法。人才分布常态3‰是天才，3%是英才。自恢复高考以来，平均每年有数百万考生，三十多年过去了，教育培养的天才何在？英才何在？大师何在？从方法论层面找原因，是因为中国教育迷失了因材施教的方法。教育贵在尊重差异，学校贵有特色，教师贵有风格，学生贵有个性，教法贵在因材施教。可是中国教育从小学一年级开始依据分数排名的方法评价学生，一直排到高三。一把分数尺子量十二年，十二年求同教育（兴趣班被异化为加分班），哪里还有个性？哪里还有天才？哪里还有英才？除了批量的人的"标准件"，还有什么呢？什么都没有。十二年过后的高等教育就有个性吗？也没有。有的是放养，有的是圈养，有的是放牧，有的是放纵……我常常讲：在优美的琴声中，任何分数和名校都显得苍白和逊色！在乔布斯的苹果王国里，任何分数和名校都显得苍白和逊色！在比尔·盖茨的软件王国里，任何分数和名校都显得苍白和逊色！我在西方中小学的孩子眼睛里看到了春天，看到了青春，看到了清纯，看到了真诚，看到了阳光和自信。在中国中小学生眼睛里看到了冬天，看到了忧郁，看到了呆滞，看到了迷茫，看到了老成甚至于虚伪！能读懂孩子的眼睛，方能读懂孩子所接受的教育！

解决的办法也很简单：

一、让学校自主招生。无论是基础教育，还是高等教育，招生是学校的事情。现在高校自主招生换汤不换药已经成为国际笑话，基础教育批次招生已经成为制约发展的顽疾。相反，中国学生可以自主网上申报美国大学，国外大学可以直接网上录取中国学生，并没这种那种考试程序。我也目睹了法国科技大学联盟，招生组教授们现场面试，现场打分，现场决定录取。有人会说，西方人讲诚信，所以可以如此招生，中国人如此招生可就天下大乱了。不讲诚信就不给他讲诚信的机会，这岂不正如孙中山批驳的"因为你不识字，所以你不要读书"的强盗逻辑一样吗？我不相信，网络资讯如此发达、媒体监督如此透明的今天，把招生权力下放给学校就天下大乱。恰恰相反，那是中国教育绝地反击和绝处逢生的机会和起点！不信试试看！

二、建立教师流动机制。教师选择适合自己的学校、适合自己的地区、适合自己的岗位工作，而不能像今天这样一岗定终身，一校一辈子。一所学校一辈子，一个学科一辈子，甚至几本教学参考书混一辈子，如此能够因地制宜，因材施教，岂不是笑话！教师可以选择地域，可以选择学校，甚至可以选择学生。反之，学生也可以选择教师，学生可以选择学校，学生可以选择地域。

诚如是，因材施教方有可能，方有可为。

三、打破教材垄断体制。在西方，教育行政部门只提出大纲和课程基本标准，选择教材是校长的事情，甚至是教师个人的事情。在中国教材实行垄断经营，垄断的背后是利益的博弈，博弈的背后是教育的牺牲，是一代又一代人的牺牲。道理很简单，以中国之大，教师队伍之众，学生数量之巨，居然要指定用人教版等，地方教材、校本教材纯粹是做样子。学校或教师没有教材选择权，让教师有风格，让学生有个性，岂不是异想天开！

（三）慎独正己的修身方法。

"慎独"是儒家独创的自我修养方法。语出《礼记·中庸》："道也者，不可须臾离也，可离非道也。是故君子戒慎乎其所不睹，恐惧乎其所不闻。莫见乎隐，莫显乎微，故君子慎其独也。"曾子说得更明白："吾日三省吾身。为人谋而不忠乎？与朋友交而不信乎？传不习乎？"

"正己"是儒家倡导的重要修身方法。原生态儒学提倡正人先正己，孔子说："其身正，不令而行；其身不正，虽令不从。"又说："上好礼，则民莫敢不敬；上好义，则民莫敢不服；上好信，则民莫敢不用情。夫如是，则四方之民襁负其子而至矣。"孟子认为："其身正而天下归之。"荀子说："师以身为正仪。"先秦之后，魏源认为："身无道德，虽吐辞为经，不可以信世。"精彩！精辟！

（四）积善成德的实践方法。

孔子强调："力行近乎仁。"荀子坚信："积土成山，风雨兴焉；积水成渊，蛟龙生焉；积善成德，而神明自得，圣心备焉。"荀子的"故圣人也者，人之所积也""积礼仪而为君子"等，强调实践积累成就道德。1995年我在广州外语学院附设外语学校做教导主任，带两个班的语文，兼两个班的班主任。对于两个班"贵族子弟"来说，让他们养成劳动习惯，热爱劳动不是一件容易的事情，我就把自己的宿舍，纳入两个班共二十间宿舍的评比，自己跟学生一样做卫生。在劳动中我第一次感受到了适度劳动的快乐、美感——因为我六岁开始插秧，十一岁开始做体力繁重的农活，在我记忆深处劳动留下的是劳苦的印记。哪个学生宿舍卫生没有做好，我就与哪个宿舍的学生一起趴在地上做卫生，与学生一起感受劳动的快乐，一起在劳动中强化劳动的美感、快感，强化热爱劳动的品质和习惯。后来，我带的两个班宿舍卫生一直是全校最好的，从来都没有排过第二。这是"积善成德"的真实的记忆。

（五）君子人格的激励范式。

自古而今，中国人常以"君子"自况，足见儒家"君子人格"理念影响之深远。

"君子"是普适人格范式。孔子的人格范式中有圣人、贤人、志士、仁人、君子等，但是孔子最用力推广"君子"。孔子说："圣人，吾不得而见之矣，得见君子者斯可矣。""圣人"高不可攀，"君子"可以炼成。《论语》中"君子"出现107次，可见重视"君子"人格程度之高。

"君子"人格内涵丰富。孔子对"君子"人格进行了系统思考和界定，引导人们参照"君子"标准加强修养。首先，"君子"必须"仁"。孔子认为，"君子去仁，恶乎成名？君子无终食之间违仁，造次必于是，颠沛必于是"，"君子仁以为己任"。其次，"君子"必须有综合素养。孔子认为，"君子义以为上"，"君子义以为质"，"君子博学于文，约之以礼"，如此看来君子必须有"义"，必须知"礼"，必须重"信"，必须"博学"。君子"可以托六尺之孤，可以寄百里之命，临大节而不可夺也"。周公旦是君子，诸葛孔明是君子，文天祥九死不屈是君子。

"君子"言行举止有规范。其一，"君子"有"三戒"："少之时，血气未定，戒之在色；及其壮也，血气方刚，戒之在斗；及其老也，血气既衰，戒之在得。"其二，"君子"有"三畏"："畏天命，畏大人，畏圣人之言。"其三，"君子"有"三患"："未之闻，患弗得闻也；既闻之，患弗得学也；既学之，患弗能行也。"其四，"君子"遵"五美"："惠而不费，劳而不怨，欲而不贪，泰而不骄，威而不猛。"其五，"君子"有"五耻"："居其位，无其言，君子耻之；有其言，无其行，君子耻之；既得之又失之，君子耻之；地有余而民不足，君子耻之；众寡均而倍焉，君子耻之。"（西汉戴圣《礼记·杂记下》）其六，"君子"应有"九思"："视思明，听思聪，色思温，貌思恭，言思忠，事思敬，疑思问，忿思难，见得思义。"儒家经典对"君子"人格的规范性要求，产生了强烈的正能量。

"君子"人格内涵和规范都有反面的参照。孔子对"君子"和"小人"的界定非常清晰，"君子坦荡荡，小人常戚戚"，"君子泰而不骄，小人骄而不泰"，"君子和而不同，小人同而不和"，"君子求诸己，小人求诸人"等。这种对比生动深刻，受教者别无选择。

（六）道之以德的道德范畴。

第一，"仁"是最高准则。孔子在道德理论上最突出的贡献在于创立了以"仁"为核心的道德范畴。"仁"为最高德目，辅之以义、礼、忠、恕、孝、悌、慈、爱、勇、温、良、俭、让、恭、宽、信、敏、惠等道德条目。有道德精神，也有道德规范。"仁"不仅要求宅心仁厚，而且有"利他"行为，同时"仁"是比生命更可贵的人格（杀身成仁）。

第二，"义礼"仅次于"仁"。孔子强调："君子义以为质，礼以行之，孙以出之，信以成之。君子哉！"君子以正义为本质，通过礼制实行它，用谦逊的语言表达它，用坚守信誉来完成它。这才是君子啊！孔子还说："克己复礼，天下归仁焉。"强调"礼"是达到"仁"的载体。儒家认为"礼义"必须服务服从"仁政"和"王道"。

第三，"忠恕"以"仁"为基础。曾参说："夫子之道，忠恕而已矣。""忠"的对象是国家、国君、朋友、事业，"恕"的对象是一切人。"忠恕"当然属于"仁"的范畴。

第四，"孝悌"是"仁"之根源。孔子说："孝悌也者，其为仁之本与。"不能孝敬父母，不能尊敬兄长，如何能"仁"？中国伦理推己及人，推家及国，"仁"从家庭做起，在家孝敬父母，出外尊敬长辈，在家尊重兄长疼爱弟妹，出外才"四海之内皆兄弟"，才"幼吾幼以及人之幼"。因此，儒学认为"孝悌"是"仁德"的根本。

第五，"恭宽信敏惠"是"仁"的内在要求。子张向孔子请教"仁"，孔子答："能行五者于天下为仁矣。"子张要求详细解释，孔子说："恭、宽、信、敏、惠。恭则不侮，宽则得众，信则人任焉，敏则有功，惠则足以使人。"这五个方面，无论是恭敬礼让、淳厚宽容、诚信无欺、勤勉事事、广泛施恩等，无疑都表现出"利他"的"仁"道。

孔子把"仁"作为道德的最高准则，并把"仁"作为道德体系的核心内容，开创了中国儒家德育的独特思想体系，体现了以人为本、以民为本、以仁为本的道德价值取向。这种范畴设计，主导中国泛宗教民众道德修养，成效显著，贡献巨大，价值永恒。

写到此处，我想起扁鹊见蔡桓公的故事。扁鹊第一次告诉蔡桓公："君有疾在腠理，不治将恐深。"桓侯说："寡人无疾。"第二次告诉蔡桓公："君之病在肌肤，不治将益深。"桓侯不应。第三次告诉蔡桓公："君之病在肠胃，不治将益深。"桓侯又不应，且又不悦。第四次见到蔡桓公，扁鹊望桓侯而还走（扭头就跑）。我十七岁从教，至于今三十年，像扁鹊一样呼吁改革中国教育痼疾二十余年，人微言轻，应者寥寥，不悦者甚众。我不是扁鹊，我不能因为中国教育病在骨髓，就可以"望而还走"。现代也不是春秋，病入骨髓，尚有可为！因为我是中国人，因为我有许许多多志同道合者，我有新中国教育工作者的强烈的使命感、责任感和中国知识分子不愿、不可、不能泯灭的良知！

先哲孔子曾经有"道不行，乘桴浮于海"的牢骚和冲动，但我不行，我相信同道者也不会做如是选择。我们任何个体或许都无力改变中国教育大气候，但有可能在各自的领域里改变小气候，然后逐步影响大气候，逐步改变大气候！我衷心期望教育工作者与我同道，让教育回归精神活动的本质，让教育回归有教无类的价值，让教育回归因材施教的方法！我也衷心期望中国教育同仁，尤其是中小学校长、幼儿园园长果敢树教育改革义旗，果敢行教育改革义举，让教育回归精神活动的本质、回归有教无类的价值、回归因材施教的方法，让中国教育因改革而涅槃。诚如是，则中国教育有望走向现代，走向国际！

北宋哲学家、思想家张载说："为天地立心，为生民立命，为往圣继绝学，为万世开太平！"这是哲人自勉，也是对儒者的期待。当代社会缺失了信仰，当代教育缺失了精神，这是中国当代社会百病之源，这是中国当代教育百病之源，作为儒者，当务之急是传承真实的儒家文化，重建文化信仰，重塑文化灵魂，重构文化场域，构筑民族精神家园，实施全人格教育，努力为社会建构核心价值观，为人民建立精神支柱，为中华民族的伟大复兴做出积极贡献！

参考书目

［1］杨伯峻.《论语译注》.北京：中华书局，1984.

［2］钱穆.《论语新解》.台北：东大图书公司，1988.

［3］南怀瑾.《论语别裁》.上海：复旦大学出版社，1990.

［4］杨晓明.《四书五经》.成都：巴蜀书社，1996.

［5］吴龙辉.《孔子言行录》.广州：广东教育出版社，1999.

［6］李泽厚.《论语今读》.北京：三联书店，2004.

［7］傅佩荣.《解读论语》.北京：线装书局，2006.

［8］林觥顺.《论语我读》.北京：九州出版社，2006.

［9］张居正.《论语别裁》.西安：陕西师范大学出版社，2007.

［10］金刚.《论语鼓吹》.天津：天津人民出版社，2007.

［11］李零.《丧家狗：我读〈论语〉》.山西：山西人民出版社，2007.

［12］钱逊.《论语读本》.北京：中华书局，2007.

［13］杨伯峻、刘殿爵.《论语》.北京：中华书局，2008.

［14］李零.《论语纵横谈》.北京：三联书店，2008.

［15］朱熹.《四书章句集注》.长沙：岳麓书社，2008.

［16］林戊荪.《论语新译》.北京：外文出版社，2009.

［17］陈立夫.《四书道贯》.北京：中国友谊出版公司，2009.

［18］贾庆超.《四书精华解读》.济南：齐鲁书社，2009.

［19］周广宇.《论语品读》.北京：朝华出版社，2010.

〔20〕缪向东.《论语解读》.北京：中国文联出版社，2010.

〔21〕涩泽荣一.《日本人读论语》.北京：中国工人出版社，2010.

〔22〕蒋伯潜.《语译广解四书读本：论语》.台北：商周出版社，2011.

〔23〕高尚榘.《论语歧解辑录》.北京：中华书局，2011.

〔24〕于健.《漫画论语全译本》.北京：北京语言大学出版社，2011.

〔25〕皆木和义.《稻盛和夫的论语》.海口：海南出版社，2011.

〔26〕王国轩、王秀梅.《孔子家语》.北京：中华书局，2011.

〔27〕傅佩荣.《论语之美》.长沙：湖南文艺出版社，2012.

〔28〕韩鹏.《捍卫论语》.北京：中国广播电视大学出版社，2012.

〔29〕陈平.《悦读论语》.北京：中国广播电视大学出版社，2012.

〔30〕吴国珍.《论语全译本》.福州：福建教育出版社，2012.

〔31〕辜鸿铭.《辜鸿铭讲论语》.北京：北京理工大学出版社，2013.

〔32〕程树德.《论语集释》.北京：中华书局，2014.